MARIO LAICH
ALTÖSTERREICHISCHE EHRUNGEN – AUSZEICHNUNGEN DES BUNDES

Mario Laich

Altösterreichische Ehrungen Auszeichnungen des Bundes

Vergleiche und Betrachtungen

Ein Beitrag zur Rechts- und Kulturgeschichte

Tyrolia-Verlag · Innsbruck-Wien

Bildnachweis:
Seite 40, 98, 101, 146, 147 Österreichische Gesellschaft
für Ordenskunde, Wien.
Seite 73, 151 Kaiserjägermuseum am Berg-Isel, Innsbruck,
Seite 150 Kunsthistorisches Museum, Münzkabinett, Wien.
Alle anderen Abbildungen nach Stücken aus Privatbesitz.

Mitglied der Verlagsgruppe "engagement"

Die Deutsche Bibliothek - CIP-Einheitsaufnahme

Laich, Mario:
Altösterreichische Ehrungen - Auszeichnungen des Bundes :
Vergleiche und Betrachtungen / Mario Laich. - Innsbruck ;
Wien : Tyrolia-Verl., 1993
ISBN 3-7022-1911-0

1993
Alle Rechte bei der Verlagsanstalt Tyrolia, Innsbruck
Umschlaggestaltung: Mag. Elke Staller
Farblithos: Tiroler Repro, Innsbruck
Gesamtherstellung: Athesia-Tyrolia Druck, Innsbruck

Inhaltsverzeichnis

Abkürzungen 9

Vorwort 11

Einleitung 13

Erster Teil: Orden und Ehrenzeichen 15

    I)   Die historische Entwicklung 15

    Geistliche und weltliche Ritterorden, Verdienstorden, Verdienstzeichen, Ordensschema von 1901, militärische Dekorationen, Entwicklung nach 1918 in Österreich und in den Nachfolgestaaten, Ehrenzeichen der I. Republik, Rechtslage nach 1945

    II)   Systematik 27

    Dekorationen der Monarchie und Republik, allgemeine Auszeichnungskriterien, Einteilung und Gegenüberstellung der Auszeichnungsgrade

    III)   Die Verleihungspraxis 32

    Allgemeines über Richtlinien, protokollarischer Rang, Vergleich von Funktionen in der Monarchie und der Republik, Gehaltsregelungen im In- und Ausland, Reihung der Amtsträger der Vollziehung seit 1918, Entwicklung des Dienst- und Besoldungsrechts der öffentlich Bediensteten, Auszeichnungsverleihungen 1912 und 1918, statistische Auswertung zur "Auszeichnungsdichte", Typizität und Atypizität bei Verleihung einzelner Auszeichnungsgrade

IV) Zusammenfassung 117
   Allgemeine Prämissen, Bezugspunkte zur Bundesrepublik
   Deutschland und zu Italien, Kontinuität und ihre
   Begründung, Auszeichnung von Richtern und Staatsanwälten
   während des aktiven Dienstes? Wirkung von Richtlinien,
   internationale Courtoisie, Rückgabe der Insignien

V) **Besondere Auszeichnungen für Verdienste
   um Kunst und Wissenschaft** 134
   Medaille "Literis et Artibus", k. u. k. österreichisch-ungarisches Ehrenzeichen für Kunst und Wissenschaft, Österreichisches Ehrenzeichen und Ehrenkreuze für Wissenschaft
   und Kunst

VI) **Tragweise der Dekorationen** 137
   Uniformträger - bürgerliche Kleidung, Feldadjustierung des
   Heeres, gegenwärtige nationale und internationale Gepflogen-
   heiten, Miniaturen, Rosetten und Bändchen, Tragweise beim
   Militär des In- und Auslandes, Annahme ausländischer Dekora-
   tionen durch österreichische Staatsbürger

Zweiter Teil: Staatliche Auszeichnungen anderer Art 157

I) Die k. u. k. Geheimen Räte 157
   Geschichtliche Entwicklung, Verleihungspraxis bis 1918

II) **Das Herrenhaus und die Magnatentafel** 161
   Rechtliche Grundlagen, Gegenüberstellung mit
   Ordensauszeichnungen, Statistik

III) Standeserhöhungen 164
  Grundlagen, Vergleiche mit dem Ausland, systemmäßiger
  Adel und Standeserhöhungen auf Grund von Ordensverlei-
  hungen, Taxen, Statistik

IV) Ehrentitel - Berufstitel 169
  Entwicklung, Titel und Charakter einer höheren
  Rangsklasse, Berufstitel in der Republik für öffentlich
  Bedienstete und für andere Berufsgruppen, Vergleiche mit
  den Nachbarstaaten, höhere Amtstitel

V) Dank und Anerkennung 176
  Entstehung, gegenwärtige Regelung, Promotion sub auspiciis

VI) Die Anrede "Exzellenz" 178
  Geschichtlicher Rückblick, Regelung bis 1918,
  gegenwärtiger Gebrauch

Anmerkungen 181
Literatur 205
Anhang I
  Faksimile des Statutenbuches des
  Leopold-Ordens 211
Anhang II
  Faksimile des Statutenbuches des
  Ordens der Eisernen Krone 249
Anhang III
  Faksimile der Statuten für den Kaiserlich-
  Österreichischen Franz-Joseph-Orden und für
  das Civil-Verdienstkreuz 281

Anhang IV

Statut für das Ehrenzeichen für Verdienste um
die Republik Österreich 293

Abkürzungen

aaO	=	am angegebenen Ort
Abs	=	Absatz
aD	=	außer Dienst
Anm	=	Anmerkung
ao	=	außerordentlicher
Art	=	Artikel
BDG	=	Beamtendienstrechtsgesetz 1979
BGBl	=	Bundesgesetzblatt
B-VG	=	Bundes-Verfassungsgesetz
dBGBl	=	Bundesgesetzblatt der Bundesrepublik Deutschland
dd	=	de dato
DP	=	Dienstpragmatik
dRGBl	=	deutsches Reichsgesetzblatt
f, ff	=	folgend, folgende
FMLt	=	Feldmarschall-Leutnant
GehRat	=	Geheimer Rat
GehSt	=	Gehaltsstufe
GenAnw	=	Generalanwalt
GH	=	Gerichtshof
idF	=	in der Fassung
iR	=	im Ruhestand
JGS	=	Justizgesetzsammlung 1780 - 1855
JMVBl	=	Verordnungsblatt des k.k. Justizministeriums 1885 - 1918
KaisRat	=	Kaiserlicher Rat
KG	=	Kreisgericht
KommRat	=	Kommerzialrat
LGBl	=	Landesgesetzblatt
LG	=	Landesgericht
Nr	=	Nummer
o	=	ordentlicher
ÖGB	=	Österreichischer Gewerkschaftsbund
OGH	=	Oberster Gerichtshof
OGuKH	=	Oberster Gerichts- und Kassationshof
OLG	=	Oberlandesgericht
OLGR	=	Oberlandesgerichtsrat
OStA	=	Oberstaatsanwalt
PolGesSlg	=	Politische Gesetze und Verordnungen 1792 - 1848
RDG	=	Richterdienstgesetz
RechnungsH	=	Rechnungshof
RegRat	=	Regierungsrat
RGBl	=	(österreichisches) Reichsgesetzblatt 1848 - 1918
SektChef	=	Sektionschef
StA	=	Staatsanwalt
StGBl	=	Staatsgesetzblatt
vgl	=	vergleiche
VwGH	=	Verwaltungsgerichtshof

Vorwort

Bei meinem Eintritt in das Berufsleben im Staatsdienst vor vierzig Jahren vernahm ich zunächst über Orden und Auszeichnungen - wenn überhaupt - nur Abschätziges. Es schien mir, als gehöre es zum guten Ton, derlei Dinge zu verachten und zu betonen, man würde niemals eine Ehrung annehmen. Mag sein, daß hier bei älteren Kollegen ungute Erinnerungen an ihren Kriegsdienst mitgeschwungen haben.

Später, als ich Einblick in Personalangelegenheiten erhielt und mit Öffentlichkeitsarbeit zu tun bekam, wurde ich eines besseren belehrt, denn ich mußte erfahren, daß der Anteil jener Bürger, die verdienten Ehrungen gegenüber sehr wohl positiv eingestellt sind, nicht zu unterschätzen ist.

Im Laufe der Jahre hatte ich mich beruflich, auch als Personalvertreter und überhaupt als zur Historie neigender Jurist mit dem Auszeichnungswesen immer wieder zu befassen und konnte einigen Stoff sammeln. Diesen möchte ich nicht in der Schublade verstauben lassen, sondern an interessierte Leser weiter vermitteln. Deshalb entstand dieses Buch.

Für die Realisierung des Projektes habe ich an erster Stelle der Verlagsanstalt Tyrolia, Innsbruck, insbesondere Herrn Universitätsprofessor Dr. Heinrich Schmidinger zu danken.

Ein Druckwerk dieser Art ist ohne Illustrationen kaum vorstellbar. Die Gelegenheit zur Herstellung von Bildern nach Originalinsignien boten nachstehende Persönlichkeiten und Institutionen:
Bundesminister aD und Präsident des Oberlandesgerichtes Innsbruck iR Dr. Franz Hetzenauer, mein alter Freund Notar Dr. Felix Vetter von der Lilie, das Kaiserjägermuseum am Berg Isel in Innsbruck und dessen Betreuer, Präsident des Alt-Kaiserjägerklubs Hofrat Dr. Anton Heinz Spielmann, Mag. Christian Frech, Steyr, Leitender Oberstaatsanwalt iR Hofrat Dr. Stephan Komar, Linz, Leitender Staatsanwalt Dr. Heinrich Cede, Sicherheitsdirektor iR Hofrat Dr. Adolf Platzgummer, Erster Staatsanwalt Dr. Othmar Krüpl, alle Innsbruck, und nicht zuletzt die Österreichische Gesellschaft für Ordenskunde, Wien, deren Generalsekretär Vizeleutnant Walter A. Schwarz sich als Koordinator zur Verfügung gestellt hat.

Die technischen Voraussetzungen für den von Frau Christine Mosshammer in mühevoller Arbeit druckreif besorgten Manuskriptsatz hat das Bundesministerium für Justiz in Wien geschaffen. In jeder Hinsicht wurde ich von Dr. Gerald Colledani und Amtsrat Wilhelm Mayr unterstützt. Nahezu alle Fotoaufnahmen stammen von Dr. Hannes Kautzky sowie meinen beiden Söhnen Georg und Mag. Andreas Laich.

Allen Vorgenannten sage ich von ganzem Herzen aufrichtigen Dank.

Innsbruck, im Juli 1993.   Mario Laich

Einleitung

Seit Jahrzehnten kommen immer wieder Druckwerke über Orden und Ehrenzeichen des In- und Auslandes auf den Büchermarkt. Sie befassen sich - oft mit sehr schönen Farbbildern illustriert - mit der Beschreibung der Insignien, ihrer künstlerischen Gestaltung, der Entstehungsgeschichte, allenfalls auch der inneren Organisation der Ordenskörperschaften. Was bisher zumindest für den Bereich unseres engeren Kulturraumes vernachlässigt wurde, ist eine wertende, praxisbezogene analytische Betrachtung des Auszeichnungswesens unter Einschluß anderer staatlicher Ehrungen als es die tragbaren Dekorationen sind. Diese Lücke versucht die vorliegende Arbeit zumindest in einem Teilbereich zu schließen und in ihrem Kernstück Entwicklung und Parallelen in Österreich während der Friedensperioden seit etwa 1900 zu skizzieren. Mit Methoden einer exakten Wissenschaft konnte das Problem freilich nicht angegangen werden. Dies nicht nur, weil der Verfasser lediglich Erkenntnisse verwerten durfte, wie sie aus dem Blickwinkel eines außenstehenden Beobachters zu gewinnen sind. Selbst wenn es möglich gewesen wäre, das über weite Strecken noch der Archivsperre unterliegende riesige Aktenmaterial aufzuarbeiten und auszuwerten, hätte die Suche nach strenger Exaktheit der Abläufe scheitern müssen, weil im Bereiche des Auszeichnungswesens weit mehr als auf anderen Gebieten der Vollziehung staatlicher Aufgaben der Zufall und die Art der Handhabung des Ermessensspielraumes eine entscheidende Rolle spielen. Trotzdem wird versucht, zumindest ein ungefähres Bild dieses komplexen Sachgebietes zu vermitteln.

Mit Recht wird man nun die Frage nach der Sinnhaftigkeit einer solchen Untersuchung aus heutiger Sicht stellen, da doch die soziologischen und ideologischen Strukturen einen grundlegenden Wandel erfahren haben. Der kritische Betrachter wird noch hinzufügen, daß in der modernen, vielfach materialistisch orientierten Leistungsgesellschaft staatliche Ehrungen, die doch nur symbolhaften Charakter haben, keinen entsprechenden Stellenwert beanspruchen können. Um diese Frage zu beantworten und der kritischen Stimme zu begegnen, muß ein Vorgriff auf das Ergebnis der Arbeit getan werden. Dieses wird aufzeigen, daß - offenbar gegründet auf einer dem Menschen innewohnenden Eigenschaft - Zeichen des Lobes, auch wenn sie mit einem materiellen Vorteil nicht verbunden sind, zu allen Zeiten willkommen waren. Dort, wo entsprechende Instrumente im Laufe der Geschichte beseitigt worden sind, wurde sogleich ein Vakuum spürbar, das ehestens aufgefüllt werden mußte. Dies geschah nach der französischen Revolution, nach den staatlichen Umwälzungen in Mitteleuropa von 1918, aber auch nach dem Durchbruch der russischen Revolution im Bereiche aller vom Sowjetsystem beherrscht gewesenen Länder. Jene Republiken, die staatliche Ehrungen namentlich in Form sichtbarer Auszeichnungen aus langer Tradition ablehnen - wie etwa die Schweiz - sind eine verschwindende Minderheit geblieben. Umso begründeter erscheint es, den Zusammenhängen nachzugehen und die Hintergründe aufzuhellen.

Erster Teil

Orden und Ehrenzeichen

Wenn noch 1960 die Aussage gerechtfertigt sein mochte, staatliche Orden und Ehrenzeichen spielen in der zweiten Republik eine verhältnismäßig geringe Rolle[1], so genügt heute ein Blick in den amtlichen Teil der "Wiener Zeitung", um sich zu überzeugen, daß nicht wenige In- und Ausländer aller Berufszweige und sozialen Schichten Ehrungen durch sichtbare Auszeichnungen des Bundes annehmen. Dazu kommen weitere Verleihungen von Ehren- und Verdienstzeichen der Bundesländer, ja auch einzelner Städte, Gemeinden und Institutionen.

Die Rechtskontinuität der gegenwärtigen Ehren-, Verdienstzeichen und Medaillen für Verdienste um die Republik Österreich geht zwar nicht weiter zurück als bis zum Jahre 1952.[2] Trotz rechtlicher Barrieren und durch geschichtliche Zeitabläufe unterbrochener Zusammenhänge entsteht bei näherer Betrachtung der Eindruck, daß heutzutage einzelne Auszeichnungsgrade und deren Vergabe manchmal eine starke Parallelität zur Zeit vor 1914 aufweisen, selbst wenn man die inzwischen eingetretenen Veränderungen der verfassungsmäßigen und sozialen Strukturen in und außerhalb Österreichs berücksichtigt.

Um die Frage beantworten zu können, ob und gegebenenfalls inwieweit dies tatsächlich zutrifft, müssen drei für die Problematik maßgebende Komponenten untersucht werden, nämlich die historische Entwicklung, die Systematik und die letztlich an den jeweiligen Erfordernissen orientierte Verleihungs**praxis**.

Dabei ist nicht zu übersehen, daß Aspekte des Auszeichnungswesens die internationale Ebene berühren, daher teilweise losgelöst von innerstaatlichen Entwicklungen betrachtet werden müssen.

I) Die historische Entwicklung

In jeder höheren Kultur kam bisher das Bedürfnis der Menschen zum Ausdruck, Lob und Anerkennung nach außen hin sichtbar zu machen. Bezog sich dies vor allem auf Auszeichnungen für kämpferische Leistungen, etwa bei den verschiedenen Coronae im alten Rom, so treffen wir schon dort neben dem Soldaten auch den Bürger als Empfänger, zum Beispiel der Corona muralia.[3]

Die Geschichte der gegenwärtigen tragbaren Auszeichnungen beginnt allerdings erst in der Zeit der Kreuzzüge mit den **geistlichen Ritterorden**, deren Angehörige Mäntel mit dem Kreuzzeichen, später Dekorationen in

Kreuzform trugen. Diese Embleme waren keine Auszeichnungen im heutigen Sinne, sondern Zeichen der Zugehörigkeit zur Körperschaft des Ordens. Als älteste geistliche Ritterorden gelten die um 1063 aus der Spitalsbruderschaft hervorgegangenen Johanniter. Die Gründungszeit des Deutschen Ritterordens liegt um 1190.[4]

Erfreute sich der betreffende Orden eines hohen Ansehens, übertrug sich das Prestige auch auf das Abzeichen, welches mit der Zeit selbst als Orden bezeichnet wurde. Dies kam verstärkt zum Ausdruck, als im Spätmittelalter Fürsten und sonstige Dynasten **weltliche Ritterorden** ins Leben riefen. Der 1348 vom englischen König Eduard III. gegründete Hosenbandorden ist der älteste. In diese Kategorie gehört unter anderem der zwischen 1360 und 1363 von Amadeus VI., Grafen von Savoyen (Conte verde), gestiftete Annunziatenorden. Vor allem ist hier der Orden vom Goldenen Vlies zu nennen, der 1430 vom Herzog Philipp dem Guten von Burgund geschaffen wurde und 1477 an das Haus Habsburg kam. Ab dem Jahre 1714 wird dieser Orden sowohl vom Chef des Hauses Habsburg als auch von jenem des spanischen (bourbonischen) Königshauses verliehen.[5] Da das Goldene Vlies als ausschließlicher Männerorden konzipiert war, ergab sich die Notwendigkeit, in den habsburgischen Erblanden auch einen Damenorden entstehen zu lassen. Dies geschah 1662 durch die Gründung des Ordens der Frauensklavinnen der Tugend für 30 Damen aus den ersten Adelsgeschlechtern. Dieser Orden wurde 1668 durch den "Hochadeligen Sternkreuzorden" abgelöst.

Echte **Verdienstorden** entstanden erst um die Wende des 17. Jahrhunderts. Den ältesten Verdienstorden, nämlich den Militärorden des Heiligen Ludwig, stiftete Frankreichs König Ludwig XIV. am 5.4.1693. Zum Unterschied von den im Einklassensystem organisierten weltlichen Ritterorden war schon dieser Verdienstorden ähnlich der Hierarchie der geistlichen Ritterorden in 3 Klassen unterteilt - Großkreuze, Kommandeure und Ritter.[6] In den habsburgischen Landen begann diese Phase des Ordenswesens zunächst ebenfalls auf militärischem Gebiet um die Mitte des 18. Jahrhunderts.

Der damalige Feldzeugmeister Leopold Graf Daun stellte 1749/50 Überlegungen an, die Errichtung eines "Militairischen Ehren-Ordens" als Mittel einzusetzen, um "mehreres Verlangen und Begierde zu erwecken, in den Soldathen-Stand einzutreten". Realisiert wurde dieser Gedanke mit der Stiftung des Militär-Maria-Theresien-Ordens 1757. Ohne spezifischen Bezug zum Militär wurde wenige Jahre später, nach dem Ende des 7-jährigen Krieges der Königlich Ungarische St. Stephan-Orden geschaffen, dessen Zielsetzung die Anerkennung von (allgemeinen) Verdiensten um das Allerhöchste Haus und um den Staat war. Auf zeitgenössischen Gemälden finden wir hohe Staatsfunktionäre mit dem St. Stephan-Orden dekoriert. Eigenartig mutet an die Vorgeschichte der Gründung des Leopold-Ordens, wie sie Erwin M. Auer berichtet (siehe Anmerkung 23). Im Zuge der 1. und 3. Teilung Polens (1772, 1795) kam Galizien zu den Erblanden. Trotz eines strengen Verbotes wurde noch bis 1806 in diesem neuerworbenen Gebiet der ehemalige polnische Stanislaus- und Adlerorden weitergetragen. Um diesem Zustand entgegenzuwirken, bot sich die Schaffung eines neuen österreichischen Ordens an, der nicht nur Staatsbeamten und Militärs, sondern auch Zivilpersonen hätte verliehen werden können. So entstand 1808 der Leopold-Orden, für welchen zunächst die Bezeichnungen "Rudolfs-Orden", dann "Franzens-Orden" im Gespräch waren. Der Ursprung eines weiteren Verdienstordens ist französisch-italienisch. Am 20. Mai 1805 ließ sich Napoleon in Mailand mit der Eisernen Krone der Lombardei zum König von Italien krönen und nahm dies zum Anlaß, den Orden der Eisernen Krone - Ordine della corona di ferro - ins Leben zu rufen. Die am 7. Juli 1805 durch den Staatssekretär Antonio Aldini publizierten Statuten bezeichneten als Zweck der Ordensstiftung die würdige Belohnung von Diensten, welche dem Staat auf dem Schlachtfeld, auf administrativem Gebiet oder auf dem der schönen Künste geleistet worden sind. Nach der Einverleibung Lombardo-Venetiens in das Kaisertum Österreich beschloß Franz I., den Orden der Eisernen Krone unter seine Orden einzureihen und sanktionierte am 1.1.1816 neue Statuten. Der ein weites Anwendungsgebiet abdeckende Franz-Joseph-Orden entstand mehr als 30 Jahre später.

Alle diese Verdienstorden waren nur für Männer bestimmt; lediglich Dekorationen, die niedriger als die Orden eingestuft wurden, sogenannte Verdienstzeichen, zum Beispiel die dem Franz-Joseph-Orden affiliierten Verdienstkreuze, konnten an Frauen verliehen werden. Dieser Zustand erwies sich als untragbar und führte allerdings erst am 17.9.1898 zur Stiftung und noch 1918 zur Erweiterung des Frauen vorbehaltenen Österreichisch-Kaiserlichen Elisabeth-Ordens. Er war bestimmt, ohne Unterschied des Standes und der Religion, verheiratete und ledige Frauen für Verdienste zu belohnen, die diese in den verschiedenen Berufen oder auch sonst in bezug auf das allgemeine Wohl im religiösen, caritativen und philanthropischen Bereich erworben haben.

Aus internationaler Sicht war die Entwicklung des Ordenswesens in Frankreich von besonderer Bedeutung, wo freilich die Revolution diese Institution hinwegfegte. Konsul Bonaparte gründete jedoch 1802 als Ordensersatz die "Ehrenlegion", ursprünglich eine Organisation nach dem Muster einer römischen Legion. Deren Mitglieder hießen Legionäre, Offiziere, Kommandanten und Großoffiziere; daneben gab es verschiedene Funktionäre. Eine eigene Dekoration entstand erst 1804, als Napoleon, nunmehr Kaiser, die Ehrenlegion in einen Verdienstorden umwandelte. Die höchste Klasse hieß zunächst Große Dekoration, später Großer Adler, 1814 "Grand Cordon". 1816, am Ende der Entwicklung, hießen die Klassen Großkreuz, Großoffizier, anstatt der Kommandanten Kommandeure, die Offiziere blieben und aus den Legionären sind schon 1808 die Ritter geworden. So war die noch heute in den meisten Staaten gültige fünfklassige Stufenfolge fixiert.

Die Entwicklung des Ordenswesens in Österreich-Ungarn war - soweit es sich um Dekorationen handelte, die mit kriegerischen Ereignissen in keinem Zusammenhang standen - 1901 abgeschlossen, eine Ausnahme bildete der Elisabethorden.

Nicht zu den Orden zählten spezifisch militärische Verdienstzeichen, ferner das 1887 gestiftete und auch Frauen zugängliche k.u.k. Österreichisch-Ungarische Ehrenzeichen für Kunst und Wissenschaft. Gleichfalls keine Orden waren die ab dem Jahre 1764 verschiedentlich geprägten Medaillen für zivile Verdienste. Man nannte sie nach dem jeweils dargestellten Wahlspruch zum Beispiel "Virtute et exemplo" oder "Lege et fide". Aus Anlaß der Erhebung Österreichs zum Kaisertum am 11.8.1804 wurde die Ehrenmedaille, genannt "Honori", geprägt in Silber und in Gold. Die goldene Ehrenmedaille mit Kette wurde 1809 an Andreas Hofer verliehen. Verdienste, die mit derartigen Medaillen belohnt wurden, führten ab 1849 zur Verleihung des Franz-Joseph-Ordens oder der affiliierten Verdienstkreuze. Letztere waren - wie schon erwähnt - ebenfalls keine Orden. Die sogenannten Medaillen mit dem allerhöchsten Wahlspruch und die Medaillen "Literis et Artibus" - Vorläufer des Ehrenzeichens für Kunst und Wissenschaft - gehörten zudem nicht zu den tragbaren Auszeichnungen.[7]

1901 existierten in der österreichisch-ungarischen Monarchie folgende Orden:

a) der Orden vom Goldenen Vlies (1 Klasse). In früheren Zeiten, insbesondere während des Absolutismus gab es kaum eine Differenzierung zwischen dem Staat und der Person des Landesfürsten. Später kam der Unterschied deutlich zum Vorschein, insbesondere wenn der Landesfürst nicht für sich allein betrachtet wurde, sondern als Angehöriger seiner Dynastie. Jedenfalls war der Orden vom Goldenen Vlies, wie auch der unter b) angeführte Sternkreuzorden, kein staatlicher Orden. Sein habsburgischer Zweig ging mit der österreichisch-ungarischen Monarchie nicht unter, sondern besteht gegenwärtig als Stiftung, deren Rechtspersönlichkeit in der Republik Österreich am 8.9.1958 anerkannt wurde[8];

b) der Hochadelige Sternkreuzorden (1 Klasse);

c) der Militär-Maria-Theresien-Orden, gestiftet 1757 (3 Klassen: Großkreuze, Kommandeure, Ritter)[9];

d) der Königlich Ungarische St. Stephan-Orden, gestiftet 5.5.1764 (3 Klassen: Großkreuze, Kommandeure, Kleinkreuze);

e) der Österreichisch-Kaiserliche-Leopold-Orden, gestiftet 14.7.1808 (4 Klassen: Großkreuze, Inhaber der I. Klasse[10], Kommandeure und Ritter);

f) der Österreichisch-Kaiserliche Orden der Eisernen Krone[11], gestiftet 1816 (3 Klassen: Ritter I., II. und III. Klasse);

g) der Kaiserlich-Österreichische Franz-Joseph-Orden, gestiftet 1849 (5 Klassen: Großkreuze, Komture mit dem Stern, Komture, Offiziere, Ritter).[12] Dieser Orden entsprach als einziger in der österreichisch-ungarischen Monarchie der klassischen internationalen Gliederung.[13] Dem Franz-Joseph-Orden waren seit 1850 noch affiliiert: Goldenes Verdienstkreuz mit und ohne Krone, Silbernes Verdienstkreuz mit und ohne Krone[14];

h) der Österreichisch-Kaiserliche-Elisabeth-Orden (3 Klassen: Großkreuze, I. und II. Klasse). Dem Orden affiliiert war die "Elisabeth-Medaille".

Nach der ursprünglichen Fassung der Statuten des St. Stephan-Ordens, des Leopold-Ordens und des Ordens der Eisernen Krone waren mit den Verleihungen weitreichende Privilegien verbunden. So erhielten die Träger der höchsten Stufen dieser drei Orden die Würde von "Wirklichen Geheimen Räten" und waren in Dekreten des Großmeisters, also des Monarchen, als dessen Vetter zu bezeichnen. Alle Beliehenen des St. Stephan-Ordens wurden auf Ansuchen in den Grafen- oder Freiherrnstand erhoben. Kommandeure des Leopold-Ordens und Ritter II. Klasse des Ordens der Eisernen Krone hatten Anspruch auf den Freiherrnstand, die mit der niedrigsten Stufe des Leopold-Ordens und des Ordens der Eisernen Krone Ausgezeichneten einen solchen auf Erhebung in den erblichen Ritterstand. Der Vorzug, als Vetter des Monarchen bezeichnet zu werden, ist in den revidierten Statuten des Leopold- und des Eisernen Krone-Ordens nicht mehr erwähnt. Die übrigen hier aufgezählten Privilegien wurden schon mit 18.7.1884 beseitigt. Das Privileg, wonach Ritter aller Klassen des Militär-Maria-Theresien-Ordens eo ipso den erblichen Ritterstand und auf Ansuchen den Freiherrnstand erhielten, insoferne sie nicht diese oder eine höhere Adelsstufe bereits besaßen, ist dagegen in der Substanz erhalten geblieben, mußte aber an die staatsrechtliche Umstrukturierung angepaßt werden. Die bezüglichen §§ 36 und 37 der Ordensstatuten erfuhren am 8.3.1895 eine Änderung: Je nach der Zugehörigkeit der Ritter zum österreichischen oder zum ungarischen Staatsverband traten an Stelle des Ritterstandes der erbliche österreichische oder ungarische Adelsstand bzw. der österreichische Freiherrnstand oder die ungarische Baronie.

Aus der Tradition der alten weltlichen Ritterorden, deren Ritter bei feierlichen Anlässen prachtvolle Ornate anlegten, wurde das Bedürfnis abgeleitet, auch für die Verdienstorden eine prunkvolle Bekleidung einzuführen. Folglich wurde bei der Stiftung des St. Stephan-Ordens der Fundus für eine eigene Garderobe der Ordensangehörigen angelegt. Er bestand aus 20 Großkreuz-, 30 Kommandeurs- und 50 Kleinkreuzornaten. Die Ornate, deren Ausführung in bezug auf Prachtentfaltung bei den einzelnen Ordensstufen deutliche Unterschiede aufwies, bestanden grundsätzlich aus Mantel, Unterkleid und Hut. Der gleiche Weg wurde bei der Schaffung des Leopold-Ordens beschritten und der Kammerkupferstecher und Dekorateur Joseph Fischer mit der Herstellung von Entwürfen für eigene "Leopoldi-Ordenskleider" betraut. Sie waren in den österreichischen Farben rot-weiß gehalten (siehe Anhang I). Auch in diesem Fall legte man einen Fundus von 20 Großkreuz-, 30 Kommandeurs- und 50 Ritter-Ornaten an. Der Orden der Eisernen Krone durfte nicht nachstehen. Seine Prunkgewänder entwarf der Kostümdirektor der Hoftheater Philipp von Stubenrauch (siehe Anhang II). Am 14.10.1838 fand im Dogenpalast zu Venedig eine feierliche Promotion von Rittern des Ordens der Eisernen Krone statt. Bei diesem Anlaß wurden die Ornate dieses Ordens das erste aber auch das letzte Mal offiziell angelegt. Die Ornate des Leopold-Ordens wurden schon 1824 letztmals verwendet. So neigte sich die Zeit der Ordens-Ornate ihrem Ende zu. Ihre Erinnerung blieb indessen wach, einerseits durch die Illustrationen in den Ordensstatuten, die jedem Beliehenen ausgefolgt wurden, andererseits in den erhaltenen und in Wiener Museen-Sammlungen verwahrten Exemplaren.[15] Bei der Stiftung des Franz-Joseph-Ordens dachte niemand mehr an die Einführung eines Ornates. Erst mit Entschließung vom 14.5.1894 führte der Kaiser ein Hofkleid, auch Ordensuniform genannt ein, das von Personen zu tragen war, die bei Hof zu erscheinen hatten, sich aber weder einer Uniform noch eines Nationalkleides bedienen konnten, jedoch mit einem der Orden des Inlandes ausgezeichnet waren. Das Hofkleid war schwarz, bestand aus einem den sonstigen Hofuniformen im Schnitt ähnlichen Frack mit nur bescheidener Goldstickerei, einer Hose mit schmaler Borte, dem Zweispitz mit schwarzer Feder und einem Degen.

Wegen der seit der Stiftung eingetretenen Veränderungen wurden die Statuten der unter e) bis g) genannten Orden einer Revision unterzogen und am 13.8.1916 neu verlautbart.

Der Stand der Entwicklung des Ordenswesens vor 1914 fand Niederschlag in der 12-stufigen Rangordnung des Ordensschemas von 1901. Tatsächlich bestand eine 12-stufige Gliederung von Ordensrängen seit der Stiftung des Franz-Joseph-Ordens am 2.12.1849. Die später neu geschaffenen Ordensgrade des Leopold-Ordens I. Klasse, des Komturs mit dem Stern und des Offiziers des Franz-Joseph-Ordens waren nämlich gleichrangig mit Graden schon bestehender Orden. In der Rangordnung fehlten hingegen der Orden vom Goldenen Vlies und der Militär-Maria-Theresien-Orden. Sie standen außerhalb jeder Rangfolge, wie auch das höchste Wertschätzung genießende Ehrenzeichen für Kunst und Wissenschaft, denn es waren ausdrücklich alle sonstigen Auszeichnungen zur Belohnung von Verdiensten auf speziellen Gebieten des öffentlichen Lebens ausgenommen.

Die 1771 errichtete Elisabeth-Theresien-Militärstiftung, manchmal auch "Elisabeth-Theresien-Orden" genannt, war kein Verdienstorden, sondern ein Stiftungsabzeichen. Diese Stiftung bleibt mangels Zusammenhanges mit dem Auszeichnungswesen außer Betracht.

Auch die beiden Damenorden b) und h) hatten in der Rangordnung schon deshalb keinen Platz, weil deren Trägerinnen von den übrigen Orden ausgeschlossen waren und umgekehrt.

Die Herausnahme der Damenorden ist aber auch aus anderen Erwägungen verständlich: Der Sternkreuzorden war kein Verdienstorden, sondern ein dynastischer wie das Goldene Vlies. Der Elisabeth-Orden war im Grunde mit den übrigen Verdienstorden nicht ohne weiteres vergleichbar. Der Ansicht der damaligen Zeit über die soziale Stellung der Frau entsprechend, war das Anwendungsgebiet des Elisabeth-Ordens gering und - trotz der programmatischen Worte in den Statuten - sehr einseitig. Die Trägerinnen der Großkreuze und der I. Klasse waren fast ausschließlich hochadelige Damen, deren Verdienste mit Funktionen bei Hof zusammenhingen. In der II. Klasse und bei den Medaillen findet man neben Bediensteten der

Hofhaltungen relativ wenige Frauen aus dem Bereiche religiöser Orden und caritativer Institutionen oder des Schulwesens. Der Elisabeth-Orden wurde am 30.4.1918 durch Aufspaltung der I. Klasse in eine solche mit Stern und ohne Stern erweitert. Außerdem wurde zusätzlich das "Elisabeth-Kreuz" affiliiert, welches zwischen der II. Klasse und der "Elisabeth-Medaille" rangierte.[16]

Die Rangordnung des Ordensschemas von 1901 lautete:
1) Großkreuz des St. Stephan-Ordens
2) Großkreuz des Leopold-Ordens
3) I. Klasse des Leopold-Ordens und I. Klasse des Ordens der Eisernen Krone
4) Großkreuz des Franz-Joseph-Ordens
5) Kommandeurkreuz des St. Stephan-Ordens
6) Kommandeurkreuz des Leopold-Ordens
7) II. Klasse des Ordens der Eisernen Krone und Komturkreuz mit dem Stern des Franz-Joseph-Ordens
8) Kleinkreuz des St. Stephan-Ordens
9) Ritterkreuz des Leopold-Ordens
10) Komturkreuz des Franz-Joseph-Ordens
11) Offizierskreuz des Franz-Joseph-Ordens und III. Klasse des Ordens der Eisernen Krone
12) Ritterkreuz des Franz-Joseph-Ordens.

Die Vorstellung, ein Orden sei eine hierarchisch gegliederte Körperschaft, wurde auch in die Rangordnung des Ordensschemas hineininterpretiert. Der Inhaber eines Ordensgrades konnte folglich nur noch eine höhere Stufe seines Ordens oder einen zumindest gleichwertigen Grad eines anderen Ordens, wie er in den Rängen 3), 7) und 11) vorgesehen war, erwerben. Dieses Prinzip gilt auch heute dort, wo wenigstens de facto eine Rangordnung gegeben ist.

Weil sie keinen Ordenscharakter besaßen, zudem nur ein spezielles Sachgebiet abdeckten, waren die militärischen Verdienstzeichen zwar im Ordensschema nicht enthalten, bekamen jedoch ihre Reihung in der "Rangordnung der Dekorationen, Ehren- und Erinnerungszeichen von 1908". Die höchste Stufe dieser Dekorationen stellte bis zum Ausbruch des 1. Weltkrieges das am 22.10.1849 gestiftete Militärverdienstkreuz dar. Nach den im RGBl Nr 18/1849 veröffentlichten Statuten wurde das Militärverdienstkreuz nur an "wirkliche Offiziere verliehen, welche im Krieg durch höhere Einsicht, Mut und Entschlossenheit oder im Frieden durch hervorragenden Eifer und Tatkraft besonders ersprießliche Dienste geleistet und dadurch einer Auszeichnung sich würdig gemacht haben". Die nächstrangigen Dekorationen waren die 1801 für Feldgeistliche geschaffenen Geistlichen Verdienstkreuze piis meritis in Gold (1. Klasse) und in Silber (2. Klasse). Die Reihung setzte sich fort mit der für Militärpersonen im Offiziers- und Beamtenstatus gedachten Ehrung durch Bekanntgabe des "Ausdruckes der Allerhöchsten Zufriedenheit für vorzügliche Dienste im Frieden" und der "Allerhöchsten belobenden Anerkennung für hervorragende Leistungen im

Kriege". Auf diese Weise gewürdigte Armeeangehörige erhielten seit 1890 als sichtbares Zeichen die Militärverdienstmedaille, genannt Signum Laudis. Sie war in vergoldeter Bronze ausgeführt. 1911 kam als höhere Stufe eine gleichartige Medaille in Silber hinzu, die zu tragen war, wenn die vorerwähnten Belobigungen erneut bekanntgegeben wurden. Die verbreitetste Art militärischer Verdienstzeichen waren die ab 1789 für Mannschaftspersonen bestimmten Tapferkeitsmedaillen: die "Goldene", die "große Silberne" oder silberne Tapferkeitsmedaille 1. Klasse, und die "kleine Silberne" oder silberne Tapferkeitsmedaille 2. Klasse.

Militärverdienstkreuz   Militärverdienstmedaille (1890)
   (vor 1914)   Avers   Revers

Der Ausbruch des 1. Weltkrieges führte bald zu einem erhöhten Bedarf an Auszeichnungsmöglichkeiten. Die vorhandenen militärischen Verdienstzeichen wurden vermehrt, wodurch aber die Struktur des Ordensschemas von 1901 völlig aus dem Gleichgewicht geriet. Hier nur einige Beispiele. Am 23.9.1914 wurde das einstufige, nach dem Ritterkreuz des Franz-Joseph-Ordens eingereihte Militärverdienstkreuz auf drei Klassen erweitert. Das ursprüngliche Verdienstzeichen, eine Brustdekoration am Dreiecksband, bildete von da an die III. Klasse und behielt vorerst seine Einstufung bei. Die II. Klasse war eine Halsdekoration, deren Rang gleich nach dem Grad 6 des Ordensschemas, also dem Kommandeurkreuz des Leopold-Ordens lag. Die I. Klasse, ein Steckkreuz, bekam die Einteilung sogar unmittelbar nach dem Großkreuz des St. Stephan-Ordens. Am 1.4.1916 entstand eine dritte Stufe des Signum Laudis: die Große Militärverdienstmedaille für Allerhöchste **besondere** belobende Anerkennung. Sie war aus vergoldetem Silber und bekam den Rang zwischen dem Großkreuz des Franz-Joseph-Ordens und dem Orden der Eisernen Krone I. Klasse. Dies obwohl weder das Militärverdienstkreuz noch die Militärverdienstmedaillen Orden waren.

Auch bei den Tapferkeitsmedaillen kam es zu Veränderungen. Die erste fand am 14.2.1915 statt und betraf die Schaffung der bronzenen Tapferkeitsmedaille, die unmittelbar nach dem (zivilen) Silbernen Verdienstkreuz plaziert wurde. Mit Verordnung vom 5.10.1917 erfolgte die Stiftung der goldenen und der silbernen Tapferkeitsmedaille 1. Klasse für Offiziere. Diese Medaillen wurden vom Kaiser persönlich verliehen, denn das Verleihungsrecht bezüglich der für Mannschaftspersonen bestimmten Tapferkeitsmedaillen lag bei den kommandierenden Generälen. Die Tapferkeitsmedaillen für Offiziere rangierten vor dem Militärverdienstkreuz III. Klasse, nach dem Ritterkreuz des Franz-Joseph-Ordens. Die goldene Tapferkeitsmedaille für Mannschaftspersonen behielt ihren Platz unmittelbar vor dem (zivilen) Goldenen Verdienstkreuz mit der Krone.

Für Zivilpersonen, die sich im Verlauf des 1. Weltkrieges um dessen erfolgreiche Führung verdient gemacht haben, stiftete Österreich-Ungarn am 8.2.1916 das zeitlich für die Dauer des Krieges befristete "Kriegskreuz für Zivilverdienste" in vier Graden, die alle als Steckkreuze ausgeführt waren.[17]

Mit der österreichisch-ungarischen Monarchie gingen deren Orden und Auszeichnungen rechtlich unter. Diese Aussage gilt allerdings nur mit Vorbehalt. Zum ersten waren die bereits erfolgten Verleihungen jedenfalls in der Republik Österreich nach wie vor gültig. Hinsichtlich des Ordens vom Goldenen Vlies und des Sternkreuzordens wird auf die Anmerkung 8) verwiesen.

Der Militär-Maria-Theresien-Orden als Körperschaft hat zwischen dem 7.3.1921 und dem 3.10.1931 11 Kapitelsitzungen abgehalten und in 74 Fällen die Voraussetzungen für den Erwerb des Ordens bejaht. Am 4.11.1931 nahm der damalige Reichsverweser des Königreichs Ungarn Horthy statutenwidrig Titel und Würde des Großmeisters des Militär-Maria-Theresien-Ordens an. Zur einzigen Verleihung dieses Ordens nach 1931 kam es am 24.1.1944 in der Budaer Königsburg an den ungarischen Generalmajor Kornel Oszlányi. Endgültig untergegangen ist dieser Orden also mit dem ungarischen Titularkönigreich 1945. Auch der St. Stephan-Orden bestand formell bis zu diesem Zeitpunkt. Der Reichsverweser Nikolaus Horthy de Nagybánya übernahm am 20.8.1938 das Großmeisteramt, verlieh aber nur das Großkreuz zwischen 1940 und 1944 dreimal. Soweit während des 1. Weltkrieges Auszeichnungsanträge bis zum Umbruch nicht erledigt werden konnten, sind auch nach dem 12.11.1918 bis 31.12.1922 vom Staatsamt für Heerwesen oder vom ehemaligen Militärliquidierungsamt Anspruchsberechtigungen ausgestellt worden.[18]

Wie auch andere Nachfolgestaaten glaubte die Republik Deutschösterreich, ohne sichtbare Auszeichnungen auszukommen. Das Gesetz vom 3.4.1919, StGBl Nr 211, über die Abschaffung der Adelstitel und Orden hatte im tschechoslowakischen Gesetz vom 10.12.1918, Sammlung der Gesetze und Verordnungen Nr 61, über die Abschaffung des Adels, der Orden und der Titel, einen zuweilen wörtlich übernommenen Vorläufer. Die tschechoslowakische Republik war in der Abschaffung der Orden lange Zeit konsequent. Mit Verordnung vom 7.12.1922, Sammlung Nr 362, wurde zwar der Orden vom Weißen Löwen - im Aufbau und Aussehen dem französischen Orden der Ehrenlegion weitgehend nachgemacht - gestiftet, jedoch nur für Ausländer. Für Inländer gab es mit Ausnahme einiger militärischer Verdienstzeichen im Zusammenhang mit den Legionen des 1. Weltkrieges nicht nur keine Dekorationen, sondern auch ein Verbot, ausländische Auszeichnungen anzunehmen. Letzteres war allerdings eine lex imperfecta - ohne Sanktion.[19] Erst ein Gesetz aus dem Jahre 1936 enthielt die Verordnungsermächtigung für die Stiftung von Auszeichnungen nach der Art von Orden und Ehrenzeichen für Verdienste um den tschechoslowakischen Staat für In- und Ausländer. Ausländische Orden durften von Inländern mit Zustimmung des Präsidenten der Republik angenommen werden.[20] Von der Verordnungsermächtigung wurde bis 1938 kein Gebrauch gemacht.

Die Erkenntnis der Notwendigkeit eines Instrumentes, Verdienste durch sichtbare Auszeichnungen zu belohnen, kam indessen - mit Ausnahme der tschechoslowakischen Republik - erstaunlich bald zum Durchbruch und nahm ähnlich wie im Nachbarstaat Ungarn[21] in Österreich konkrete Formen an. Mit Bundesgesetz vom 4.11.1922, BGBl Nr 16/1923, entstand das Ehrenzeichen für Verdienste um die Republik Österreich. Laut Statut[22] waren ursprünglich 10 Grade vorgesehen, davon 7 für das eigentliche Ehrenzeichen, die 3 weiteren Grade waren Medaillen. Das Ehrenzeichen war auf dem fünfstufigen internationalen Schema aufgebaut, die Bezeichnungen waren aber neu und lauteten "Großstern", "großes goldenes Ehrenzeichen am Bande" (beides Stufen der Großkreuze 1. und 2. Klasse), "großes goldenes Ehrenzeichen mit dem Stern" (Stufe des Großoffiziers), "großes goldenes Ehrenzeichen" (Kommandeurstufe), "großes silbernes Ehrenzeichen" (Offiziersstufe) und "goldenes" bzw. "silbernes Ehrenzeichen" (Stufen der Ritterkreuze 1. und 2. Klasse). Die Benennung "Ehrenzeichen" wurde gewählt, um gegenüber den Orden der gewesenen österreichisch-ungarischen Monarchie einen deutlichen Abstand auszudrücken.[23] Mit dieser Zielsetzung hing augenscheinlich auch der bewußte Verzicht auf Einrichtungen zusammen, die herkömmlicherweise ein Orden hat, wie der Großmeister und das Ordenskapitel. Dabei trifft es keineswegs zu, daß ein Orden oder ein Ordensgroßmeister als für die Monarchie typische Institutionen angesehen werden müssen. Die französische Republik kannte lange vor der Entstehung unseres Ehrenzeichens den Orden der Ehrenlegion, an dessen Spitze der Präsident der Republik als Großmeister steht. Dasselbe gilt nicht nur für den 1963 geschaffenen französischen Ordre National du Mérite, sondern vor allem für die Orden der Republik Italien nach 1946, die in der Person des Präsidenten der Republik ihren Großmeister besitzen. Trotzdem besteht kein Zweifel, daß das 1922 gestiftete Ehrenzeichen international gesehen auf der Stufe eines Verdienstordens stand, was uneingeschränkt auch für das gegenwärtige Ehrenzeichen für Verdienste um die Republik Österreich gesagt werden muß.

Fünf Statutenänderungen zwischen 1924 und 1927[24] weiteten die Zahl der Ehrenzeichengrade aus, bis schließlich das neue Statut von 1930[25] die Einteilung in 16 Grade festschrieb - 10 für das Ehrenzeichen, 2 für Verdienstzeichen und 4 Medaillen. So wie es heute der Fall ist, waren 3 der klassischen Stufen in je 2 Graden ausgestaltet, nur die Offiziersstufe bildete einen einzigen Grad. Dafür zerfiel die Großkreuzstufe in 3 Grade. Höchste Auszeichnung blieb der Großstern. Die Bezeichnungen der einzelnen Grade entsprachen mit der Maßgabe den heute normierten, daß das gegenwärtige Große Ehrenzeichen "Großes Silbernes Ehrenzeichen" hieß. Das nunmehrige Große Silberne Ehrenzeichen (mit dem Stern) führte den Namen "Großes Ehrenzeichen" (bzw. mit dem Stern).

Im ständischen Bundesstaat Österreich wurde das Ehrenzeichen in den Österreichischen Verdienstorden, die Österreichischen Verdienstzeichen und die Österreichischen Verdienstmedaillen umgewandelt. Der Verdienstorden übernahm die bisherige Gradeinteilung, in der Stufe der Großkreuze kam aber ein 4. Grad dazu. Die Stufenbezeichnungen des Verdienstordens entsprachen nun dem internationalen Schema, wobei die Grade in Gold jeweils als I. Klasse benannt waren. Die Grade hießen:

   Großstern,
   Großkreuz I. Klasse mit dem Adler,
   Großkreuz I. Klasse,
   Großkreuz,
   Komturkreuz I. Klasse mit dem Stern oder Groß-
     offizier I. Klasse,
   Komturkreuz mit dem Stern oder Großoffizier,
   Komturkreuz I. Klasse,
   Komturkreuz,
   Offizierskreuz,
   Ritterkreuz I. Klasse,
   Ritterkreuz.

Die Verdienstzeichen waren in Gold und Silber, die Verdienstmedaillen - offenbar nach dem Muster der alten Tapferkeitsmedaillen - in Gold, Silber (2 Grade, groß und klein) sowie in Bronze.[26]

Das Kleinod des Verdienstordens und der Verdienstzeichen hatte gleich dem Ehrenzeichen ab 1923 die Gestalt des Krückenkreuzes, ähnlich dem Jerusalemkreuz, wie beim Orden vom Heiligen Grab - ohne die zusätzlichen lateinischen Kreuze in den Kreuzwinkeln. Dieses Krückenkreuz wurde später zum Symbol der "vaterländischen Front" im autoritären Ständestaat.

Im Bundesstaat Österreich gab es auf Grund des Bundesgesetzes betreffend die Schaffung militärischer Ehrenzeichen[27] für Offiziere des Bundesheeres das Österreichische Militärverdienstkreuz in drei Klassen und die Österreichische Militärverdienstmedaille (in einer Stufe) nach dem Vorbild der entsprechenden Dekorationen der österreichisch-ungarischen Monarchie.

Als erste Auszeichnung der Zweiten Republik wurde mit Bundesgesetz vom 12.4.1946[28] die Österreichische Befreiungsmedaille gestiftet. Sie ist durch das Ehrenzeichen für Verdienste um die Befreiung Österreichs, BGBl Nr 79/1976, ersetzt worden. Die Verleihungen sind noch im Gange.

Nach 1945 dauerte es im übrigen länger als nach dem Umbruch 1918, bis 1952 die Stiftung einer allgemeinen Auszeichnung, nämlich des gegenwärtigen Ehrenzeichens für Verdienste um die Republik Österreich erfolgte.[29] Diesem Schritt ging ein Widerstreit der Rechtsmeinungen über die verfassungsrechtliche Zuständigkeit in Ehrenzeichenfragen voraus. Endgültig geklärt wurde das Problem durch ein Erkenntnis des Verfassungsgerichtshofes.[30] Demnach steht die Schaffung von Ehrenzeichen für Verdienste um die Republik Österreich und auf Sachgebieten, die in der Vollziehung Bundessache sind, der Bundesgesetzgebung zu. Die Stiftung von Ehrenzeichen für Verdienste um ein einzelnes Bundesland und für Verdienste auf Sachgebieten, die in der Vollziehung Landessache sind, fällt hingegen in die Kompetenz der Landesgesetzgebung. Der zweite Teil des Rechtssatzes führte dazu, daß im Gegensatz zur Monarchie und zur ersten Republik nunmehr alle Bundesländer landesgesetzlich eigene Ehrenzeichen, zum Teil solche, die ausdrücklich als "Orden" benannt sind, geschaffen haben. Die Erörterung muß mangels Vergleichsmöglichkeit zur früheren Lage hier unterlassen werden.

II) Systematik

Seit der endgültigen Gliederung des Jahres 1956[31] existieren 10 Grade des Ehrenzeichens, 2 Grade des Verdienstzeichens und 3 Grade der Medaille für Verdienste um die Republik Österreich (Statut siehe Anhang IV).

Will man diese Gliederung und das Auszeichnungswesen der Zweiten Republik mit jenen der Monarchie vergleichen, muß ein gemeinsamer Nenner in sachlicher und zeitlicher Beziehung gefunden werden. Dies bereitet keine Schwierigkeiten, wenn man vom Grundsatz des Ordensschemas von 1901 ausgeht und alle Auszeichnungen zur Belohnung von Verdiensten auf **speziellen** Gebieten des öffentlichen Lebens - somit auch ausschließlich militärischer Art - wegläßt. Die zu untersuchende Zeitepoche der Monarchie wird im wesentlichen mit dem Ende der Friedensperiode 1914 abgesteckt, weil während des 1. Weltkrieges, wie schon angedeutet, nicht bloß verschiedene Eingriffe in die Systematik stattgefunden haben, auch die Verleihungspraxis entfernte sich mit zunehmender Kriegsdauer allmählich von der sonst beobachteten restriktiven Handhabung. Ein zusätzlicher Aspekt liegt im Umstand, daß heute keine eigenen Ehren- oder Verdienstzeichen für kriegerische Leistungen bestehen, außer man stuft das 1989 geschaffene Militär-Verdienstzeichen in diese Kategorie ein. Ein Argument dafür wäre die Tatsache, daß das Militär-Verdienstzeichen 1990 an noch lebende Teilnehmer am Kärntner Abwehrkampf 1919/20 verliehen wurde. Dem ist entgegenzuhalten, daß es sich offenbar um eine vereinzelte Aktion gehandelt hat. Das auf Grund des Bundesgesetzes über militärische Auszeichnungen, BGBl Nr 361/1989, entstandene Militär-Verdienstzeichen (in einer Stufe) ist für Personen bestimmt, die sich durch hervorragende Leistungen auf militärischem oder zivilem Gebiet um die militärische Landesverteidigung besonders verdient gemacht haben. Das Aussehen des als Steckkreuz konzipierten Militär-Verdienstzeichens wurde durch Verordnung BGBl Nr 551/1989 geregelt. Dieses Militär-Verdienstzeichen hat auf jeden Fall aus dem Grund außerhalb unserer Betrachtungen zu bleiben, weil es ein Spezialgebiet des öffentlichen Lebens, eben die militärische Landesverteidigung, betrifft.[32] Es müssen folglich auch der Militär-Maria-Theresien-Orden und die im Abschnitt I) unter e) bis g) genannten Orden, soferne sie mit der Kriegsdekoration[33] verliehen werden konnten, übergangen werden. Auf die Unmöglichkeit, die Damenorden der Monarchie in die Gegenüberstellung einzubeziehen, ist bereits hingewiesen worden.

Der Orden vom Goldenen Vlies blieb ein weltlicher Ritterorden und wandelte sich nicht zu einem Verdienstorden, mag er bis zu einem gewissen Grade in der Praxis **auch** zur Belohnung von Verdiensten herangezogen worden sein. Die Ordensdevise lautete ja "pretium laborum non vile" (keine geringe Belohnung der Arbeit), was als gewichtiges Indiz für einen Verdienstorden ausgelegt werden könnte.[34] Abgesehen von der systematischen Einordnung und von anderen Kriterien muß der Orden vom Goldenen Vlies ferner deshalb als Gegenstück zur höchsten Auszeichnung der

Republik ausscheiden, weil seine Vergabe streng an ein bestimmtes religiöses Bekenntnis gebunden war. So war der Orden vielfach nicht geeignet, an ausländische Staatsoberhäupter verliehen zu werden, welchen Zweck gegenwärtig die höchste Stufe des Ehrenzeichens für Verdienste um die Republik Österreich, der Großstern, erfüllt. Der habsburgische Zweig des Ordens vom Goldenen Vlies verlangt zum Unterschied vom spanischen Zweig unter anderem das römisch-katholische Bekenntnis des Kandidaten. So konnte Kaiser Franz Joseph selbst seinen Verbündeten im 1. Weltkrieg, dem deutschen Kaiser Wilhelm II. und dem osmanischen Sultan Mohammed V. den Orden vom Goldenen Vlies nicht verleihen. Kaiser Wilhelm II. war aber Ritter des spanischen Zweiges. Letzteres war auch beim König von Großbritannien und beim Zar von Rußland der Fall.

Eine Differenzierung ist schließlich beim St. Stephan-Orden angebracht. Dieser an sich äußerst sparsam vergebene Orden war spezifisch ungarisch. Staatsbürger der cisleithanischen Reichshälfte wurden mit ihm sehr selten und nur dann bedacht, wenn es galt, Verdienste zu würdigen, die in besonderer Beziehung zu Ungarn oder zumindest zu den gemeinsamen Angelegenheiten, also einschließlich der Verwaltung von Bosnien-Herzegovina, standen. Eine Ausnahme machte allerdings das Großkreuz, welches als die höchste zivile (allgemeine) staatliche Verdienstauszeichnung galt, die der Kaiser und König an In- oder Ausländer - gleich welchen religiösen Bekenntnisses - zu vergeben hatte. Diese Ordensstufe muß somit in die weitere Erörterung eingebunden werden.[35] Das Kommandeurkreuz und das Kleinkreuz dieses Ordens können dagegen ausgespart werden. Sie machen die Grade 5) und 8) des Ordensschemas von 1901 frei. Es verbleiben 10 Grade von Orden, demnach ebensoviele wie beim heutigen Ehrenzeichen für Verdienste um die Republik Österreich.

So betrachtet standen für die Anerkennung höhergradiger Verdienste in der Monarchie vier verschiedene Orden zur Verfügung, weshalb zuallererst untersucht werden muß, welche Kriterien für die Verleihungswürdigkeit der einzelnen Orden aufgestellt waren. Auskunft darüber geben die Ordensstatuten.

Als Ordenszweck des St. Stephan-Ordens war, wie schon erwähnt, schlicht angegeben "Anerkennung von Verdiensten um das Allerhöchste Haus und um den Staat". Die Verleihung des Großkreuzes dieses Ordens, das in dieser Untersuchung allein interessiert, forderte vom Kandidaten zusätzlich die Zugehörigkeit seiner Familie zum Adel seit vier Generationen; unter "Adel" verstand man hier mindestens den Freiherrnstand. Der Monarch als Großmeister konnte aber vom Erfordernis des Adels bei "besonderen Verdiensten" Dispens erteilen. In dem behandelten Zeitraum ab 1900 durfte die (so hochgeschraubte) Adelsqualität bei der Vergabe des Großkreuzes des St. Stephan-Ordens keine Schlüsselrolle mehr spielen, weshalb die Dispensfälle häufiger als früher vorkamen. Beim Ordenszweck kann also von der Leseart "Anerkennung von **besonderen** Verdiensten um das Herrscherhaus und um den Staat" ausgegangen werden.

Die Statuten der übrigen drei Orden hoben dagegen hervor, daß jedermann Empfänger sein könne, ohne Unterschied des Standes und gleichgültig, ob er in Zivil- bzw. Militär-Staatsdiensten stehe oder nicht. Die Satzungen des in der konstitutionellen Ära entstandenen Franz-Joseph-Ordens gingen mehr ins Detail und schlossen wörtlich Rücksichten auf Geburt, Religion oder Stand als Verleihungskriterien aus. Sonst wurden gleich wie beim St. Stephan-Orden in mehr oder weniger ähnlich formulierten Generalklauseln Verdienste um den Staat und das Kaiserhaus sowie Anhänglichkeit an Vaterland und Landesfürsten gefordert. Als weitere Gesichtspunkte für die Auszeichnungswürdigkeit sind zu nennen beim Leopold-Orden "angestrengte erfolgreiche Bemühungen, das Wohl des Staates zu fördern", und zwar durch "ausgezeichnete, zum Besten des Allgemeinen wirkende und die Nation verherrlichende Gelehrsamkeit oder durch große und gemeinnützige Unternehmungen". In einem Beisatz steht kurioserweise: "Ausdrücklich (wird) ein vollkommen tadelsfreier Wandel und unbescholtener Ruf zu einem unerläßlichen Bedingnis gemacht."

Die Statuten des Ordens der Eisernen Krone faßten sich kürzer und verlangten im Anschluß an die Generalklausel "erfolgreiche Bemühungen, das Wohl der Monarchie zu fördern, sowie Auszeichnung durch andere große und gemeinnützige Unternehmungen".

Am ausführlichsten sind die Auszeichnungsvoraussetzungen beim Franz-Joseph-Orden aufgelistet: Hinweise auf Verdienste im Krieg oder Frieden, besonders wichtige, für das allgemeine Wohl geleistete Dienste, wahrhaft nützliche Erfindungen, Entdeckungen oder Verbesserungen, eifrige und erfolgreiche Förderung und Hebung der Bodenkultur, der einheimischen Industrie oder des Handels, hervorragende Leistungen in Kunst und Wissenschaft, aufopferndes Wirken um die leidende Menschheit, schließlich Verdienste um Thron und Reich in irgendeiner anderen ausgezeichneten Weise.

Schlichter formuliert war der Zweck der affiliierten Zivil-Verdienstkreuze von 1850. Sie waren bestimmt "zur Belohnung treuer und tätig bewährter Anhänglichkeit an Kaiser und Vaterland, vieljähriger, anerkannt ersprießlicher Verwendung im öffentlichen Dienst oder sonstiger, um das allgemeine Beste erworbener Verdienste".

Alle diese in den Statuten aufgenommenen Kriterien sind indessen leicht auf einen gemeinsamen Nenner zu bringen. Sie drücken nichts anderes aus als das, was als Leseart beim St. Stephan-Orden wiedergegeben wurde. Mag sein, daß im Zeitpunkt der Stiftung des Ordens der Eisernen Krone beabsichtigt war, mit ihm vorrangig Verdienste um das lombardo-venetianische Königreich zu belohnen, und daß der Franz-Joseph-Orden, welcher keine Privilegien in bezug auf Adelserwerb udgl. besaß, auf die Zielgruppe des aufstrebenden Bürgerstandes, auf Volkswirtschaft, Kunst und Wissenschaft ausgerichtet gewesen ist. Mit der Einigung Italiens, spätestens mit der Beseitigung der besonderen Privilegien der anderen Orden 1884 wurden solchen Sonderzuweisungen die Grundlagen entzogen. Der Unterschied innerhalb der Ehrungen lag zuletzt nicht mehr in den einzelnen Orden, sondern in den Ordensstufen und manifestierte sich quer durch das ganze Auszeichnungssystem so, wie er schließlich im Ordensschema von 1901 zur Darstellung kam.

Denkt man sich die in der Monarchie zum Selbstverständnis gehörende Hervorhebung von Thron, Landesfürst und Herrscherhaus weg, so ist festzustellen, daß die im Art I. des Statuts des Ehrenzeichens für Verdienste um die Republik Österreich von 1953 gewählte Definition der Auszeichnungsempfänger als "Personen, die für die Republik Österreich hervorragende gemeinnützige Leistungen vollbrachten und ausgezeichnete Dienste geleistet haben" genau das aussagt, was in den früheren Ordensstatuten für die Auszeichnungswürdigkeit rein demonstrativ normiert worden war.

Stellt man diese Überlegungen in Rechnung, so ergibt sich unter Zugrundelegung des Ordensschemas von 1901 und der Rangordnung der Dekorationen, Ehren- und Erinnerungszeichen von 1908[36] einschließlich der dem Franz-Joseph-Orden affiliierten Zivil-Verdienstkreuze eine 10 Ordens- und 4 Verdienstkreuzabstufungen bildende, aus 14 Graden bestehende Rangfolge der einschlägigen Auszeichnungen der Monarchie als Vergleichsbasis.

Wie bereits dargestellt, stehen gegenwärtig insgesamt 10 Grade des eigentlichen Ehrenzeichens und 5 weitere des Verdienstzeichens und der Medaillen für Verdienste um die Republik Österreich, somit insgesamt 15 Grade zur Verfügung. Tatsächlich sind es aber, so wie in der Monarchie, auch nur 14 Grade, da die als Grad 15 ausgewiesene Bronzene Medaille für Verdienste um die Republik Österreich seit mehreren Jahren an Inländer nicht mehr verliehen wurde und praktisch bedeutungslos geworden ist.

Rein vom System her können also die jeweils 14 Auszeichnungsgrade der Monarchie und der gegenwärtigen Republik nebeneinandergestellt oder besser gesagt gegenübergestellt werden. Darin allein ist ein Indiz für die Gleichwertigkeit der mit der gleichen Ziffer bezeichneten Grade zu erblicken. An der **theoretischen** Gleichwertigkeit der Grade dürften kaum Zweifel bestehen. Ob dies auch von der Praxis her eine Bestätigung findet, wird im nächsten Abschnitt untersucht. Die jeweiligen Auszeichnungsgrade der Republik und der Monarchie ergeben folgendes, zunächst einmal hypothetisches Spiegelbild:

1)	Großstern des Ehrenzeichens[37]	Großkreuz des St. Stephan-Ordens
2)	Großes Goldenes Ehrenzeichen am Bande	Großkreuz des Leopold-Ordens
3)	Großes Silbernes Ehrenzeichen am Bande	I. Klasse des Leopold-Ordens und Orden der Eisernen Krone I. Klasse
4)	Großes Goldenes Ehrenzeichen mit dem Stern	Großkreuz des Franz-Joseph-Ordens

5)	Großes Silbernes Ehrenzeichen mit dem Stern	Kommandeur des Leopold-Ordens
6)	Großes Goldenes Ehrenzeichen	Orden der Eisernen Krone II. Klasse und Komturkreuz mit dem Stern des Franz-Joseph-Ordens
7)	Großes Silbernes Ehrenzeichen	Ritterkreuz des Leopold-Ordens
8)	Großes Ehrenzeichen	Komturkreuz des Franz-Joseph-Ordens
9)	Goldenes Ehrenzeichen	Offizierskreuz des Franz-Joseph-Ordens und Orden der Eisernen Krone III. Klasse
10)	Silbernes Ehrenzeichen (jeweils für Verdienste um die Republik Österreich)	Ritterkreuz des Franz-Joseph-Ordens
11)	Goldenes Verdienstzeichen	Goldenes Verdienstkreuz mit der Krone
12)	Silbernes Verdienstzeichen (jeweils der Republik Österreich)	Goldenes Verdienstkreuz
13)	Goldene Medaille	Silbernes Verdienstkreuz mit der Krone
14)	Silberne Medaille	Silbernes Verdienstkreuz
15)	Bronzene Medaille (jeweils für Verdienste um die Republik Österreich).	– [38]

III) Die Verleihungspraxis

Wenn untersucht werden soll, nach welchen Gesichtspunkten einzelne Auszeichnungsgrade vergeben werden, so ist davon auszugehen, daß besondere Verdienste einer Person vorliegen müssen, deren Größe nach absoluten Maßstäben gewürdigt wird. Daneben gilt die Annahme, daß sich die Gewichtung eines auszeichnungswürdigen Verhaltens nach dem Leistungsvermögen des Auszuzeichnenden richtet und daß dieses Leistungsvermögen durch die Bedeutung der Funktion des Betroffenen indiziert wird. Der Gedanke, die Auszeichnungswürdigkeit sei durch bestimmte objektive Kriterien in der Stellung des Kandidaten vorgezeichnet, ist übrigens kein österreichisches Spezifikum. Als Beispiel nennen wir das Dekret vom 20.2.1868, welches für den höchsten königlich italienischen Verdienstorden, den in fünf Klassen eingeteilt gewesen Orden der Heiligen Mauritius und Lazarus Richtlinien aufstellte, wonach Träger bestimmter Funktionen die Eignung - nicht auch den Anspruch - besaßen, gewisse Ordensklassen zu erlangen. Die Aufzählung reicht von den Staatsministern und Botschaftern, denen das Großkreuz zugeordnet wurde, bis zu den Bürgermeistern kleinerer Städte und den Hauptmännern der Armee, welch letztere nach zehnjährigem Dienst in dieser Charge das Ritterkreuz erhalten konnten.[39] Die Publikation einer so minutiösen Richtlinie ist sehr selten, weil Angelegenheiten des Auszeichnungswesens grundsätzlich äußerst vertraulich behandelt werden.

Da vor allem die höchsten Auszeichnungsgrade maßgebenden Amtsträgern des Staates vorbehalten sind, aber auch in den weniger hohen Graden staatliche Funktionäre, namentlich die Beamtenschaft, stark vertreten war und ist, bedarf es eines Vergleiches der einschlägigen Strukturen in der Monarchie mit den Verhältnissen in der Republik. Die verfassungsrechtlichen Unterschiede können freilich nur andeutungsweise gestreift werden.

Die Position einer Person innerhalb eines sozialen Gefüges wird mit dem Begriff "Rang" umschrieben. Der soziale Rang bestimmt sich nach in der jeweiligen Epoche relevanten gesellschaftlichen Merkmalen.

In der Monarchie gab es festgeschriebene, aber teilweise sich überschneidende Rangordnungen bei Hof und im Staatsdienst. Die Republik kennt eine Rangordnung lediglich im Verhältnis der Über- und Unterordnung innerhalb begrenzter Gruppierungen, wie bei den Behörden des gleichen Ressorts, dem Bundesheer usw.. Dennoch existiert nach wie vor eine mehr oder weniger faßbare, oft diffizile Reihung aller öffentliche Funktionen bekleidender Subjekte der sozialen Ordnung, welche wir der Einfachheit halber mit dem aus dem diplomatischen und völkerrechtlichen Vokabular entlehnten Ausdruck "protokollarischer Rang" bezeichnen wollen.

In der modernen Industriegesellschaft sind die hiefür maßgebenden Unterscheidungsmerkmale insbesondere die wirtschaftliche Dotierung, die Entscheidungsgewalt, Berufsqualifikation, Bildung udgl.. Unter Umständen

Ordensgrad 1

Großkreuz des St. Stephan-Ordens

Ehrenzeichengrad 1

*Großstern des Ehrenzeichens
für Verdienste um die Republik Österreich:
Bruststern*

Ehrenzeichengrad 1

Großstern des Ehrenzeichens
für Verdienste um die Republik Österreich:
Hüftdekoration am Schulterband

Ordensgrad 1

Großkreuz des St. Stephan-Ordens: Collane

Ordensgrad 2

Großkreuz des Leopold-Ordens: Collane

Ordensgrad 2

Großkreuz des Leopold-Ordens

Ehrenzeichengrad 2

Großes goldenes Ehrenzeichen am Bande
für Verdienste um die Republik Österreich

Ordensgrad 3

Leopold-Orden I. Klasse

besitzen einen protokollarischen Rang auch Ehegatten der Funktionäre und ehemalige Amtsträger.

Nebenbei bemerkt steht der protokollarische Rang in Wechselbeziehung zum Zeremoniell. Darunter besteht man die Summe jener Normen und Gepflogenheiten, deren Befolgung den harmonischen und geordneten Ablauf einer förmlichen Veranstaltung, welcher Art immer, gewährleistet. So, wie es die unterschiedlichsten Gattungen des Zeremoniells gibt - das kirchliche, das zwischenstaatliche, das innerstaatliche auf den verschiedenen Ebenen, das militärische, das akademische, das studentische, das sportliche usw. - erfordert die protokollarische Rangordnung gewisse Anpassungen je nach dem Anlaß. In den Grundzügen muß sie aber gewahrt bleiben. Ihre heikle, oft unbedankte Handhabung unterliegt dem Taktgefühl, Sachverstand, ja der Kunst des Chefs des Protokolls.

Nun zur Sache: In Auszeichnungsfragen ist der protokollarische Rang jedenfalls von ausschlaggebender Bedeutung. Bei der Auswahl der Maßstäbe für die Rangordnung hilft wie schon angedeutet u.a. die Überlegung, daß dem Gewicht einer Funktion im allgemeinen durch eine entsprechende finanzielle Dotierung Rechnung getragen wird. Folgerichtig spiegelte sich bei uns die Rangordnung im Staatsdienst - nicht auch bei Hof - ursprünglich in bezugsrechtlichen Diätenklassen wider, deren es 12 gab. Wenn man den umgekehrten Weg geht und aus den Bezügen einzelner Amtsträger auf deren protokollarischen Rang schließen will, so steht dies zweifellos mit den Gesetzen der Logik im Einklang. Nur müssen Vorbehalte gemacht werden. Bei ehrenamtlichen Funktionen versagt dieser Maßstab. Ferner können nur Gagen innerhalb ökonomisch und soziologisch verwandter Kreise miteinander verglichen werden, also nicht solche eines Bundesbeamten mit dem Gehalt eines Managers eines Wirtschaftsunternehmens oder eines gewählten politischen Mandatars. Sonderzulagen, Aufwandsentschädigungen und Nebengebühren, die mit besonderer Arbeitsbelastung oder Reisetätigkeiten zusammenhängen, dürfen keine Berücksichtigung finden. Hier hilft als Korrektiv das Merkmal Entscheidungsgewalt, also die Funktion selbst nach Art und Umfang in sachlicher und örtlicher Beziehung. Man denke etwa an einen Bediensteten einer mittelgroßen Stadt, dem im Rahmen der Gemeindeautonomie das Gehalt eines hohen Ministerialbeamten zuerkannt wird; dadurch kann kein höherer protokollarischer Rang begründet werden. Es müssen ferner historische Zusammenhänge beachtet werden; dabei ist aber nicht zu vergessen, daß manche Funktionen aus der Zeit der Monarchie trotz gleichlautender Bezeichnung in der Republik andere Inhalte bekommen haben. Dies tritt schon bei den Mitgliedern der Regierung deutlich zutage. Das System der konstitutionellen Monarchie beruhte auf der Überlegung, daß die Regierungsgewalt an sich in den Händen des keiner Verantwortlichkeit unterworfenen Herrschers verblieb. Bei der Ausübung seiner Machtbefugnisse hatte sich der Monarch jedoch verantwortlicher Minister zu bedienen.[40] Die Minister waren demnach im ursprünglichen Sinne ihrer Bezeichnung sozusagen (notwendige) "Besorgungsgehilfen" des Landesherrn, die ernannt und ohne weiteres wieder entlassen werden konnten. In der Republik ist die Stellung des Bundeskanzlers, des Vizekanzlers und der Bundesminister, die in ihrer Gesamtheit die Bundesregierung bilden, eine ganz andere. Sie agieren nicht, um den Willen des Staatsoberhauptes zu verwirklichen, sondern sind selbst mit den obersten Verwaltungsgeschäften des Bundes, also mit der Regierungsgewalt betraut und zwar originär. Das findet auch seinen Niederschlag in der wertenden Betrachtung. Dem Bundespräsidenten als solchem überträgt die Bundesverfassung nur einen bestimmten wichtigen, aber gesonderten Anteil an der Vollziehung.[41] Auf weitere Fälle von Verschiebungen der Relationen wird noch zurückzukommen sein.

Die wichtigsten Rechtsquellen für Rangsverhältnisse im Staatsdienst der Monarchie waren das Bezügegesetz, RGBl Nr 47/1873, welches alle Funktionäre der hoheitlichen Vollziehung der österreichischen Reichshälfte, nämlich Staatsbeamte, zu denen auch die Minister gezählt wurden, in 11 Rangsklassen anstelle der früheren 12 Diätenklassen eingeteilt hat, ferner die im gleichen Jahr vom Kaiser sanktionierten Beschlüsse der Delegationen betreffend die Regulierung der Bezüge der gemeinsamen österreichisch-ungarischen Beamtenschaft. Außerhalb dieses Schemas standen die gewählten Mandatare, aber auch Inhaber ererbter feudaler Hofämter bzw. hohe Würdenträger des Hofstaates, denen ein protokollarischer Hofrang zukam. Angehörige der k.u.k. Kriegsmarine blieben in 12 Rangsklassen eingeteilt. Die XII. Rangsklasse setzte sich im wesentlichen aus Eleven zusammen.

Das Rangsklassensystem wurde in der Republik zunächst mit nur wenigen zeitbedingten Retuschen übernommen und fand auch vollen Eingang in die von der Bundesverfassung 1920 getragene Rechtsordnung.[42] Dann leitete das Besoldungsgesetz, BGBl Nr 376/1921, eine andere Entwicklung ein, die aber schließlich zum gegenwärtigen System führte, das im Grunde eine Variante des ursprünglichen ist. Derzeit sind alle Beamten des Bundes einschließlich der Offiziere, nicht jedoch Richter, Staatsanwälte, Universitätsprofessoren und Lehrer besoldungsrechtlich in Dienstklassen eingeteilt, die vielfach einem Teil der Rangsklassen in umgekehrter Zählung entsprechen.[43] Für Landesbeamte gelten analoge Regelungen einzelner Landesgesetze.[44]

Das Dienstklassensystem unterscheidet sich von jenem der Rangsklassen nicht nur durch das Fehlen der schon erwähnten Kategorien von Bundesbediensteten, sondern durch die Herausnahme jenes Personenkreises, der in den drei höchsten Rangsklassen zusammengefaßt war. Es handelte sich neben hohen Richtern um die Statthalter, dann um die seither ersatzlos beseitigten seinerzeitigen Spitzen der militärischen Hierarchie, vor allem aber um die Mitglieder der Regierung. Der größte Unterschied überhaupt in der Gestaltung der vollziehenden Gewalt in der Republik besteht darin, daß die höchsten Funktionen der Verwaltung aus den Händen der Berufsbeamten genommen und gewählten Mandataren übertragen wurden. Es ist dies eine Entwicklung, die bereits in der konstitutionellen Monarchie begonnen hat Die Regierungsmitglieder entstammten zwar oft der

Hochbürokratie, es kamen aber auch Politiker dazu. Sie wurden alle formell als Staatsbeamte behandelt. Heute ist das Einkommen u.a. der Mitglieder der Bundesregierung im wiederholt novellierten Bezügegesetz vom 9.7.1972, BGBl Nr 273, geregelt. Hier gibt es allerdings einen festen Anknüpfungspunkt zum Dienstklassensystem, weil die Bezüge der Politiker am Gehalt der höchsten, der Dienstklasse IX, orientiert sind. Dem Bundeskanzler, Vizekanzler, den Bundesministern, Landeshauptmännern, ferner dem Präsidenten des Rechnungshofes gebühren 200 %, den Staatssekretären, den Mitgliedern der Volksanwaltschaft und dem Vizepräsidenten des Rechnungshofes 180 % des Gehaltes der Dienstklasse IX, Gehaltsstufe 1 (mit zweijähriger Vorrückung).[45] Für die übrigen Mitglieder der Landesregierungen sind die entsprechenden Bestimmungen in den Bezügegesetzen der Bundesländer enthalten. So weist beispielsweise das Tiroler Bezügegesetz 1973, LGBl Nr 36, den Landeshauptmannstellvertretern 180 % und den Landesräten 170 % des Gehaltes der Dienstklasse IX, Gehaltsstufe 6, als "Amtseinkommen" zu. Da diesen Mitgliedern der Landesregierung als Basis des Amtseinkommens von allem Anfang an die (höchste) Gehaltsstufe 6 dient, während die Anfangsbezüge ihrer Kollegen in der Bundesregierung sich nach der Gehaltsstufe 1 richten, muß z.B. ein neu ernannter Bundesminister mit einem geringeren Grundbezug vorliebnehmen als ein Landesrat in Tirol.

Ende 1992 sorgten Medienveröffentlichungen der nach Ansätzen der Bezügegesetze des Bundes und der Länder berechneten Einkünfte von 100 österreichischen Politikern für nicht geringes Aufsehen.[46] Die Liste wurde angeführt vom Bundespräsidenten, dem der Landeshauptmann von Tirol mit einem Jahresbezug von mehr als 3,6 Millionen Schilling unmittelbar folgte. Der Bundeskanzler rangierte mit seinem Jahreseinkommen von nicht ganz 2,6 Millionen Schilling erst an 33. (richtig 16.) Stelle, nach dem Bürgermeister von Innsbruck und nach manchen Landespolitikern. Das Sensationelle dieser Medienaussendungen wird indessen etwas entschärft, wenn man bedenkt, daß Bruttobezüge genannt worden sind, die sich infolge der Einkommen- bzw. Lohnsteuer auf die Hälfte reduzieren und die zusätzlich internen "Parteiensteuern" unterworfen sind. Ferner wurden auch solche in ihrer Höhe nicht zu unterschätzenden Summen einbezogen, die auf Aufwandsentschädigungen, Reisekostenpauschalen udgl. entfielen. Derartige Einkommensbestandteile dürfen aber, wie schon ausgeführt, bei Rangzuweisungen nicht berücksichtigt werden. Schließlich ist bekannt, daß Politiker hohe Auslagen für "public relations" bestreiten müssen, und daß sie praktisch unbegrenzt im Einsatz stehen. Immerhin zeigte sich, daß auf dem Wege solcher Sonderzulagen, die insbesondere nach den Bezügegesetzen der Bundesländer den Landespolitikern einschließlich der vom Bund entlohnten Landeshauptmänner zufließen, ein verzerrtes Bild entstehen kann. Dieses ist nur durch das Kriterium "Entscheidungsgewalt", ferner durch den Umstand zu bereinigen, daß sich das System der Entlohnung der im Regelfall nur relativ kurz im Amte befindlichen und vor der Notwendigkeit, sich periodischen Wahlen zu stellen, stehenden politischen

Mandatare jenem nähert, welches bei den Wirtschaftsmanagern gebräuchlich ist. Dagegen besteht ein grundlegender Unterschied zur Einkommensgestaltung der durch die Pragmatisierung über ein Sicherheitsnetz verfügenden und nach dem Alimentationsprinzip - allerdings bescheiden - dotierten Berufsbeamten.

Mit den erwähnten politischen Mandataren läßt sich indessen zwanglos ein Teil jener Lücke ausfüllen, für den in der Republik oberhalb der Dienstklasse IX des Schemas der allgemeinen Verwaltung Gegenstücke zu den entsprechenden früheren Rangsklassen fehlen.

Während der k.k. Ministerpräsident in der I. Rangsklasse aufschien, waren die Minister in der niedrigeren II. Rangsklasse eingestuft. Daß der Bundeskanzler nunmehr gegenüber seinen Ministerkollegen zumindest im Grundbezug nicht herausgehoben ist, entspricht seiner in der Demokratie verankerten Stellung als primus inter pares. Dessenungeachtet ist protokollarisch zu berücksichtigen, daß der Bundeskanzler eben der Primus ist.

Die Funktion des Statthalters bzw. in kleineren Kronländern des Landespräsidenten ist an sich in jener des heutigen Landeshauptmannes als Träger der mittelbaren Bundesverwaltung aufgegangen. Diesem kommen allerdings zum Teil noch Aufgaben zu, die in der Monarchie die damaligen Vorsitzenden der Landtage zu besorgen hatten. Die Vorsitzenden der Landtage hießen in Österreich unter der Enns (Niederösterreich) und in Galizien "Landmarschall", in Böhmen "Oberst-Landmarschall", in Dalmatien "Landtagspräsident", sonst einheitlich "Landeshauptmann". Sie waren nach den einzelnen Landesordnungen[47] nicht nur Vorsitzende der Landtage der Kronländer, sondern auch der Landesausschüsse, denen die autonome Landesverwaltung oblag. Diese Landesausschüsse können als Keimzellen der heutigen Landesregierungen betrachtet werden. Allein die Kompetenzen der Landesausschüsse waren relativ gering, so daß das Schwergewicht der Funktion des Landeshauptmannes alten Zuschnittes - welchen Titel immer er führte - im Präsidium des Landtages lag. Andere Kompetenzen des Statthalters bzw. des ihm vorgesetzten k.k. Ministers des Inneren sind als Landessachen in die Zuständigkeit der Landesregierungen übergegangen. Vergegenwärtigt man sich, daß die Bundesländer weit größere Eigenständigkeit besitzen als die seinerzeitigen Kronländer, so ist es verständlich, daß der Landeshauptmann als demokratisch gewählter Vorsitzender der Landesregierung eine größere Reputation genießt, als der beamtete Statthalter. Man übersehe auch nicht, daß in Landessachen die Landesregierungen oberste Verwaltungsorgane sind. Die Gleichstellung des Landeshauptmannes mit den Bundesministern im Bezügegesetz trägt also den tatsächlichen Gegebenheiten Rechnung und ist auch protokollarisch begründet.

Um das Bild zu verdeutlichen, welches die Gegenüberstellung von Funktionen und Einkommen bei den höchsten Amtsträgern der Vollziehung bietet, wollen wir noch die Relationen zwischen der früheren IV. Rangsklasse bzw. der korrespondierenden heutigen Dienstklasse IX einerseits und den Rangsklassen I bis III bzw. den Grundgehältern der politischen Spitzenmandatare nach den Bezügegesetzen des Bundes und der Länder andererseits näher betrachten.

Gegenwärtig lautet, wie schon vorhin gesagt, das Verhältnis:

1	zu	1,8	bzw. zu	2
(Dienstklasse IX)		(Staatssekretäre und Gleichgestellte)		(Bundeskanzler, Bundesminister u. Gleichgestellte)

In der Monarchie setzten sich die Bezüge der Staatsbeamten der I. bis IV. Rangsklasse aus dem Gehalt und der Funktionszulage zusammen. Die Funktionszulage war steuerfrei, jedoch für die Pension nicht anrechenbar. Sie stellte eine Art Aufwandsentschädigung bzw. Repräsentationspauschale dar. Nach den Gehaltsansätzen des Jahres 1910[48] bestanden die Jahresgehalte in der I. und II. Rangsklasse aus fixen Beträgen von 24.000 Kronen bzw. 20.000 Kronen. Die III. Rangsklasse hatte 2 Gehaltsstufen zu 16.000 Kronen und 18.000 Kronen, die IV. Rangsklasse gleichfalls 2 Gehaltsstufen zu 14.000 Kronen und 16.000 Kronen. Die jährliche Funktionszulage des Ministerpräsidenten betrug 28.000 Kronen, jene der II. Rangsklasse 20.000 Kronen. In der III. Rangsklasse waren die Funktionszulagen stark differenziert. Bei den Statthaltern lagen sie je nach Größe und Bedeutung des Kronlandes zwischen 14.000 Kronen und 26.000 Kronen. Letztere galt für den Statthalter von Böhmen, der somit höhere Einkünfte, aber offenbar einen größeren Repräsentationsaufwand hatte als der ihm vorgesetzte Minister des Inneren. Die Zweiten Präsidenten der Höchstgerichte, dann der Präsident des Oberlandesgerichtes Wien erhielten Funktionszulagen von je 8.000 Kronen. In der IV. Rangsklasse machte die Funktionszulage eines Landespräsidenten 10.000 Kronen aus, sonst einheitlich 6.000 Kronen.

Rechnet man die Relationen der Gehälter (ohne Funktionszulage) durch, so ergeben sich weniger ausgeprägte Unterschiede als in der Gegenwart, nämlich:

1	zu	1,13	bzw. zu	1,25	bzw. zu	1,5
(IV.Rangskl.)		(III.Rangskl.)		(II.Rangskl.)		(I.Rangskl.)

Das flache Gefälle wurde allerdings durch die Funktionszulagen steiler.

Die Amtsträger der Rechtspflege, der dritten Gewalt im Staate, waren während der Monarchie in der allgemeinen Beamtenhierarchie eingebunden. Gegenwärtig sind sie es nicht mehr.

An Höchstgerichten gab es in der österreichischen Reichshälfte der Monarchie das Reichsgericht unter einem Präsidenten und einem Präsidenten-Stellvertreter, dann den Verwaltungsgerichtshof und den Obersten Gerichts- und Kassationshof, heute "Oberster Gerichtshof", mit je einem Ersten und einem Zweiten Präsidenten. Anstelle des Reichsgerichtes besteht seither der Verfassungsgerichtshof. Alle drei Höchstgerichte haben heute an der Spitze Präsidenten und Vizepräsidenten. Senatspräsidenten gibt es überdies nur beim Obersten Gerichtshof und beim Verwaltungsgerichtshof.

Die Mitglieder des Verfassungsgerichtshofes genießen besoldungsmäßig eine Sonderstellung, indem sie ähnlich wie die politischen Mandatare eine eigene gesetzliche Regelung besitzen, aber wiederum mit der Koppelung mit dem Gehalt der Beamten der Dienstklasse IX. Nach § 4 Abs 1 des Verfassungsgerichtshofgesetzes, BGBl Nr 85/1953 in der Fassung des Gesetzes BGBl Nr 545/1980, gebührt dem Präsidenten des Verfassungsgerichtshofes eine monatliche "Geldentschädigung" von 166 %, dem Vizepräsidenten eine solche in Höhe von 138 % des Bezuges des Mitgliedes des Nationalrates, das heißt wiederum der Dienstklasse IX, Gehaltsstufe 1, mit einer zweijährigen Vorrückung, die in der höchsten Gehaltsstufe 6 endet. Dazu kommt ein Auslagenersatz von 25 % dieser monatlichen Entschädigung. Wird dieser Auslagenersatz berücksichtigt - was mit Vorbehalt zu geschehen hat -, so bewegt sich das Einkommen des Präsidenten im Rahmen der Bezüge eines Bundesministers, jenes des Vizepräsidenten in den Bezügen der Staatssekretäre. Mit anderen Worten, der Präsident rangiert auch bezugsmäßig wie früher im vergleichbaren Bereiche der II. Rangsklasse, der Vizepräsident im Gegenstück zur III. Rangsklasse.

Gegenwärtig werden die Präsidenten und Vizepräsidenten des Obersten Gerichtshofes und des Verwaltungsgerichtshofes, wie auch die Präsidenten der vier österreichischen Oberlandesgerichte gemäß § 66 Abs 2 Richterdienstgesetz mit festen Gehältern entlohnt, so auch der Generalprokurator. Die Präsidenten der erwähnten Höchstgerichte liegen jenseits der Bezüge der Dienstklasse IX. Alle übrigen vorgenannten Amtsträger beziehen etwas geringere, gleich hohe feste Gehälter und sind damit über die Beamten der Dienstklasse IX, die sich in jeweils zweijährigen Vorrückungen durch die Gehaltsstufen 1 bis 6 durchdienen müssen, herausgehoben. Die bezugsrechtliche Relation war bis in die jüngste Zeit dennoch gegenüber dem Stand vor 1921 nach unten hin verschoben. Bei den Richtern der damaligen III. Rangsklasse lautete bis dahin das Verhältnis zur IV. Rangsklasse noch wie erinnerlich 1,13 zu 1. Seit dem 1.7.1990 gilt für die Mitglieder des Verwaltungsgerichtshofes und des Obersten Gerichtshofes aber eine neue Regelung (BGBl Nr 330/1990). Alle Mitglieder dieser Höchstgerichte erhalten aus dem Titel der Hebung der Attraktivität ihrer Tätigkeit in Wien für Bewerber aus den Bundesländern einen Sonderzuschlag zur Dienstzulage, der sie bezugsmäßig begünstigt. Die Präsidenten der Oberlandesgerichte, die grundsätzlich immer den Vizepräsidenten der Höchstgerichte gleichgestellt waren, ferner die Angehörigen der Generalprokuratur sind von diesem "zweckgebundenen" Zuschlag, einer Art Aufwandsentschädigung, zunächst ausgeschlossen worden. Die Mitglieder der Generalprokuratur wurden später eingebunden (BGBl Nr 363/1991). Im Juli 1993 schließlich zog der Gesetzgeber die Präsidenten der Oberlandesgerichte mit einem entsprechenden Zuschlag für Manageraufgaben nach.

Bei den sonstigen Richtern und Staatsanwälten, die außerhalb der bisher besprochenen Bezugsregelungen stehen, besteht seit der 34. Gehaltsgesetznovelle, BGBl Nr 136/1979, eine automatische Vorrückung.

Aus den Gehaltsansätzen kann schon wegen jener Einkommensbestandteile, die als Aufwandsentschädigung gelten, für den protokollarischen Rang wenig abgeleitet werden. Den Präsidenten der Höchstgerichte wird aus Tradition (Merkmal Entscheidungsgewalt) Gleichstellung mit den Bundesministern zuerkannt. Die Vizepräsidenten des Obersten Gerichtshofes und des Verwaltungsgerichtshofes sind durch die jüngste bezugsrechtliche Maßnahme auch materiell stärker über die Dienstklasse IX herausgehoben worden, die Senatspräsidenten haben das Gehaltsniveau der Dienstklasse IX in etwa erreicht und sind damit in ihrer traditionellen Stellung der früheren IV. Rangsklasse bestätigt. Darüber hinaus wiederholen wir nochmals, was weiter oben über die mangelnde Relevanz von Sonderzulagen und dergleichen in bezug auf den protokollarischen Rang gesagt wurde. Ich vertrete daher zusammenfassend die Ansicht, daß durch die verschiedenen Zuschläge zur Dienstzulage die Bezüge der Präsidenten, Vizepräsidenten und Senatspräsidenten des Obersten Gerichtshofes bzw. des Verwaltungsgerichtshofes, ferner der Präsidenten der Oberlandesgerichte und der Spitzen der Generalprokuratur an den ihnen infolge des Merkmales Entscheidungsgewalt und wohl auch der Tradition ohnehin zustehenden protokollarischen Rang der früheren Rangsklassen II., III. und IV. angepaßt wurden; hingegen hat die Gewährung von Zuschlägen auch an die Hofräte der beiden Höchstgerichte, an andere Organe der Justizverwaltung und an die Stellvertreter des Generalprokurators zu keiner Verschiebung der Rangsklassenverhältnisse geführt. Für diese Auffassung spricht wiederum das Merkmal "Entscheidungsgewalt", also die tatsächliche Bedeutung der Funktion dieser Amtsträger, die gegenüber früher keinerlei Veränderung erfahren hat.

Schwieriger ist die Abgrenzung der Funktionäre der Rechtspflege, die früher der III. Rangsklasse angehört haben, gegenüber den Mitgliedern der Landesregierungen. Über die Stellung des Landeshauptmannes ist schon gesprochen worden. Die Landeshauptmann-Stellvertreter (in Vorarlberg "Landesstatthalter") leiten ihren protokollarischen Rang von der unbestrittenermaßen gehobenen Position des Landeshauptmannes ab. Alle übrigen Mitglieder der Landesregierungen haben nur geringfügig niedrigere Bezüge als die Landeshauptmann-Stellvertreter, jedoch erheblich mehr Amtseinkommen als die erwähnten Vertreter der dritten Staatsgewalt. Hier liegt ein Fall vor, in dem das Kriterium der wirtschaftlichen Dotierung wegen der schon behandelten grundlegenden Verschiedenheit von Politiker- und Beamtenbezügen in der rangmäßigen Zuordnung versagt. Folglich sollte das Korrektiv der Entscheidungsgewalt in sachlicher und örtlicher Beziehung greifen. Dieses würde sich zugunsten der Richter der früheren III. Rangsklasse auswirken, denn abgesehen von ihrer Sachkompetenz erstreckt sich die örtliche Zuständigkeit der von ihnen repräsentierten bzw. stellvertretend repräsentierten Behörden auf das gesamte Bundesgebiet (Vizepräsidenten der Höchstgerichte) oder auf das Territorium von mehr als einem Bundesland (Präsidenten der Oberlandesgerichte). In der Praxis wird den Landesräten, weil sie politische Mandatare sind, meist der Vortritt eingeräumt. Das Protokoll des Bundesministeriums für Auswärtige Angelegenheiten hat sich diesen Standpunkt zu eigen gemacht. In Auszeichnungsangelegenheiten werden die Landesräte aber, wie noch darzustellen sein wird, weniger hoch eingestuft.

In protokollarischer Hinsicht hat sich die Stellung einzelner Angehöriger der Staatsanwaltschaft gewandelt. Der Generalprokurator beim Obersten Gerichtshof, der früher in der IV. Rangsklasse war und nur gelegentlich ad personam in die III. Rangsklasse befördert wurde, ist seit 1962 den Präsidenten der Oberlandesgerichte bzw. Vizepräsidenten des Obersten Gerichtshofes gleichgestellt. Im selben Jahr wurde analog zum Senatspräsidenten des Obersten Gerichtshofes der erste Stellvertreter des Generalprokurators (Amtstitel "Erster Generalanwalt") kreiert. Die Leiter der Oberstaatsanwaltschaften, deren Grundbezüge gesetzlich so festgelegt sind, daß sie mit einem Betrag beginnen, der etwa der Gehaltsstufe 2 der Dienstklasse IX entspricht und die zwischen der 3. und 4. von insgesamt 6 Gehaltsstufen dieser Dienstklasse enden, müßten wegen der Wichtigkeit ihres Amtes protokollarisch zumindest teilweise in die Stufe der Dienstklasse IX einbezogen werden.

Eines der Prinzipien der neuen Richterbesoldung besteht darin, daß in gewissen Grenzen aus dem Titel einer besonderen Funktion keine bezugsrechtliche Besserstellung abgeleitet werden darf. Dies kommt in der unterschiedslosen Behandlung der Senatspräsidenten und der Hofräte der Höchstgerichte zum Ausdruck, bedeutet aber nicht eine Anhebung des protokollarischen Ranges der Hofräte. Die Präsidenten der Gerichtshöfe I. Instanz stehen auf der gleichen Stufe wie die Vizepräsidenten der Oberlandesgerichte. Die Senatspräsidenten der Oberlandesgerichte werden bezugsmäßig gleich allen anderen Richtern der Oberlandesgerichte behandelt.

Von den Staatsanwälten korrespondieren den Präsidenten der Gerichtshöfe I. Instanz die Leiter der Staatsanwaltschaften, die Ersten Stellvertreter der Leiter der Oberstaatsanwaltschaften und die Stellvertreter des Generalprokurators. Die Einreihung der übrigen Richter und Staatsanwälte kann nur nach Gesichtspunkten erfolgen, die vor der geltenden Regelung maßgebend waren, also nach ihrer Funktion oder - wenn man will - nach der Tradition. Letzteren Bewertungsmaßstäben kommt umsomehr Bedeutung zu, als durch die seit 1990 nur einem Teil der Richter und Staatsanwälte gewährten Sonderzuschläge die wirtschaftliche Dotierung aus dem Gleichgewicht geraten ist und als Unterscheidungsmerkmal zu versagen droht.

Zum Problemkreis des protokollarischen Ranges gehört auch die Reihung im Zusammenhang mit der Stellung des Betroffenen innerhalb des organischen Gefüges des Behördenapparates. Gemeint ist das Verhältnis zwischen dem Chef und seinem Stellvertreter bzw. dem letzteren und dessen nachgeordneten Funktionären auf den Ebenen verschiedener

Instanzen. Hier liegen zwei Fallgruppen vor. In der ersten sind die Rangverhältnisse durch generelle Normen festgelegt und gründen sich auf Ernennungsdekrete. Nach dem vorherrschenden System ist der Leiter einer oberen Instanz in der höchst verfügbaren Rangstufe eingeteilt. Sein Stellvertreter bekleidet in der Regel den nächstfolgenden Rang. Der Leiter einer unmittelbar nachgeordneten Instanz - im dreistufigen Aufbau ist es die Mittelinstanz - steht normalerweise im gleichen Rang wie der stellvertretende Leiter der oberen Instanz. Der stellvertretende Leiter der Mittelinstanz ist dienst- und besoldungsrechtlich wieder eine, manchmal auch zwei Stufen niedriger eingestuft als sein Chef. Dieser Vorgang wiederholt sich bei weiteren Unterinstanzen nach dem gleichen Schema.

In der zweiten Fallgruppe befinden sich der Leiter der organisatorischen Einheit, sein Stellvertreter, manchmal auch noch der Leiter einer Gruppe von Abteilungen und letztlich auch die Abteilungsleiter in einer und derselben dienst- und besoldungsrechtlichen Stellung. Hier ist für den protokollarischen Rang ohne Rücksicht auf andere Umstände - etwa die Anciennität in der Dienstklasse - nur die Bestellung mit der bekleideten Funktion maßgebend. Solche Konstruktionen sind in der Gegenwart überall dort zu finden, wo für die hierarchisch zu unterscheidenden Funktionen zuwenig differenzierte Dienstklassen vorhanden sind. So kommt es bei Zentralstellen vor, daß der Leiter einer Sektion, seine Gruppenleiter und die Abteilungsleiter alle der Dienstklasse VIII angehören, zumal diese praktisch alle Beamten des höheren Dienstes erreichen können, während die Planstellen der Dienstklasse IX wesentlich seltener sind. Bei den der Zentralstelle nachgeordneten Bundesbehörden und den Ämtern der Landesregierungen stellen derartige Konstellationen nahezu den Regelfall dar. In allen Konstellationen hat ein Behördenleiter stets einen "Bonus".

Um nach außen hin die Verhältnisse der Über- und Unterordnung erkennbar zu machen, besteht zuweilen die Möglichkeit, Beamten, die höhere Funktionen bekleiden, anstelle des Amtstitels eine Verwendungsbezeichnung zuzuweisen. Ein typisches Beispiel sind die Offiziere des österreichischen Bundesheeres in der Dienstklasse VIII. Die Übertragung höherer Verantwortung muß natürlich auch einen finanziellen Niederschlag finden. Dazu bietet der § 30a des Gehaltsgesetzes die Handhabe, indem er Verwendungszulagen für Beamte vorsieht, die höher als die ihrer Dienstklasse entsprechenden Funktionen bekleiden oder ein besonders hohes Maß an Verantwortung zu tragen haben. Es wird also die finanzielle Dotierung nach dem Kriterium der Entscheidungsgewalt korrigiert.

Wenn weiter oben der protokollarische Rang als faktische Reihung aller öffentlicher Funktionäre definiert wurde, so ist klargestellt, daß die Bediensteten der Hoheitsverwaltung und der Rechtspflege einschließlich der obersten Organe des Bundes nur einen Teil der zu Reihenden ausmachen. Die Vertreter gesetzgebender Körperschaften, der Wissenschaft, der Gemeinden, Kammern, Gewerkschaften, Religionsgemeinschaften und viele andere haben ebenso einen protokollarischen Rang wie entsprechende Persönlichkeiten des Auslandes.

Eine kasuistische Regelung des protokollarischen Ranges wurde z.B. in Italien am 16.12.1927 getroffen (Gazzetta Ufficiale 17.12.1927, Nr 291): In 13 Kategorien mit über 200 Rangabstufungen fanden sich neben Vertretern der Gesetzgebung und Vollziehung auch Funktionäre der Gemeinden, der damals staatstragenden Partei, der Gewerkschaft, der Kammern usw.. Die italienische Republik hat vorerst durch ein Rundschreiben des Präsidenten des Ministerrates vom 26.12.1950 eine an die demokratischen Verhältnisse angepaßte "Ordnung des Vortrittes bei öffentlichen Funktionen" erhalten. Diese beinhaltet in Anlehnung an die Norm von 1927, die nach herrschender Auffassung noch subsidiär gilt, nur die 4 obersten Kategorien mit 11 Rangabstufungen. Im Laufe der folgenden Jahre ist das Rundschreiben ergänzt und erweitert worden. Die Praxis hat wieder ein kasuistisches System entwickelt bis in die untersten Ränge. Der einschneidendste Unterschied zwischen der Rangordnung der 4 höchsten Kategorien des Jahres 1927 und jener von 1950 besteht in der Aufwertung der parlamentarischen Institutionen der Republik. In der vorrepublikanischen Ära bekleidete der Regierungschef und Ministerpräsident die höchste Rangstufe in der Kategorie I. Die Präsidenten des Senates und der Abgeordnetenkammer waren in der Kategorie II vor den Ministern und Unterstaatssekretären gereiht, die Senatoren und Parlamentsabgeordneten befanden sich aber erst in der Kategorie V vor den Gesandten I. Klasse und den römisch katholischen Erzbischöfen. Ab 1950 stehen an der Spitze der Hierarchie die Präsidenten der beiden Kammern des Parlamentes (Vortritt nach dem Lebensalter), dann kommt der Ministerpräsident und nach ihm der Präsident des Verfassungsgerichtshofes (Kategorie I). Zur Kategorie II zählen u.a. die Minister, Mitglieder des Verfassungsgerichtshofes, die Ersten Präsidenten des Kassationsgerichtshofes und des Staatsrates (Verwaltungsgerichtshofes), der Präsident des Rechnungshofes und der Chef des Generalstabes der Verteidigungsstreitkräfte. Die Senatoren und Abgeordneten zur Deputiertenkammer, aber auch zum Europaparlament bilden nunmehr mit anderen Parteipolitikern die 1. Klasse der Kategorie III, zu deren 2. Klasse u.a. die Botschafter und der Vizepräsident des Kassationshofes gehören. Wie schon 1927 setzt sich gegenwärtig die Kategorie IV in ihrer 1. Klasse zusammen aus den Präsidenten der Appellationsgerichtshöfe, Sektionspräsidenten der Höchstgerichte, den Generalprokuratoren bei den Appellationsgerichtshöfen, den Präfekten, soweit sie bedeutenden Provinzen vorstehen, den 4-Sterne-Generälen und Admirälen, gleichgestellten Staatsfunktionären sowie aus Bürgermeistern, soferne diese in der eigenen Stadt in Erscheinung treten. In einer 2. Klasse der Kategorie IV sind die Rektoren der Universitäten und die Spitzenbeamten der Ministerien, ferner auch die 3-Sterne-Generäle angeführt.[49]

Nicht minder differenziert sind die einschlägigen Normen in unserem nördlichen Nachbarland, der Bundesrepublik Deutschland. Dort ist der protokollarische Rang der Funktionäre der Vollziehung durch die wirtschaftliche Komponente stark beeinflußt. Für den Bereich des Bundes gilt als Maßstab das Bundesbesoldungsgesetz; die Bundesländer haben eigene, nach ähnlichem Prinzip aufgebaute Besoldungsgesetze. Das Bundesbesoldungsgesetz beinhaltet eine Bundesbesoldungsordnung A mit aufsteigenden Gehältern in 16 Besoldungsgruppen, eine für höhere Ränge bestimmte Bundesbesoldungsordnung B mit festen Gehältern in 11 Besoldungsgruppen, eine Bundesbesoldungsordnung C für das Lehrpersonal der Hochschulen in 4 Besoldungsgruppen und schließlich eine Bundesbesoldungsordnung R für Richter und Staatsanwälte in 10 Besoldungsgruppen. Die Kennzahlen der Gruppen innerhalb der Bundesbesoldungsordnungen B, C und R zeigen eine gleiche Wertigkeit an; verschiedene Amtszulagen müssen hier vernachlässigt werden.

Stellen wir einen Vergleich mit den österreichischen Dienstklassen oder noch besser mit dem seinerzeitigen Rangsklassensystem an, so wird die Kasuistik mit ihren Zwischenstufen und Überschneidungen sehr deutlich: Die Besoldungsgruppen A 1 bis 16 entsprechen unserem Bezügesystem von den Anfangswerten an bis zur Dienstklasse VII oder bis zur VI. Rangsklasse. Die verschiedenen Gruppen der Bundesbesoldungsordnungen B, C und R decken dagegen den Bogen ab, der sich - überlappend - von der Dienstklasse VII bzw. der VI. Rangsklasse bis zu jenen Planstellen oder Dienstposten spannt, die ehemals teilweise der II. Rangsklasse angehört haben. Eine Ausnahme bilden die Bundesbzw. Staatsminister, die Sonderzuschläge zur Besoldungsgruppe B 11 beziehen.

Anders als in Österreich wechselt die Zuordnung einzelner Inhaber von Funktionsposten trotz gleichlautender Amtstitel nach dem Umfang des Zuständigkeitsbereiches, aber auch nach der Stellung innerhalb der Behördenorganisation. Hier einige Beispiele zunächst aus dem Bereich der Zentralstellen: Der höchste Beamte eines österreichischen Bundesministeriums ist der Sektionschef (Dienstklasse IX). Herkömmlicherweise lautet der entsprechende Amtstitel in der Bundesrepublik Deutschland "Ministerialdirektor". Diesen finden wir in der Besoldungsgruppe B 9, wenn es sich um einen Abteilungsleiter bei einer obersten Bundesbehörde (Bundesministerium) oder um den leitenden Beamten eines Staatsministeriums der Länder handelt. Der höheren Besoldungsgruppe B 10 gehört der Ministerialdirektor dann an, wenn er z.B. stellvertretender Sprecher der Bundesregierung ist. Größer ist die Streuung bei den Inhabern des Amtstitels "Ministerialdirigent", der unserem Ministerialrat in der Dienstklasse VIII entsprechen sollte. Ministerialdirigenten finden wir in den Besoldungsgruppen B 5 bis B 7, nämlich als Abteilungsleiter, im ersten Fall bei Länderministerien, im zweiten Fall bei den obersten Bundesbehörden. Man beachte, daß der Brigadier des österreichischen Bundesheeres in der Dienstklassse VIII dem Brigadegeneral der deutschen Bundeswehr in der Besoldungsgruppe B 6 entspricht. Der bundesdeutsche Ministerialrat, herkömmlich unserem Oberrat der Dienstklasse VII vergleichbar, kann in den Besoldungsgruppen A 16, B 2 oder B 3 eingeteilt sein, übrigens auch ein Oberst der deutschen Bundeswehr.

Eingeschoben zwischen dem bundesdeutschen Ministerialrat und dem Ministerialdirigenten ist der "Leitende Ministerialrat" der Besoldungsgruppen B 3 und B 4. Unsere Dienstklasse VI entspricht in etwa den Besoldungsgruppen A 14 und A 15.

Noch einige Beispiele aus den anderen Besoldungsgruppen. In der Besoldungsgruppe C 1 finden wir den künstlerischen und den wissenschaftlichen Assistenten. Die Hochschul- und Universitätsprofessoren zählen zu den Besoldungsgruppen C 3 und C 4. Sie entsprechen also den Leitenden Ministerialräten. Der Leiter einer staatsanwaltschaftlichen Behörde bei einem bundesdeutschen Oberlandesgericht führt den Amtstitel "Generalstaatsanwalt", in Österreich ist es der Leitende Oberstaatsanwalt. Je nach der Zahl der seinem Sprengel unterstellten Staatsanwälte kann der Generalstaatsanwalt in den Besoldungsgruppen R 5 oder R 6 rangieren. Der Generalbundesanwalt beim Bundesgerichtshof - vom Behördenaufbau her, nicht auch was die Kompetenzen anlangt, steht er auf der Stufe des österreichischen Generalprokurators - befindet sich in der Besoldungsgruppe R 9, während die Präsidenten des Bundesgerichtshofes und des Bundesverwaltungsgerichtes zur Besoldungsgruppe R 10 zählen. Damit sind diese Präsidenten der Höchstgerichte den Staatssekretären der Bundesregierung in der Besoldungsgruppe B 11 nachgereiht. Sie entsprechen folglich rangmäßig nicht ihren Kollegen in Österreich. In Auszeichnungsfragen beurteilen die einzelnen Staaten die Stellung der Präsidenten der Höchstgerichte offensichtlich nach den Maßstäben der eigenen Rechtsordnung. Sonst könnte man sich nicht erklären, weshalb in den letzten Jahren der Präsident des Bundesgerichtshofes von der Republik Österreich mit dem Ehrenzeichen des Grades 2, so wie sein österreichischer Kollege oder ein Bundesminister ausgezeichnet wurde, der Präsident des österreichischen Obersten Gerichtshofes dagegen nur das Große Verdienstkreuz mit Stern und Schulterband des Verdienstordens der Bundesrepublik Deutschland, also eine Art Großkreuz 2. Klasse, erhalten hat.

Dieser Exkurs in unsere Nachbarländer begründet die Feststellung, daß Unterschiede in der Bewertung der Amtsträger der Verwaltung einerseits und der Rechtspflege andererseits bestehen. In Italien, wo es relativ wenige Richter und Staatsanwälte gibt, schlägt der Vergleich zugunsten der Rechtspflege aus. In der Bundesrepublik Deutschland ist die Dominanz der Verwaltung unübersehbar.

Um auf dem einschlägigen Sektor die Verhältnisse in Österreich besser überblicken zu können, ist es erforderlich, in vereinfachter Form ohne Anspruch auf Vollständigkeit und Exaktheit, manchmal als Hypothese, zumindest die Entwicklung der Parität der Rangverhältnisse bei Amtsträgern der **Vollziehung** seit 1918 darzustellen.

Bei den folgenden Tabellen ist zu beachten, daß innerhalb einer Gruppe mehrerer Gleichgestellter sich die Reihung nach dem Ernennungsdatum der Betroffenen richtet.

Für die Zeitperioden der Monarchie und der 1. Republik erfolgt die Aufzählung bei den einzelnen Rangs- und Dienstklassen nach dem Schema

Innere Verwaltung - Auswärtiger Dienst - Richter und Staatsanwälte - Militär. Gegebenenfalls sind neben den Amtstiteln des höheren Dienstes auch jene des gehobenen, mittleren usw. Dienstes beigefügt.

In der Dienstklasseneinteilung der 2. Republik fehlt der Auswärtige Dienst, weil die derzeitigen Verwendungsbezeichnungen für die Rangzuweisung wenig aussagekräftig sind. Grundsätzlich gilt jedoch, daß diese Beamtengruppe während ihrer Verwendung im Inlandsdienst nach ihrer allgemeinen Einteilung in dienst- und besoldungsrechtlicher Hinsicht rangiert. Werden Diplomaten im Ausland eingesetzt, so gilt für sie ausschließlich die Funktion, die nach dem Wiener Übereinkommen über diplomatische Beziehungen, BGBl Nr 66/1966, festgelegt ist. Die Missionschefs, soweit sie bei Staatsoberhäuptern beglaubigt sind, genießen Ministerrang, unabhängig von ihrer inländischen Stellung.[50]

Die gegenwärtige Einordnung der Richter und Staatsanwälte erfolgt mit Vorbehalt. Ihre Abkoppelung vom Rangsklassensystem wurde im Sinne der Forderungen der Richterschaft durch das Grundgesetz vom 22.11.1918 über die richterliche Gewalt, StGBl Nr 38, programmatisch festgelegt. In der Zwischenkriegszeit kam es aber zur Einteilung der Richter und Staatsanwälte in Standesgruppen, die sehr konform mit dem seither bestehenden Dienstklassenschema konzipiert waren. Erst die 34. Gehaltsgesetznovelle vollzog positivrechtlich die Trennung von den hergebrachten Anlehnungen an die Hierarchie der Dienstklassen. Gesichtspunkte der wirtschaftlichen Dotierung müssen folglich dem Kriterium "Entscheidungsgewalt" weitgehend in den Hintergrund treten.

Für die Zukunft bahnen sich neue Entwicklungen des Dienst- und Besoldungsrechtes an. Mehr Leistungsorientiertheit und Mobilität sind die Ziele, welche u.a. durch Bestellung höherer Funktionäre auf Zeit erreicht werden sollen. Dessenungeachtet werden die bestehenden Einteilungen der protokollarischen Rangfolge so lange unverändert bleiben müssen, bis sich im Gefüge der Behördenorganisation selbst einschneidende Änderungen ergeben.

Monarchie bis 1918	1. Republik 1918/20	1. Republik 1920/21
Rangsklassen		
I.	**I.**	**I.**
Minister des Äußeren; Ministerpräsident; Feldmarschall.	Staatskanzler.	Bundeskanzler.
II.	**II.**	**II.**
Minister; Präsident des Obersten Rechnungshofes; Botschafter; Präsident des Reichsgerichtes; Erster Präsident des OGuKH und des VwGH; Marinekommandant; Generaloberst.	Vizekanzler; Staatssekretär; Präsident des Verfassungsgerichtshofes; Präsident des OGH und des VwGH.	Vizekanzler; Bundesminister; Präsident des Verfassungsgerichtshofes; Präsident des OGH und des VwGH.
III.	**III.**	**III.**
Erster Sektionschef im Ministerium des Äußeren; Statthalter; Zweiter Präsident des OGuKH und des VwGH; Präsident des Oberlandesgerichtes; General der Infanterie.	Unterstaatssekretär; Landeshauptmann; Präsident des Oberlandesgerichtes.	Staatssekretär; Landeshauptmann; Präsident des Oberlandesgerichtes.
IV.	**IV.**	**IV.**
Sektionschef; Vizepräsident des Obersten Rechnungshofes; Landespräsident; Statthalterei-Vizepräsident; Gesandter/Gen.Konsul I.Kl.; Senatspräsident des OGuKH und des VwGH; Generalprokurator beim OGuKH; Feldmarschall-Leutnant.	Sektionschef; Landeshauptmann-Stellvertreter; Statthalterei-Vizepräsident; Senatspräs.d.OGH/ VwGH; Generalstaatsanwalt beim OGH; Feldmarschall-Leut.	Sektionschef Landeshauptmann-Stellvertreter; Statthalterei-Vizepräsident; Senatspräs.d.OGH/ VwGH; Generalstaatsanwalt beim OGH; General.

1. Republik ab 1924	2. Republik 1990	2. Republik ab 1990/1991
Dienstklassen		Richter/Staatsanwälte
---	---	
Bundeskanzler.	Bundeskanzler.	
---	---	
Vizekanzler; Bundesminister; Präsident des Rechnungshofes; Landeshauptmann; Präsident des Verfassungsgerichtshofes.	Vizekanzler; Bundesminister; Präsident des Rechnungshofes; Landeshauptmann; Präsident des Verfassungsgerichtshofes.	Präsident des OGH und des VwGH.
---	---	
Staatssekretär.	Staatssekretär; Vizepräsident des Rechnungshofes; Landeshauptmann-Stellvertreter; Landesräte.	Vizepräsident des OGH und VwGH; Präsident des OLG; Generalprokurator beim OGH.
I.	IX.	
Sektionschef; Landesamtsdirektor; Vizepräsident des Rechnungshofes; Gesandter; General (Bundesheer).	Sektionschef[51]; Landesamtsdirektor; Vortragender Hofrat; Hofrat; General (Bundesheer).	Senatspräsident des OGH u. des VwGH; Erster Generalanwalt beim OGH; Leitender Oberstaatsanwalt; Hofrat des OGH/VwGH sowie Gen. Anw. beim OGH ab der GehSt 13.

Monarchie bis 1918	1. Republik 1918/20	1. Republik 1920/21
Rangsklassen		
V.	**V.**	**V.**
Hof- und Ministerialrat; Legationsrat I. Kategorie; Generalkonsul I. Klasse; Hofrat des OGuKH/VwGH; Vizepräsident des OLG; Präsident des LG; Generaladvokat beim OGuKH; Hofrat u. Oberstaatsanwalt; Generalmajor.	Landesrat; Ministerialrat; Hofrat; Auswärtiger Dienst, Richter und Staats- anwälte wie in der Monarchie; Generalmajor.	Landesrat; Ministerialrat; Hofrat; Auswärtiger Dienst, Richter und Staats- anwälte wie in der Monarchie; Oberstbrigadier.
VI.	**VI.**	**VI.**
Sektionsrat; Statthalterei- u. Landes- regierungsrat; ord. Universitätsprofessor; Legationsrat II. Klasse; Präsident des KG; Vizepräsident des LG; Oberlandesgerichtsrat; Oberstaatsanwalt; Erster Staatsanwalt; Oberst.	Wie i.d. Monarchie.	Wie i.d. Monarchie.
VII.	**VII.**	**VII.**
Hof- u. Ministerialsekretär; Bezirkshauptmann; ao. Universitätsprofessor; Legationssekretär I. Kategorie; Konsul; Landesgerichtsrat; Oberstaatsanwaltsstellvertreter; Staatsanwalt; Oberstleutnant.	Wie i.d. Monarchie.	Wie i.d. Monarchie.

1. Republik ab 1924	2. Republik 1990	2. Republik ab 1990/1991
Dienstklassen		Richter/Staatsanwälte
II.	VIII.	
Ministerialrat; Wirklicher Hofrat; Gesandter; Legationsrat 1. Klasse; Generalkonsul 1. Klasse; Generalmajor.	Ministerialrat; (Wirkl.) Hofrat; Bundesheer: Korpskommandant; Divisionär; Brigadier[52]; Wachebeamte: Oberst.	Hofrat d.OGH/VwGH u.Gen.Anw. beim OGH bis GehSt 12 VizePräs.d.OLG; Präs.d.GH I.Instanz SenPräs.d.OLG; Erster Oberstaatsanwalt; Leit.Staatsanwalt.
III.	VII.	
Sektionsrat; Oberregierungsrat; Legationsrat 2. Klasse; Generalkonsul 2. Klasse; Wirklicher Amtsrat; Oberst.	Oberrat; Amtsdirektor; Bundesheer und Wachebeamte: Oberst.[53]	Richter d.OLG und Oberstaatsanwalt ab d.Gehaltsstufe 13; Richter d.OLG und Oberstaatsanwalt bis zur Gehaltsstufe 12; VizePräs. des GH I. Instanz; Erster Staatsanwalt.
IV.	VI.	
Ministerialsekretär; Landesregierungsrat; Legationssekretär 1. Klasse; Konsul 1. Klasse; Oberstleutnant.	Rat; Amtsrat; Oberstleutnant.	Richter u.Staatsanwälte in der Gehaltsgruppe I: Richter des GH I. Instanz; Staatsanwalt; Vorsteher des BG; Richter des BG.

Monarchie bis 1918	1. Republik 1918/20	1. Republik 1920/21
Rangsklassen		
VIII.	VIII.	VIII.
Ministerialvizesekretär; Statthaltereisekretär; Landesregierungssekretär; Bezirksoberkommissär; Legationssekretär II. Kategorie; Vizekonsul; Gerichtssekretär; Bezirksrichter; Staatsanwaltssubstitut; Kanzleidirektor; Major.	Wie i.d. Monarchie.	Wie i.d. Monarchie.
IX.	IX.	IX.
Bezirkskommissär; Gesandtschaftsattaché; Konsularattaché; Richter; Oberoffizial; Hauptmann.	Wie i.d. Monarchie.	Wie i.d. Monarchie.
X.	X.	X.
Konzipist; Offizial; Oberleutnant und Gleichgestellte.	Wie i.d. Monarchie.	Wie i.d. Monarchie.
XI.	XI.	XI.
Assistent; Leutnant und Gleichgestellte.	Wie i.d. Monarchie.	Wie i.d. Monarchie.

1. Republik ab 1924	2. Republik 1990	2. Republik ab 1990/1991
Dienstklassen		Richter/Staatsanwälte
V.	V.	
Ministerialoberkommissär; Regierungsoberkommissär; Legationssekretär 2.Klasse; Konsul 2.Klasse; Amtssekretär; Kanzleidirektor; Major.	Oberkommissär; Amtssekretär; Fachoberinspektor; Major.	Richter und Staatsanwälte in der Gehaltsgruppe I.
VI.	IV.	
Regierungskommissär; Attaché, Konsul; Amtsoberrevident; Kanzleioberoffizial; Hauptmann.	Kommissär; Oberrevident; Fachinspektor; Oberoffizial; Hauptmann.	
VII.	III.	
Amtsrevident; Amtsassistent; Kanzleioffizial; Oberleutnant; Leutnant.	Kommissär; Revident; Oberkontrollor; Kontrollor; Oberoffizial, Offizial, Oberleutnant, Leutnant.	Richteramtsanwärter.

Zum besseren Verständnis der dienstrechtlichen Stellung der öffentlich Bediensteten während der Monarchie einerseits und in der Gegenwart andererseits sei auf folgendes hingewiesen:

Heute unterscheidet man bei den Beamten die Verwendungsgruppen A (höherer Dienst) mit abgeschlossener Hochschulbildung, B (gehobener Dienst) mit Reifeprüfung an einer höheren Schule, C (Fachdienst), D (mittlerer Dienst) und E (Hilfsdienst). Die Vertragsbediensteten haben analoge Bezeichnungen mit den Buchstaben des Entlohnungsschemas I a bis e. Die Beamten in handwerklicher Verwendung sind in den Verwendungsgruppen P 1 bis 5 zusammengefaßt, die entsprechenden Vertragsbediensteten im Entlohnungsschema II.[54] In der ursprünglichen Fassung der Dienstpragmatik, RGBl Nr 15/1914, waren Ansätze der Einteilung nach dem Grad der Vorbildung enthalten, allerdings in einem anderen Zusammenhang, nämlich der Zeitvorrückung (Vorrückung in die Bezüge einer höheren Rangsklasse, § 52). Wir finden dort die Gruppen A (vollständige Mittelschul- und Hochschulbildung), B (Absolvierung einer mittleren Lehranstalt und eines Hochschulkurses sowie die erfolgreiche Ablegung einer Staatsprüfung an einer Hochschule), C (Absolvierung einer mittleren Lehranstalt), D (Absolvierung der vier unteren Klassen einer mittleren Lehranstalt oder eines mit einer - dreijährigen - Bürgerschule verbundenen einjährigen Lehrkurses und die erfolgreiche Ablegung einer besonderen Fachprüfung), E (eine sonstige über die Volksschulbildung hinausgehende Vorbildung). Die Beamten der Gruppen A und B konnten, wenn sie nicht befördert wurden, nach Zurücklegung von 6 bzw. 10 Jahren in der VIII. Rangsklasse und nach Ablegung einer Fachprüfung in die Bezüge der VII. Rangsklasse vorrücken. Bei den Beamten der Gruppen C und D war auf diese Weise eine Gehaltsvorrückung in die Bezüge der VIII. Rangsklasse nach 7 bzw. 9 Jahren möglich, bei der Gruppe E eine solche nach 9 Jahren in die IX. Rangsklasse. Die Verordnung des Gesamtministeriums vom 1.2.1914, RGBl Nr 34, enthielt die Dienstzweige, auf welche die Gruppen A bis E verteilt waren. Die Gruppe A entsprach der gegenwärtigen Verwendungsgruppe A. An ihrer Spitze standen die juridisch-administrativen Beamten (Konzeptsbeamten). Die Gruppe B war spärlich vertreten durch die Beamten zur Evidenzhaltung des Grundsteuerkatasters im Finanzressort und durch Agrargeometer und Geometer bei Forst- und Domänendirektionen im Ressort des Ackerbauministeriums. Man kann die Auffassung vertreten, daß diese Beamten heute in der Verwendungsgruppe B aufgegangen sind. In der Gruppe C, die mit der heutigen Verwendungsgruppe B gleichgesetzt werden kann, finden sich Rechnungsbeamte, Lehrer, Bezirksschulinspektoren, leitende Beamte der Gerichtskanzlei und Vollstreckungsbeamte, Verwaltungsbeamte der Strafanstalten udgl. Die Gruppe D bildeten Beamte des Fachdienstes, so wie heute die Verwendungsgruppe C. Die Gruppe E schließlich bezog sich auf Kanzleibeamte, Hausverwalter, Mechaniker, Gefangenenwachinspektoren usw. Man kann sie mit der gegenwärtigen Verwendungsgruppe D vergleichen.

Die Dienstpragmatik, RGBl Nr 15/1914, übernahm den schon auf Grund der vorangegangenen Rechtslage bestehenden Unterschied zwischen Beamten, die in eine Rangsklasse eingeteilt waren - also bis hinunter zur XI. Rangsklasse - und der niedrigeren Kategorie der Dienerschaft, die ihrerseits aus Unterbeamten und Dienern bestand.[55] Die Kategorie der Dienerschaft besteht nicht mehr. An ihre Stelle sind u.a. die gegenwärtigen Verwendungsgruppen E der allgemeinen Verwaltung und P 1 bis 5 (Beamte in handwerklicher Verwendung) getreten. Die Angehörigen dieser Verwendungsgruppen sind in Dienstklassen eingeteilt.[56] Durch Artikel II der 37. Gehaltsgesetznovelle[57] wurden aus Gründen der Verwaltungsvereinfachung die Dienstklassen I bis III zusammengezogen, so daß das Dienstklassenschema nunmehr mit der Dienstklasse III beginnt. Diese entspricht der früheren X. Rangsklasse. Zu Vergleichszwecken mit den früheren Dienern und Unterbeamten muß als Basis die Dienstklasse III herangezogen werden, wobei zu beachten ist, daß in den Verwendungsgruppen P 1 und P 2 der Aufstieg in die Dienstklasse IV, also das Gegenstück zur IX. Rangsklasse, möglich ist.

Ein weiterer Umstand, der bei den Wertigkeitsvergleichen eine Rolle spielt, ist die Verschiedenheit der Einteilung der Unteroffiziere der seinerzeitigen bewaffneten Macht und des österreichischen Bundesheeres. In der Monarchie bestanden die "Stabsunteroffiziere", die man stärker in den technischen Branchen der Kriegsmarine antreffen konnte, aus sogenannten Gagisten, die in keine Rangsklasse eingeteilt waren, zum Unterschied von den Offizieren und Militärbeamten, die im Rangsklassenschema eingebunden gewesen sind. Die übrigen Unteroffiziere und Chargen waren längerdienende Soldaten. Gegenwärtig setzen sich die Unteroffiziere zusammen aus zeitverpflichteten Soldaten der Verwendungsgruppe H 3 (Amtstitel Wachtmeister, Oberwachtmeister und Stabswachtmeister) und aus Beamten und Vertragsbediensteten des Personalstandes des Bundesministeriums für Landesverteidigung, die mit ihrer Zustimmung zur Ausübung einer Unteroffiziersfunktion herangezogen werden können. Es sind Beamte der Verwendungsgruppen E bis C und solche in handwerklicher Verwendung, sowie Vertragsbedienstete analoger Entlohnungsgruppen.[58] In der Verwendungsgruppe D führen sie Amtstitel bis zu Oberstabswachtmeister und Offiziersstellvertreter, in der Verwendungsgruppe C die Amtstitel Offiziersstellvertreter und Vizeleutnant.[59] Der höchste Unteroffiziersgrad eines Vizeleutnants entspricht den Dienstklassen IV und V, im letzteren Falle bei relativ wenigen Betroffenen in besonders gehobenen Funktionen. Immerhin wäre das schon die frühere VIII. Rangsklasse, mit der die Stabsoffiziere begannen. Heute gehören die Offiziere den Verwendungsgruppen H 1 und H 2 an, die den Verwendungsgruppen A und B der Allgemeinen Verwaltung entsprechen. Dadurch unterscheiden sie sich von den Unteroffizieren. In der Monarchie bestand eine scharfe Trennung zwischen den in Rangsklassen eingeteilten Militärpersonen (Gagisten), also Offizieren und Militärbeamten einerseits und allen anderen Militärangehörigen, die den Mannschaftsstand bildeten, andererseits. Im Prinzip lag die gleiche

Rechtslage vor wie sie noch in der Urfassung der Dienstpragmatik 1914 zu finden war, nämlich eine höhere Kategorie der Beamten und die niedriger eingestufte Gruppe der Dienerschaft.

Eine vergleichende Zuordnung von Angehörigen gesetzgebender Körperschaften und der gewählten Funktionäre von Gemeinden zum Schema der Amtsträger der vollziehenden Gewalt scheitert an zwei Hindernissen. Zunächst fehlt es an Anknüpfungspunkten zum Rangsklassensystem und zur Tradition der Zeit der Monarchie, vor allem versagt aber der Maßstab des Amtseinkommens. Die Entschädigungen, Bezüge usw. sind zwar den Bezügegesetzen des Bundes und der Länder und anderer Normen zu entnehmen, es fehlt indessen an der Meßbarkeit in bezug auf die Gehälter der Berufsbeamten und überhaupt in vielen Fällen an einer Vergleichsbasis in der Gewichtung der Funktionen. Nichtsdestoweniger finden sich für die Einreihung aller dieser Mandatare und anderer Funktionäre im weitesten Sinne Anhaltspunkte bei der Erörterung der Verleihungen einzelner Ehrenzeichengrade.

Seit der Ministerpräsidentschaft des Grafen Eduard Taaffe (1879 bis 1883) entwickelte sich in der österreichischen Reichshälfte wie auch in der Gesamtmonarchie ein Usus, der von der Vorstellung beherrscht war, daß jeder Rangsklasse ein bestimmter Grad einer Auszeichnung entsprach.[60] Alle anderen Gruppen der Staatsbürger wurden in dieser Beziehung gewissen Beamtenrängen zugeordnet, so zum Beispiel die Pfarrer der X., Dechanten, dann Inhaber größerer Gewerbebetriebe der IX., Fabriksbesitzer der VIII., Rechtsanwälte der VII., Prälaten, Großindustrielle und Großgrundbesitzer (zum Unterschied von hochadeligen Fideikommißherren) der VII. oder VI. Rangsklasse. Bei Politikern - Abgeordneten des Abgeordnetenhauses und der Landtage, ferner Mandataren der autonomen Gemeinden, machte die Bedeutung der betreffenden Persönlichkeiten den Ausschlag, wobei ein allfälliger hoher Adelsrang eine nicht unbeachtliche Rolle spielte. Fälle, in denen letzteres Kriterium offenkundig von ausschließlicher Relevanz war, müssen in dieser Untersuchung unberücksichtigt bleiben.

Konsequent durchzuziehen waren diese Zuordnungen jedoch nie. Darüber hinaus mußte eine gewisse Flexibilität Platz greifen, um Anpassungen an neue Entwicklungen zu erleichtern.

Bestimmte Richtlinien für die Verleihung einzelner Ehrenzeichengrade gibt es auch heute als interne Dienstanweisungen für die Erstattung von Vorschlägen im Verleihungsverfahren. Da diese Richtlinien vertraulich sind, liegt darüber keine Veröffentlichung vor. Es ist aber sehr wohl möglich, anhand der im amtlichen Teil der "Wiener Zeitung" kundgemachten Verleihungen von Ehrenzeichen und anderen Bundesauszeichnungen die Zuordnung bestimmter Ehrungen zur Stellung der Empfänger im öffentlichen Leben oder Berufsleben abzuleiten. Auf jeden Fall gehört das Verleihungsverfahren zu den Akten der Vollziehung der Gesetze, ist somit verrechtlicht und mündet in der Antragstellung durch die Bundesregierung an den Bundespräsidenten nach Befassung des zuständigen Ressortministers und des Bundeskanzleramtes.[61] Wie schon gesagt, können die internen

Richtlinien der vorliegenden Untersuchung nicht zugrunde gelegt werden, denn es geht vor allem keineswegs um die Darstellung einer Richtschnur als Behelf für das Verleihungsverfahren, sondern um die tatsächliche Übung, welche zu keiner Zeit ausschließlich von Richtlinien beherrscht war oder ist. Die empirische Methode kann am ehesten ein zutreffendes Bild vermitteln.

Für die Zeit der Monarchie wurden diesbezüglich Verzeichnisse der Ordensangehörigen herangezogen, die in den jährlich erschienenen Hof- und Staatshandbüchern Veröffentlichung fanden. In der Republik fehlt es an solchen zusammenfassenden Listen, weshalb mit den Daten der "Wiener Zeitung", allenfalls der Amtsblätter der Zentralstellen das Auslangen gefunden werden muß.

Um einen möglichst weiten Überblick über die Verleihungspraxis zu gewinnen, wollen wir die Untersuchung von zwei verschiedenen Ausgangspunkten angehen. Der erste Teil soll eine Art Momentaufnahme darstellen, wie die Verleihungen der höheren Auszeichnungen der Grade 1 bis 10 innerhalb je eines Kalenderjahres ausgesehen haben. Es wurden die Kalenderjahre 1912 und 70 Jahre später 1982 ausgewählt. Der Grund liegt darin, daß während beider Perioden zumindest im Inland keine außergewöhnlichen Ereignisse zu verzeichnen waren, die auf die Vergabe von Orden oder Ehrenzeichen Einfluß gehabt hätten. Die einzelnen Ordens- bzw. Ehrenzeichengrade werden nach den Kategorien der Inländer und der Ausländer aufgeschlüsselt, innerhalb der Kategorien nach der Funktion des Empfängers der Auszeichnung.

Die zweite Untersuchung soll einen globaleren Überblick bezüglich aller 14 Auszeichnungsgrade bieten. Es wird versucht, aus jeder Kategorie der Auszeichnungsempfänger und der Auszeichnungsgrade typische und weniger typische Fälle allgemein darzustellen.

Die Gegenüberstellung Auszeichnungen der Grade 1 bis 10 der Verleihungsjahre 1912 und 1982 stellt sich wie folgt dar:

	1912 Orden		1982 Ehrenzeichen	
Grad 1	Inl.	Ausl.	Inl.	Ausl.
Staatsoberhäupter, souveräne Fürsten	-	1	-	3
Kardinal	-	1	-	-
Prinzen regierender Häuser	-	8	-	-
Ministerpräsidenten	2	-	-	-
Minister aD und I. Präsident des VwGH	1	-	-	-
Präsident des ungarischen Reichstages	1	-	-	-
Französischer Botschafter	-	1	-	-
Generaladjutant und Chef der Militärkanzlei des Kaisers	1	-	-	-
	5	11	-	3
Grad 2				
Ministerpräsidenten	-	2	-	3
Minister des Äußeren	-	1	-	-
(Bundes-)Minister	-	-	1	3
Vizepräsident des Herrenhauses	1	-	-	-
Zweiter Präsident des Nationalrates	-	-	1	-
Erster Präsident des OGuKH	1	-	-	-
Thronfolger von Abessinien	-	1	-	-
Königlicher Prinz von Montenegro	-	1	-	-
Botschafter	-	1	-	7
Serbischer Gesandter	-	1	-	-
Oberste Hofchargen (Hoffunktionäre)	2	-	-	-
	4	7	2	13
Grad 3				
Minister	5	3	-	5
Banus von Kroatien	1	-	-	-
Staatssekretäre	-	-	-	6
Übertrag	6	3	-	11

Grad 3

	1912 Orden		1982 Ehrenzeichen	
	Inl.	Ausl.	Inl.	Ausl.
Übertrag	6	3	-	11
Dritter Präsident des Nationalrates	-	-	1	-
Vorsitzender (Präsident) des Bundesrates	-	-	1	-
Präsident des OGH	-	-	1	-
Botschafter	-	-	-	2
General der Infanterie	3	1	-	-
Generalinspektor der deutschen Bundeswehr (Besoldungsgruppe B 10)	-	-	-	1
Feldmarschall-Leutnant als Chef des Generalstabes	1	-	-	-
Generalleutnant (entsprach der IV.Rangsklasse)	-	4	-	-
Sektionschef	1	-	-	-
Brigadegeneral als Chef des rumänischen Generalstabes	-	1	-	-
Gesandte	-	4	-	-
Bischöfe	2	-	-	-
Generalsekretär des französischen Staatspräsidenten	-	-	-	1
Hoffunktionäre	2	2	-	-
Präsidenten von Großbanken	2	-	-	-
Präsident der Hygieneausstellung in Dresden	-	1	-	-
Prinzen nichtregierender Häuser	1	1	-	-
	18	17	3	15

Grad 4

Minister	-	3	-	1
III. Rangsklasse und vergleichbare Ränge:				
Staatssekretäre in Ungarn	2	-	-	-
Präsidenten der Oberlandesgerichte	2	-	-	-
Vizepräsident des VwGH	-	-	1	-
Übertrag	4	3	1	1

	Grad 4	1912 Orden		1982 Ehrenzeichen	
		Inl.	Ausl.	Inl.	Ausl.
Übertrag		4	3	1	1
General der Infanterie iR		1	-	-	-
I. Präsident der Deutschen Bundesbahnen iR (Besoldungsgruppe B 11)		-	-	-	1
Bundesdeutscher Ministerialdirektor (Besoldungsgruppe B 10)		-	-	-	1
IV. Rangsklasse und vergleichbare Ränge:					
Landespräsident		1	-	-	-
Sektionschef iR und Gleichgestellte		1	6	-	-
Bundesdeutsche Ministerialdirektoren (Besoldungsgruppe B 9)		-	-	-	6
Bundesdeutscher Chef des Protokolls (Botschafter - Besoldungsgruppe B 9)		-	-	-	1
Bundesdeutscher Generalmajor (Besoldungsgruppe B 7)		-	-	-	1
Gesandte		2	2	-	1
Feldmarschall-Leutnant iR, Divisionsgeneral		1	1	-	-
V. Rangsklasse und vergleichbare Ränge:					
Generalkonsuln, Botschaftsräte		-	6	-	-
Militärpersonen		-	11	-	2
- - - - -					
Erster Botschaftssekretär		-	1	-	-
- - - - -					
Mitglied des Magnatenhauses		1	-	-	-
Vorsitzender einer Parlamentariergruppe		-	-	-	1
Staatskommissär, bayerischer Reichsrat		-	2	-	-
Präsident des Gemeinderates von Paris		-	1	-	-
Oberbürgermeister und Geheimrat		-	1	-	-
Generaldirektoren von Staatsbahnen		-	2	-	-
Bischof, Apostolischer Protonotar		1	1	-	-
Prinz, Gattin des Außenministers Genscher		-	1	-	1
Hoffunktionäre		1	6	-	-
Bankvorstand		-	-	-	1
		13	44	1	17

	1912 Orden		1982 Ehrenzeichen	
Grad 5	Inl.	Ausl.	Inl.	Ausl.
III. Rangsklasse:				
Ungarische Staatssekretäre	4	-	-	-
IV. Rangsklasse / Dienstklasse IX:				
Sektionschefs	1	-	3	-
Landesamtsdirektor iR	-	-	1	-
Botschafter iR	-	-	1	-

Generalprokurator beim OGH iR	-	-	1	-

Kommandeur des deutschen Bundesgrenzschutzes und Ministerialdirigenten (Besoldungsgr. B 6)	-	-	-	6
Gesandter, Gesandter-Botschaftsrat	-	-	-	2

Enge Mitarbeiter des französischen Staatspräsidenten	-	-	-	4
Generaldirektor der Österreichischen Tabakregie	-	-	1	-
Oberbürgermeister von Bonn	-	-	-	1
Hoffunktionär	1	-	-	-
Präsident der Zentralen Verkaufsleitung der Deutschen Bundesbahnen (Besoldungsgr. B 6)	-	-	-	1
Präsident des spanisch-österreichischen Instituts Madrid	-	-	-	1
Militärpersonen: Oberste	-	3	-	-
	6	3	7	15

Grad 6				
Vorsitzende (Präsidenten) des Bundesrates	-	-	2	-
Stellv. Vors. (Vizepräsident) d. Bundesrates	-	-	1	-
Chilenischer Unterstaatssekretär	-	1	-	-
Abgeordnete zum Nationalrat	-	-	2	-
Ausländische Parlamentarier	-	1	-	1
IV. Rangsklasse / Dienstklasse IX:				
Sektionschefs	8	-	6	-
Statthalterei-Vizepräsident, Landesbeamte	1	-	2	-
Hohe Richter, Senatspräsidenten	2	-	4	-
Übertrag	11	2	17	1

	Grad 6	1912 Orden		1982 Ehrenzeichen	
		Inl.	Ausl.	Inl.	Ausl.
Übertrag		11	2	17	1
Regierungspräsident von Koblenz		-	1	-	-
V. Rangsklasse und vergleichbare Ränge:					
Hof- und Ministerialräte		6	-	-	-
Vizepräsident des OLG Graz		1	-	-	-
Vizepräsident d. Finanzlandesdirektion Zara		1	-	-	-
Artilleriegeneralingenieur		1	-	-	-
Ausländische Generäle		-	2	-	-
Geheime Legationsräte		-	3	-	-
Generaldirektoren von Eisenbahnen		-	2	-	-
Deutsche Bundesbesoldungsgruppe B 6:					
Ministerialdirigent		-	-	-	1
Präsident d. Bundesbahndirektion München iR		-	-	-	1
Deutsche Bundesbesoldungsgruppe B 5:					
Polizeipräsident		-	-	-	1
VI. Rangsklasse und vergleichbare Ränge:					
Ordentliche Universitätsprofessoren		3	4	4	1
Botschaftsräte		-	-	-	4
Vortragende Räte		-	3	-	-
Militärpersonen: Oberste und Gleichgestellte		1	19	-	1
Deutsche Besoldungsgruppe B 3:					
Vortragende Legationsräte I. Klasse		-	-	-	4
Ministerialrat		-	-	-	1
Leitende Polizeibeamte		-	-	-	4
Vergleichbare Ränge zur Dienstklasse VI:					
I. Botschaftssekretär, franz. Kabinettsrat		-	1	-	1
Vortragender Legationsrat (deutsch.BesGr A 15)		-	-	-	1
Militärpersonen: Oberstleutnante		-	7	-	-
VIII. Rangsklasse und vergleichbare Ränge:					
Legationsrat, Kabinettssekretäre		-	3	-	-
Militärpersonen: Majore und Gleichgestellte		-	4	-	-
IX. Rangsklasse:					
Hauptmann		-	1	-	-
Übertrag		24	52	21	21

	Grad 6	1912 Orden		1982 Ehrenzeichen	
		Inl.	Ausl.	Inl.	Ausl.
Übertrag		24	52	21	21
Oberbürgermeister von Budapest und München		1	-	-	1
Ausländische Bürgermeister		-	2	-	-
Vizebürgermeister von Helsinki		-	-	-	1
Vizepräsident des Gemeinderates von Paris		-	1	-	-
Zentralarbeitsinspektor		-	-	-	1
Polizeipräsidenten		-	2	-	-
Präsident der niederösterr. Advokatenkammer		1	-	-	-
Präsident einer Handelskammer		1	-	-	-
Präsidenten von Kulturinstituten und Unternehmerverbänden		-	2	1	5
Generaldirektoren/Industrie, Kreditwesen		9	1	-	2
Hohe Geistlichkeit (Prälaten)		4	3	-	-
Kunstschaffende		1	1	2	1
Hoffunktionäre		-	9	-	-
Private (Gräfin)		-	-	-	1
		41	73	24	33
Grad 7					
Abgeordnete zum Nationalrat		-	-	3	-
Reichstagsabgeordneter in Ungarn		1	-	-	-
Erster Landtagsvizepräsident		-	-	1	-
Abgeordnete zum Landtag		-	-	2	-
IV. Rangsklasse: Militärpersonen		25	-	-	-
V. Rangsklasse / Dienstklasse VIII: Ministerialräte, Hofräte		58	-	32	1
Richter, Staatsanwälte		21	-	4	-
Botschafter		-	-	1	-
Generalkonsul, Legationsrat I. Kategorie		2	-	-	-
Militärpersonen		18	-	-	1
VI. Rangsklasse / Dienstklasse VII: Legationsrat II. Kategorie		1	-	-	-
Generalkonsul II. Klasse, ausländ. Beamte		1	-	-	5
Ordentliche Universitätsprofessoren		1	-	1	-
Militärperson (Oberst)		-	-	-	1
Übertrag		128	-	44	8

	1912 Orden		1982 Ehrenzeichen	
Grad 7	Inl.	Ausl.	Inl.	Ausl.
Übertrag	128	-	44	8
Vergleichbar der Dienstklasse VI:				
Auswärtiger Dienst	-	-	-	8
Militärpersonen: Oberstleutnante	-	-	-	3
- - - - -				
Eisenbahnverwaltung	1	-	-	-
Präsident der Bundesbahndirektion	-	-	1	-
Industrie, Landwirtschaft, Bankwesen	1	-	6	4
Berufsverbände, Kammern	-	-	3	8
Theaterverwaltung, Medien	-	-	2	1
Hohe Vertreter der röm.kath. und evangelischen Kirchen	-	-	2	-
Hoffunktionäre	2	-	-	-
	132	-	58	32

Grad 8				
Abgeordnete zum Reichsrat und zu Landtagen	2	-	2	-
IV. Rangsklasse der Militärpersonen:				
General-Chef-Auditor	1	-	-	-
General-Oberstabsarzt	1	-	-	-
V. Rangsklasse / Dienstklasse VIII:				
Ministerialräte	6	-	51	-
Hofräte, ordentliche Universitätsprofessoren	9	3	92	-
Militärpersonen: General-Stabsarzt	1	-	-	-
Divisionäre	-	-	2	-
Brigadiere	-	-	4	-
Senatspräsident des Oberlandesgerichtes	-	-	1	-
Botschafter	-	-	1	-
Polizeifunktionäre, Wachekörper	-	2	2	-
Titular-Hofräte	4	-	-	-
Übertrag	24	5	155	-

	Grad 8	1912 Orden		1982 Ehrenzeichen	
		Inl.	Ausl.	Inl.	Ausl.
Übertrag		24	5	155	-
VI. Rangsklasse / Dienstklasse VII:					
Legations-, Regierungs-, Oberräte		1	2	3	-
Ordentliche Universitätsprofessoren		1	5	1	-
Militärpersonen: Oberste und Gleichgestellte		-	3	-	-
VII. Rangsklasse / Dienstklasse VI:					
Außerordentliche Universitätsprofessoren		1	-	-	-
Botschaftsrat, Legationsrat I. Klasse		-	-	-	4
Polizei-Oberräte		-	-	-	2
Beamte des Protokolls		-	-	-	3
Militärpersonen: Oberstleutnante		-	10	-	2
VIII. Rangsklasse / vergleichbare Ränge:					
Botschaftssekretäre		-	2	-	8
Militärpersonen: Majore		-	13	-	1
IX. Rangsklasse:					
Militärpersonen: Linienschiffsleutnant		-	1	-	-
- - - - -					
I. Präsident des Landeskulturrates für Tirol		1	-	-	-
Honorar-(General-)Konsuln		-	-	2	3
Hoffunktionäre/Präsidentschaftskanzlei d.BRD		2	5	-	2
Bürgermeister		-	3	-	-
Eisenbahnverwaltungen / BB-Direktionsrat		-	3	1	-
Berufsverbände, Kammern		2	-	8	6
Industrie, Management, Bankwesen		2	16	13	3
Kammeramtsdirektoren		-	-	2	-
Hofbuchhändler, Kultur, Schulwesen		2	4	1	2
Massenmedien		-	-	2	1
Notar		1	-	-	-
Advokaten		2	2	-	-
Domherr (Titularabt) / Prälat		1	1	-	-
ÖGB-Funktionäre		-	-	3	-
Funktionäre des Roten Kreuzes		-	-	4	-
		40	75	195	37

	Grad 9	1912 Orden		1982 Ehrenzeichen	
		Inl.	Ausl.	Inl.	Ausl.
Abgeordnete zum Reichsrat / Reichstag		3	-	-	-
V. Rangsklasse:					
Militärpersonen: Offiziere und Beamte		11	-	-	-
VI. Rangsklasse / Dienstklasse VII und vergleichbare Ränge:					
Beamte, Richter/Staatsanwälte		94	15	145	-
Ord. Universitäts-, Hochschulprofessoren		13	-	-	-
Militärpersonen: Oberste und gleichgestellte Offiziere und Militärbeamte		97	-	37	-
Wachebeamte: Oberste		-	-	6	-
VII. Rangsklasse / Dienstklasse VI und vergleichbare Ränge:					
Beamte		13	9	-	-
Außerordentliche Hochschulprofessoren		-	-	5	-
Militärpersonen: Oberstleutnante und Gleichgestellte		11	2	-	-
VIII. Rangsklasse / Dienstklasse V und vergleichbare Ränge:					
Diplomatische, konsularische Beamte, sonstige Beamte		-	9	5	7
Polizeifunktionäre		-	-	-	6
Militärpersonen: Majore und Gleichgestellte		-	12	-	-
IX. Rangsklasse / Dienstklasse IV und vergleichbare Ränge:					
Beamter		-	-	-	1
Militärpersonen: Hauptmänner		1	34	-	2
X. Rangsklasse:					
Militärpersonen: Oberleutnante		1	2	-	-
- - - - -					
Honorarkonsuln, Honorarvizekonsuln		-	-	-	3
Bürgermeister, Vizebürgermeister		3	5	2	-
Wiener Stadtrat, Stadtverordneter		1	1	-	-
Eisenbahnverwaltungen / BB-Direktionsräte		5	6	5	-
Übertrag		253	95	205	19

Ordensgrad 3

Orden der Eisernen Krone I. Klasse

Ehrenzeichengrad 3

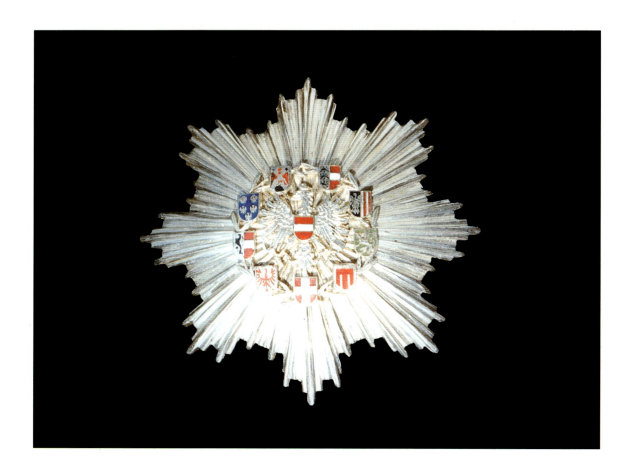

Großes silbernes Ehrenzeichen am Bande
für Verdienste um die Republik Österreich:
Bruststern

Ehrenzeichengrad 3

Großes silbernes Ehrenzeichen am Bande
für Verdienste um die Republik Österreich:
Hüftdekoration am Schulterband

Ordensgrad 3

Orden der Eisernen Krone I. Klasse (mit Kriegsdekoration): Collane

Ordensgrad 4

Großkreuz des Franz-Joseph-Ordens

Ehrenzeichengrad 4

Großes goldenes Ehrenzeichen mit dem Stern
für Verdienste um die Republik Österreich

Ordensgrad 5

Kommandeurkreuz des Leopold-Ordens

Ehrenzeichengrad 5

Großes silbernes Ehrenzeichen mit dem Stern für Verdienste um die Republik Österreich

	1912 Orden		1982 Ehrenzeichen	
Grad 9	Inl.	Ausl.	Inl.	Ausl.
Übertrag	253	95	205	19
Vertragsbedienstete (a), Angestellte	-	-	3	4
Leiter der süddeutschen Wildbachverbauung	-	-	-	1
Kunstschaffende, Kultur, Wissenschaft	3	12	6	-
Vertreter der röm.kath. und evangelischen Kirchen: Domherr, Provinzial, ev. Senior	10	1	4	-
Medien	2	-	2	-
Vertreter karitativer Institutionen	-	-	4	-
Ärzte	1	3	5	1
Veterinärmediziner	-	-	2	-
Notar	1	-	-	-
Advokaten, Rechtsanwälte	4	5	2	-
Ingenieure	-	4	-	-
Handel und Industrie	11	8	40	6
Bank- und Versicherungswesen	8	3	5	-
Gutsbesitzer / Landwirtschaft	3	-	1	-
Berufsverbände, Kammern	-	4	24	2
Vertreter von Krankenkassen	-	-	2	-
Berufsfeuerwehrkommandant	-	-	1	-
Vertreter politischer Parteien	-	-	4	-
ÖGB-Funktionäre	-	-	23	-
Hofbeamte	-	2	-	-
Abteilungsinspektoren	-	-	2	-
Privatpersonen	-	3	-	-
	296	140	335	33

Grad 10				
Abgeordnete zu Landtagen	1	-	1	-
VI. Rangsklasse / Dienstklasse VII: Beamte	5	-	20	-
Schuldienst	6	-	19	-
Militärpersonen: Oberste, Militärbeamter	14	-	-	-
Übertrag	26	-	40	-

	Grad 10	1912 Orden		1982 Ehrenzeichen	
		Inl.	Ausl.	Inl.	Ausl.
Übertrag		26	-	40	-
VII. Rangsklasse / Dienstklasse VI und vergleichbare Ränge:					
Beamte einschließlich Richter		68	-	108	-
Hochschul- emer. Universitätsprofessoren		2	-	2	-
Schuldienst		16	-	14	-
Militärpersonen:					
Oberstleutnante und Gleichgestellte		92	-	51	-
Militärbeamte		30	-	-	-
VIII. Rangsklasse / Dienstklasse V und vergleichbare Ränge:					
Beamte einschließlich Richter		53	10	1	-
Schuldienst		2	6	-	-
Militärpersonen:					
Majore und Gleichgestellte		26	-	-	-
Militärbeamte		2	-	-	-
IX. Rangsklasse / vergleichbare Ränge:					
Beamte		4	-	-	-
Militärpersonen: Hauptmänner		12	1	-	-
X. Rangsklasse / vergleichbare Ränge:					
Militärpersonen: Oberleutnante		-	11	-	-
XI. Rangsklasse / vergleichbare Ränge:					
Militärpersonen: Leutnante (iR)		7	10	-	-
- - - - -					
(Kranken-) Anstaltsdirektoren		2	-	-	-
Honorar- (Vize-)Konsuln, Konsularagenten, Honorarkanzler, diplomatische Dolmetscher		1	10	2	2
(Vize-)Bürgermeister, Obmänner von Bezirksverbänden, Gemeinderäte		10	2	7	-
Kulturschaffende		11	12	16	2
Kirchen (Dechanten, Pfarrer, Oberrabbiner)		29	1	1	-
Medien		2	-	-	1
Vertragsbedienstete / Angestellte (BRD)		-	-	14	2
Ärzte		16	2	-	-
Notar		1	-	-	-
Advokaten		6	1	-	-
Übertrag		418	66	256	7

	1912 Orden		1982 Ehrenzeichen	
G r a d 10	Inl.	Ausl.	Inl.	Ausl.
Übertrag	418	66	256	7
Architekten	3	-	-	-
Verkehrswesen	15	13	12	-
Bedienstete des Hofes und des Großgrundbesitzes, Land- und Forstwirtschaft	10	6	4	-
Handel, Gewerbe, Industrie	35	12	49	-
Bank- und Versicherungswesen	6	1	11	-
Berufsverbände, Kammern	10	1	11	2
Vertreter politischer Parteien	-	-	27	-
ÖGB-Funktionäre	-	-	21	-
Sozialarbeiter	-	-	3	-
Freiwilliges Motorfahrerkorps, Organisationen, Sport	5	-	7	-
Private, Gutsbesitzer, Fonds, Sonstige	3	7	5	-
	505	106	406	9

Von Interesse ist die Gegenüberstellung zunächst des reinen Zahlenmaterials über die Verleihungen der Ordens- bzw. Ehrenzeichengrade 1 bis 10 der Jahre 1912 und 1982 vor allem in Relation zu den Einwohnerzahlen der österreichisch-ungarischen Monarchie und der Republik Österreich, um Aufschluß über die Auszeichnungsdichte zumindest bei den Inländern zu gewinnen. Werte bezüglich der ausländischen Empfänger zu errechnen ist an sich wenig zielführend, denn auswärtige Beziehungen eines Staates hängen nicht von der Größe der Bevölkerungszahlen ab, sondern von anderen Gesichtspunkten, deren Erforschung zu weit ginge.

Anfangs 1912 hatte die österreichisch-ungarische Monarchie schätzungsweise etwa 51,83 Millionen Einwohner. In der Republik Österreich wurden bei der Volkszählung am 12.5.1981 rund 7,56 Millionen ermittelt. Die nachfolgende Tabelle zeigt ausgehend von diesen für 1912 bzw. 1982 in Anschlag gebrachten Bevölkerungszahlen, aufgegliedert nach den Auszeichnungsgraden und nach der In- bzw. Ausländerqualität der Empfänger folgende Werte, aus denen sich die Auszeichnungsdichte bei Inländern ergibt, ausgedrückt durch einen auf zwei Dezimalzahlen erweiterten Quotienten (Anzahl der Verleihungen) auf je 1 Million Einwohner.

	Verdienstorden der österreichisch-ungarischen Monarchie - verliehen 1912 (51,83 Millionen Einwohner)			Ehrenzeichen für Verdienste um die Republik Österreich verliehen 1982 (7,56 Millionen Einwohner)				
Grad	In- länder	auf 1 Mill. Einw.	Aus- länder	In- länder	auf 1 Mill. Einw.	Aus- länder	Verhältnis der Verleihungen an Inländer 1912	1982
1	5	0,10	11	-	0,00	3	1 zu	0
2	4	0,08	7	2	0,26	13	1 zu	3,38
3	18	0,35	17	3	0,40	15	1 zu	1,14
4	13	0,25	44	1	0,13	17	1,92 zu	1,00
5	6	0,12	3	7	0,93	15	1 zu	7,75
6	41	0,79	73	24	3,17	33	1 zu	4,01
7	132	2,55	-	58	7,67	32	1 zu	3,01
8	40	0,77	75	195	25,79	37	1 zu	33,49
9	296	5,71	140	335	44,31	33	1 zu	7,76
10	505	9,19	106	406	53,7o	9	1 zu	5,84
	1060	20,45	476	1031	136,38	207	1 zu	6,67
Kleinkreuze des St. Stephan Ordens	6							
Elisabeth-O.	17		14					
	1083	20,90	490					

Die bei den Auszeichnungsgraden 1 bis 10 für 1912 ermittelte Auszeichnungsdichte beträgt 20,45 Verleihungen auf 1 Million Einwohner. Wird zur Gesamtzahl der 1060 erfaßten Ordensauszeichnungen noch die marginale Größe der in diesem Jahr vergebenen 6 Kleinkreuze des St. Stephan-Ordens und der 17 Ordensdekorationen verschiedener Grade des für Frauen bestimmten Elisabeth-Ordens hinzugefügt, so kommt man auf 1083 Ordensauszeichnungen und eine minimal erhöhte Auszeichnungsdichte von 20,9. Diesem Wert steht der für 1982 errechnete Quotient von 136,38 gegenüber. Auf die Verleihung eines Ordens im Jahre 1912 kommen somit in dieser Relation 6,67 Ehrenzeichenverleihungen durch die Republik 1982, oder wenn man die eben erwähnten, außerhalb der Gradeinteilung stehenden insgesamt 23 Verleihungen des St. Stephan- und des Elisabeth-Ordens dazunimmt, 6,53 Ehrenzeichenverleihungen. Aufgerundet ergibt sich die doch erstaunliche Tatsache, daß in der Republik 1982 bezogen auf je 1 Million Einwohner fast das Siebenfache der vergleichbaren Auszeichnungen von 1912 verliehen wurde. Nicht minder verwunderlich ist das Bild beim Auszeichnungsgrad 4, wo umgekehrt 2 Ordensverleihungen von 1912 auf 1 Ehrenzeichenvergabe von 1982 fallen. Das Verhältnis von Inländern zu Ausländern, die Verdienstauszeichnungen erhielten, betrug 1912 2,2 zu 1, im Jahre 1982 dagegen 5 zu 1. Der Ausländeranteil ging also in der Republik um mehr als die Hälfte zurück.

Versuchen wir, die 1982 in Erscheinung getretene hohe Auszeichnungsdichte aufzuklären. An allererster Stelle liegen die Ursachen in den wirtschaftlichen und gesellschaftlichen Veränderungen der vergangenen 70 Jahre. Man halte sich zudem vor Augen, daß das Staatsvolk der österreichisch-ungarischen Monarchie von 1912 beträchtliche Strukturunterschiede aufgewiesen hat. Dies gilt nicht nur in Beziehung auf Aspekte der Wirtschaft, auf das Spannungsfeld von Arm und Reich, den Bildungsgrad, die recht differenzierte Bereitschaft der einzelnen Nationalitäten, sich am öffentlichen Leben des Staates zu beteiligen - was gerade für die Verleihung von Verdienstorden von entscheidender Bedeutung ist - und vieles andere mehr.

In der österreichischen Reichshälfte hatte das deutschsprachige Element unbestrittenermaßen eine gewisse Prädominanz, trotz der Tatsache, daß etwa bei der Volkszählung von 1910 sich nur 35,58 % der Bevölkerung Cisleithaniens zur deutschen Umgangssprache bekannt haben. Es waren fast 10 Millionen Staatsbürger, die aber zum überwiegenden Teil die Gebiete bewohnten, aus denen die Republik Österreich entstanden ist. In der Monarchie hatten diese Bürger als eine der staatstragenden Gruppen hohen Anteil am kulturellen und politischen Geschehen. Demgegenüber gab es als anderes Extrem die erst 1908 annektierten Lande Bosnien und Herzegovina mit rund 2 Millionen Einwohnern, wo nur eine sehr schmale einheimische Bevölkerungsschicht für Ordensauszeichnungen in Betracht kam. Ähnliches kann von manchen Teilen im Nordosten Cisleithaniens und von Randgebieten der ungarischen Reichshälfte gesagt werden. Ein konkretes Beispiel zeigt dies sinnfällig: Beim Auszeichnungsgrad 8 weist die Verleihungsdichte zwischen 1912 und 1982 das atypische Verhältnis von 1 : 33,49 auf. Von den 1912 mit diesem Grad, dem Komturkreuz des Franz-Joseph-Ordens ausgezeichneten 40 Persönlichkeiten entfielen 33 auf die österreichische Reichshälfte, deren Bevölkerung damals rund 28,8 Millionen ausmachte. Werden diese mit dem Ordensgrad 8 ausgezeichneten 33 österreichischen Staatsbürger auf die Bevölkerungszahl Cisleithaniens umgelegt, so kommt man pro Million Einwohner auf den Quotienten 1,15 anstatt 0,77 bei der Gesamtmonarchie. Der Ordensgrad 8 kam in der Monarchie recht selten zur Vergabe. Die Gesamtzahl von 40 Verleihungen 1912 liegt im Trend. 1911 waren es 45 Persönlichkeiten.

Im übrigen leuchtet ein, daß in der Republik teilweise andere Schichten der Bevölkerung den Kreis der potentiellen Auszeichnungsempfänger bilden als es in der Monarchie der Fall war. Politische Mandatare, Funktionäre von Körperschaften, Organisationen, Vereinen und viele andere Bürger, die während der Monarchie nicht oder nur vereinzelt unter den Ordensträgern anzutreffen waren, verschieben heute das Bild der Ehrenzeichenträger in Richtung der stattgefundenen demokratischen Öffnung.

Ein anderer Aspekt wird ebenfalls am Auszeichnungsgrad 8 deutlich. Im öffentlichen Dienst erhalten heutzutage diesen Ehrenzeichengrad, wie noch darzustellen sein wird, regelmäßig Beamtinnen und Beamte der Dienstklasse VIII. 1982 waren es 153 oder 78,5 % der mit diesem Grad Beliehenen. Die Zahl dieser Beamten beiderlei Geschlechtes ist in der Republik wesentlich höher als die der entsprechenden V. Rangsklasse in der Monarchie. So verfügte die Innsbrucker Statthalterei 1912 in Alttirol und Vorarlberg nur über 4 Hofräte und 2 weitere Beamte mit Titel und Charakter der V. Rangsklasse. 1992 waren allein im Landesdienst Tirols 193 Planstellen der Dienstklasse VIII vorgesehen. Am 1.3.1938 waren es noch 15. Beachtenswert erscheint zudem der Umstand, daß 1912 die 16 Angehörigen der V. Rangsklasse unter den 40 Empfängern des Ordensgrades 8 nur 40 % ausmachten, also etwa die Hälfte der Quote von 1982.

Ursächlich für die hohe Zahl von Verleihungen der Ehrenzeichengrade 8 bis 10 ist auch, daß die Entwicklung des Dienst- und Besoldungsrechtes es Beamten vieler Zweige der öffentlichen Verwaltung ermöglicht, in höhere Dienstklassen aufzurücken, als im Rangsklassensystem der Monarchie. Derartige Erörterungen könnten beliebig lange fortgesetzt werden.

Noch ein anderes, der Tabelle zu entnehmendes Ergebnis verdient Aufmerksamkeit. Die Auszeichnungsdichte je 1 Million Einwohner bei den Ordensgraden 1 bis 6 bewegte sich während der Monarchie in Bereichen unter dem Wert von 1,00. Sie stieg vom Ordensgrad 7 abwärts stark an, und zwar bei diesem Ordensgrad auf das 3-fache des Grades 6, bis zum fast 12-fachen dieses Wertes beim Ordensgrad 10. Eine Ausnahme bildete der schon angesprochene, selten verliehene Ordensgrad 8. Das Ansteigen der Verleihungen von 1982 bei weniger hohen Graden des Ehrenzeichens trat noch stärker hervor und setzte zudem schon früher beim Grad 6 ein. Die Auszeichnungsdichte je 1 Million Einwohner lag diesmal nur bis zum Ehrenzeichengrad 5 unter der 1,00-Marke, vermehrte sich bis zum nächstniedrigeren Grad etwa auf das 3 1/2-fache, um schließlich beim Ehrenzeichengrad 10 beinahe das 58-fache der Auszeichnungsdichte des Grades 5 zu erreichen. Der steile Knick der Verleihungshäufigkeitskurve trat allerdings erst beim Ehrenzeichengrad 8 ein, welcher die 28-fache Auszeichnungsdichte des Grades 5 aufwies.

Eine Komponente der gesteigerten Häufigkeit der Auszeichnungsverleihungen könnte in der Tatsache geortet werden, daß in der Monarchie Auszeichnungen der Grade 1 bis 10 an Frauen nicht vergeben werden konnten, während heute beide Geschlechter Berücksichtigung finden. In Wirklichkeit dürfte aber die Einbeziehung der Frauen in den Kreis der Auszeichnungsempfänger keine solche Folge nach sich gezogen haben. Es muß doch davon ausgegangen werden, daß 1912 die Frauen in Betätigungsbereichen, aus denen die Ordensempfänger kamen, kaum vertreten waren. Wenn sie es heute sind, so haben sie dadurch den betreffenden Personenkreis nicht vermehrt, sondern nur eine Umschichtung bewirkt. Diesen Prozeß könnte man also als "aufkommensneutral" bezeichnen.

Abschließend ein Wort zur Auszeichnungsdichte beim Grad 4. Der umgekehrte Trend im Verhältnis Monarchie - Republik ist eindeutig auf die noch zu erörternde nachteiligere Einstufung in Auszeichnungsbelangen zurückzuführen, welche in der Republik den öffentlich Bediensteten der vergleichbaren früheren III. und IV. Rangsklasse widerfuhr. Der einzige und noch dazu "atypische" Auszeichnungsempfänger des Grades 4 war 1982 ein Richter, der in der Monarchie der III. Rangsklasse angehört hätte. Unter den 13 inländischen Ordensträgern des Grades 4 von 1912 befinden sich dagegen 4 Vertreter dieser Rangsklasse (2 Richter und 2 Beamte) und außerdem noch 6 Angehörige der IV. Rangsklasse (= Dienstklasse IX).

Während der Monarchie wurden Verzeichnisse der Ordensträger geführt und - wie erwähnt - jährlich veröffentlicht.

Diese Evidenz der Ordensträger erlaubt es uns, in Ergänzung zu den bereits behandelten Verleihungsdaten auch Auskunft über die Zahl lebender Ordensinhaber der Grade 1 bis 10 zu geben. Ende des Jahres 1912[62] sind bei den lebenden Inländern 14.911 Ordensauszeichnungen dieser Grade ausgewiesen. Der Verleihungszeitraum reichte mitunter bis 1848 zurück. Nach den Ordensgraden gegliedert setzten sich die Dekorationen wie folgt zusammen:

Ordensgrad	Zahl der Auszeichnungen
1	42
2	88
3	200
4	154
5	66
6	541
7	305
8	420
9	4.539
10	7.556
	14.911

Es entfielen 1.466 auf den Leopold-Orden, 4.664 auf den Orden der Eisernen Krone und 8.739 auf den Franz-Joseph-Orden. Zu berücksichtigen ist, daß im Gegensatz zur Republik, wo bei Erwerbung eines höheren Auszeichnungsgrades die niedrigeren Grade dem Empfänger stets erhalten bleiben, in der Monarchie bei Verleihung einer höheren Stufe des gleichen Ordens die vorher erhaltene niedrigere Stufe abgelegt und zurückgestellt werden mußte. Ein nacheinander mit zwei oder mehreren Stufen eines und desselben Ordens Ausgezeichneter scheint somit in der Evidenz nur einmal auf. Ferner ist darauf Bedacht zu nehmen, daß vier verschiedene Orden zur Vergabe gelangten, deren Insignien gleichzeitig getragen wurden, zumal die Stufen der Orden mit der Einteilung in Grade nicht konform verliefen. Um auf die Zahl der mit Orden ausgezeichneten lebenden Einzelpersonen zu kommen, muß ein Abschlag gemacht werden. Ich schätze, daß sich die 14.911 Ordensauszeichnungen auf immerhin 12.000 Staatsbürger der Doppelmonarchie, die zum Stichtag lebten, verteilten. Es waren etwa 230 Personen je 1 Million der Gesamtbevölkerung. Wie hoch die korrespondierende Zahl von 1982 war, ist nicht feststellbar. Man bedenke aber, daß 1982 - wie berichtet - 136,38 Ehrenzeichenverleihungen je 1 Million Einwohner erfolgten. Aus den ermittelten Vergleichswerten bei der Auszeichnungsdichte und der gestiegenen Lebenserwartung kann aber trotz des kürzeren Verleihungszeitraumes (seit 1952/53) geschlossen werden, daß 1982 und auch heute im Verhältnis wahrscheinlich mehr Inländer, die Ehrenzeichen für Verdienste um die Republik Österreich besitzen, am Leben sind.

Bei der Zählung der Ordensempfänger in der Monarchie ist noch ein spezifischer Aspekt zu berücksichtigen. In den Jahren 1898 und 1908 wurde das 50-jährige bzw. 60-jährige Jubiläum der Thronbesteigung Kaiser Franz Josephs festlich begangen. In beiden Jubiläumsjahren ergossen sich wahre Ordensregen über verdiente Staatsbürger. Besonders ausgeprägt war diese Erscheinung bei den Ordensgraden 9 und 10, die auch sonst häufiger zur Vergabe gelangten. Allein vom Orden der Eisernen Krone hat der Kaiser an einem einzigen Tag mit Entschließung vom 30.11.1898 364 Dekorationen der drei Stufen verliehen: 5 der I. Klasse

(Ordensgrad 3), 19 der II. Klasse (Ordensgrad 6) und 340 der III. Klasse (Ordensgrad 9). Es war nur ein Teil des Jahreskontingentes dieses Ordens. Wegen der großen Zahl der Ausgezeichneten mußte die geschäftsmäßige Abwicklung der Ordensverleihungen vereinfacht werden. Die Kabinettskanzlei des Kaisers übermittelte am 30.11.1898 an die Kanzlei des Ordens der Eisernen Krone die Note Z. 4184 über die mit "Allerhöchster Entschließung vom gleichen Tage erfolgte taxfreie Verleihung des Ordens der Eisernen Krone an Personen, die in angeschlossenen drei Verzeichnissen" (nach Klassen geordnet) namhaft gemacht wurden. Das Verzeichnis der 340 Ritter III. Klasse bestand aus einer mehr als 20 Seiten umfassenden gedruckten Liste mit 5 Spalten, von der als Beispiel folgende Zeilen wiedergegeben werden:

Post-Nr	Name	Charakter	Behörde, von welcher der Antrag ausgeht	Anmerkung
159	Dr. Josef Wackernell	Advokat in Innsbruck	Statthalter in Tirol	---
160	Clemens Graf Waldburg-Zeil-Lustenau-Hohenems	II. Vizepräsident des Landeshilfsvereins vom Rothen Kreuze in Vorarlberg	Statthalter in Tirol	Besondere Verdienste um d. österr. Gesellschaft vom Rothen Kreuze[63]

Die im Jubiläumsjahr 1908 mit Ordensdekorationen geehrten Inländer waren mit Gewißheit 1912 zum überwiegenden Teil am Leben und beeinflußten die für dieses Jahr festgestellte Zahl der Ordensträger. Hier ein Vergleich der Größenordnungen: Der Ordensgrad 9 wurde 1912 an 296 Personen verliehen, und zwar in 32 Fällen in Form des Offizierskreuzes des Franz-Joseph-Ordens und 264-mal als Orden der Eisernen Krone III. Klasse. 1908 gelangten mehr als doppelt so viele Offizierskreuze des zuerst genannten Ordens, nämlich 69, und 741 Dekorationen des Ordens der Eisernen Krone III. Klasse zur Vergabe, somit 810 Ehrungen durch den Ordensgrad 9; das sind 274 % der entsprechenden Auszeichnungen des "Normaljahres" 1912.

Noch deutlicher fällt die Gegenüberstellung beim Ordensgrad 10, dem Ritterkreuz des Franz-Joseph-Ordens, aus. 1912 sind 504 Verleihungen registriert, auf das Jahr 1908 entfielen 1482 oder 294 % des "Normaljahres".

Aus der Zeit der Republik sind ähnliche Vorkommnisse aus Anlaß von Jubiläen udgl nicht zu vermelden. Wohl kommt es aber vor, daß etwa die Beendigung eines für das öffentliche Wohl bedeutenden großen Bauvorhabens dazu benützt wird, den Mitarbeitern der beteiligten Unternehmungen Ehrenzeichen als Anerkennung für ihre vorbildliche Arbeitsleistung zukommen zu lassen. Als Beispiel wird die Eröffnung des Arlbergtunnels angeführt. Der Bundespräsident hat in diesem Zusammenhang mit Entschließung vom 13.11.1978 allein 53 Auszeichnungen an Firmenangehörige gewährt, vom Ehrenzeichengrad 9 bis zur Verdienstmedaille des Grades 14.

Unterlagen über Verleihungen von Auszeichnungen der Grade 11 bis 14 während der Monarchie stehen in dieser Vollständigkeit nicht zur Verfügung, daher muß eine Gegenüberstellung der Jahre 1912 bis 1982 in der Art der vorangegangenen Tabellen unterbleiben. Die Untersuchung in Beziehung auf diese bescheideneren Ehrungen wird im Rahmen der weiteren Erörterungen nachgeholt.

Es folgt die angekündigte Untersuchung nach der Typizität bzw. Atypizität der Zuordnung einzelner Kategorien von Auszeichnungsempfängern in bezug auf die Auszeichnungsgrade. Damit sollen die Vergleichsbasis bereinigt und der Aussagewert des bisher dargelegten Materials gesteigert werden.

Der <u>Ehrenzeichengrad 1</u> der Republik ist leicht überschaubar. Der Großstern des Ehrenzeichens für Verdienste um die Republik Österreich kommt dem Bundespräsidenten mit dem Tag seiner Wahl kraft Gesetzes zu.[64] Es handelt sich hiebei kaum um die Vorwegnahme einer Auszeichnung für künftige Verdienste im neuen Amt, sondern eher um einen symbolischen Akt zugunsten jenes Amtsträgers, der das Ehrenzeichen verleiht. Man könnte es so auslegen, daß damit der Bundespräsident de facto als "Großmeister" des Ehrenzeichens (ist gleich Ordens) ausgewiesen wird. Nach der Rechtslage ist die Verleihung des Großsterns an andere Inländer als den Bundespräsidenten nicht ausgeschlossen. Das Ehrenzeichengesetz umschreibt den Großstern als "Abstufung des Ehrenzeichens, die ... für die höchsten um die Republik erworbenen Verdienste verliehen wird", was doch bedeutet, daß keine Bindung an eine bestimmte Funktion normiert ist. Tatsächlich liegt aber das weitere Anwendungsgebiet dieses Ehrenzeichengrades ausschließlich auf internationaler Ebene, denn der Großstern wird regelmäßig ausländischen Staatsoberhäuptern verliehen.

Beim <u>Ordensgrad 1</u>, dem Großkreuz des St. Stephan-Ordens ist eine besondere Betrachtungsweise am Platze. Um vorerst den internationalen Aspekt zu beleuchten sei gesagt, daß die Verleihung an ausländische Staatsoberhäupter im Vordergrund stand. 1914 lebten 84 ausländische Träger des Großkreuzes des Verleihungszeitraumes von 1900 bis 1914. 17 davon waren Staatsoberhäupter, 31 weitere Mitglieder regierender Häuser, namentlich Thronfolger. Dann noch 5 Kardinäle der römisch-katholischen Kirche, denen der protokollarische Rang eines Thronfolgers zugebilligt wurde, denn jeder Kardinal ist als potentieller Papstnachfolger anzusehen. Dies galt naturgemäß auch für Kadinäle, die Inländer waren. Der Rest verteilt sich auf aktive oder ehemalige höchste Staatsfunktionäre, nämlich auf Ministerpräsidenten (7), andere Staatsminister (8), hohe Militärs (3) und 13 Botschafter der Großmächte.

Was die inländischen Träger anlangt, so stand diese Ordensstufe gleichfalls dem Staatsoberhaupt zu, denn der Kaiser und König war Großmeister aller staatlichen Orden; daher kommt dieser Gesichtspunkt, was die Wertigkeit des Ordensgrades anlangt, nicht zum Tragen. Im übrigen waren Anwärter auf den Ordensgrad 1 nach einer gewissen Dauer ihrer Funktion die jeweiligen Minister des k.u.k. Hauses und des Äußeren (sie führten den Vorsitz im gemeinsamen Ministerrat), dann die Ministerpräsidenten in Wien und Budapest, aber auch wenige andere höchste Persönlichkeiten. Die Interkalarfrist[65] zwischen Ernennung und Auszeichnung betrug bei den 3 Ministern des k.u.k. Hauses und des Äußeren der Jahre 1895 bis 1915, Goluchowski, Aehrenthal und Berchtold, etwa je 2 Jahre, bei den österreichischen Ministerpräsidenten dieser Zeit zwischen 3 Jahren und 1 Jahr. Im letzteren Fall handelte es sich um den Grafen Stürgkh, der allerdings vorher 5 Jahre Unterrichtsminister war. Die Interkalarfristen der ungarischen Ministerpräsidenten gestalteten sich den Umständen nach recht unterschiedlich. Bei den Ministerpräsidenten Wekerle und Széll waren es 4 bzw. 3 Jahre, bei Lukács nur knapp 1 Jahr - dieser Ministerpräsident hat vorher 12 Jahre als Minister zurückgelegt. Geza Freiherr von Fejérváry erhielt den Ordensgrad 1 nach 16-jähriger Amtszeit als ungarischer Landesverteidigungsminister und war erst später Ministerpräsident. Stephan Graf Tisza bekam diesen Ordensgrad 1912 mehrere Jahre nach seiner ersten Ministerpräsidentschaft (1903 bis 1905) in der Eigenschaft als langjähriger Präsident des Abgeordnetenhauses des ungarischen Reichstages. Andere gemeinsame Minister, die den Ordensgrad 1 verliehen bekamen, waren der Finanzminister Stephan Frh.v.Burián nach 7-jähriger Funktionsdauer und die beiden Kriegsminister Heinrich Frh.v.Pitreich und Franz Frh.v.Schönaich nach je 4 Jahren Amtstätigkeit. Drei frühere österreichische Minister wurden längere Zeit nach ihrer vieljährigen Amtsführung mit dem Ordensgrad 1 geehrt, und zwar DDr. Josef Unger, 1881 bis 1913 Präsident des Reichsgerichtes in dieser Funktion 1896, Olivier Marquis Bacquehem, I. Präsident des Verwaltungsgerichtshofes 1912, und Johann Freiherr von Chlumecky als Präsident des Abgeordnetenhauses des Reichsrates 1907. Von den seit 1900 ausgezeichneten Inländern lebten 1914 noch 24, soweit es sich nicht ausschließlich um Mitglieder des Herrscherhauses und Funktionäre des Hofes handelte. Es waren 1 Staatsoberhaupt, nämlich der Fürst-Großmeister des Souveränen Malteserordens Frá Galeazzo Thun-Hohenstein, 1 Minister des Äußeren, 3 andere gemeinsame Minister, 5 österreichische und 6 ungarische Ministerpräsidenten, 2 österreichische Minister, 2 Botschafter, der Marinekommandant Admiral Rudolf Graf Montecuccoli, der Ministerrang hatte, und 3 Kardinäle.

Damit wird deutlich, daß der Ordensgrad 1 bei Inländern stärker als bei Ausländern in jenen Bereich ragte, der in der Republik faktisch dem Ehrenzeichengrad 2 zugeordnet wird. Nichtsdestoweniger handelte es sich bei den Ordensträgern um Persönlichkeiten, die sich in Abwandlung der Worte des Ehrenzeichengesetzes die höchsten Verdienste um den Staat erworben haben. Daran ändert nichts die Tatsache, die bei der Erörterung der Parität der Funktionen klargestellt wurde, nämlich daß die Stellung der Mitglieder der Bundesregierung nicht ganz mit jener der früheren Ministerpräsidenten und Minister identisch ist. Zusammenfassend sei die Feststellung erlaubt, daß <u>theoretisch</u> Ordensgrad und Ehrenzeichengrad 1 als gleichwertig anzusehen sind, praktisch der Ehrenzeichengrad 1 durch den Bundespräsidenten an Inländer nicht, und auch sonst weit sparsamer vergeben wird.

In den Personenkreis der Träger des <u>Ehrenzeichengrades 2</u> fallen der Erste, allenfalls der Zweite Präsident des Nationalrates, der Bundeskanzler, die Bundesminister, der Präsident des Rechnungshofes, dann - soweit sie länger im Amte sind - die Präsidenten der Höchstgerichte und auch langjährige Landeshauptmänner oder Mitglieder der Volksanwaltschaft. Im Auslandsbereich gilt die Regel, daß in Wien akkreditierte Botschafter nach Beendigung ihrer Mission mit diesem Ehrenzeichengrad verabschiedet werden; doch keine Regel ohne Ausnahme. Sonst handelt es sich bei den Empfängern um ausländische Regierungschefs und Parlamentspräsidenten[66], gelegentlich um bedeutende Kabinettsminister, den Präsidenten des deutschen Bundesgerichtshofes oder auch um Familienangehörige ausländischer Staatsoberhäupter.[67] Kardinäle der römisch-katholischen Kirche, denen in der Monarchie der Ordensgrad 1 zukam, werden von der Republik mit dem Ehrenzeichengrad 2 bedacht, wie es beim ehemaligen vatikanischen Staatssekretär Kardinal Agostino Casaroli und dem Erzbischof von Köln, Kardinal Joachim Meisner erfolgte.[68]

Zwischen 1900 und 1914 amtierten in der österreichischen Reichshälfte 7 Regierungen unter 6 Ministerpräsidenten. 5 von diesen besaßen 1914 den Ordensgrad 1. Einer der Ministerpräsidenten hatte als höchste Auszeichnung den <u>Ordensgrad 2</u>. In den erwähnten, wegen der recht unruhigen innenpolitischen Situation wiederholt umgebildeten Regierungen waren insgesamt 53 (wirkliche) Minister tätig.[69] Nur 14 von ihnen hatten den Ordensgrad 2 erlangt, 24 weitere einen Ordensgrad 3, die restlichen Minister waren ohne sichtbare Auszeichnung geblieben. Die aufgezeichneten Unterschiede der Verleihungspraxis in Monarchie und Republik bei den Ministern halte ich nur soweit für aussagekräftig, als darin die Veränderung in der Stellung der Regierungsmitglieder Niederschlag findet. Das gegenüber heute ungünstigere Bild von 1914 geht darauf zurück, daß damals viele der Minister nur sehr kurz im Amt waren. Dafür herrscht Übereinstimmung bei den Präsidenten der Höchstgerichte. Der Präsident des Obersten Gerichts- und Kassationshofes Dr. Karl Habietinek erhielt aus Anlaß seiner Pensionierung 1904 den Ordensgrad 2. Sein Nachfolger 1907 bis 1918 Dr. Ignaz Freiherr von Ruber besaß diesen Orden seit 1912. Auch der Präsident des gemeinsamen Obersten Rechnungshofes Ernst Freiherr von Plener hatte den Ordensgrad 2. Die Präsidenten des Verwaltungsgerichtshofes und des (österreichischen) Obersten Rechnungshofes, ein ehemaliger Minister und ein früherer Ministerpräsident besaßen außerdem sogar den Ordensgrad 1. Schließlich ist für 1914 auch der Landeshauptmann von

Schlesien Graf Heinrich Larisch-Moenich zu nennen, der - wohl ausnahmsweise - mit dem Ordensgrad 2 ausgezeichnet worden ist.

1914 lebten noch 240 ausländische Inhaber des Ordensgrades 2, deren Ehrungen sich auf einen Zeitraum von 62 Jahren verteilten. Es waren 6 Staatsoberhäupter, 32 Mitglieder regierender Häuser, 2 Kardinäle, 15 Ministerpräsidenten, 35 Minister, 22 sonstige hohe Staatsfunktionäre, 78 hohe Militärs, 18 Botschafter, 8 Gesandte und 24 andere hohe Würdenträger. Abgesehen von den Staatsoberhäuptern, die den Ordensgrad 2 meist noch aus der Zeit vor ihrer Funktion besaßen, stimmt die Vergabepraxis gegenüber Ausländern im wesentlichen mit der jetzigen überein.

Der Ehrenzeichengrad 3 wird gegenwärtig verliehen an Staatssekretäre, langjährige (Erste) Präsidenten der Landtage oder Vorsitzende (nunmehr Präsidenten) des Bundesrates nach mehreren Funktionsperioden, Zweite und Dritte Präsidenten des Nationalrates, ferner an Volksanwälte. Bundesminister erhalten diesen Ehrenzeichengrad - soweit überblickbar - nicht. Wohl aber wurde der Ehrenzeichengrad 3 im März 1993 dem Landeshauptmann von Salzburg Dr. Katschthaler nach gut dreijähriger Amtszeit, ferner schon früher einem Präsidenten des Obersten Gerichtshofes nach kürzerer Amtsdauer aus Anlaß der Pensionierung verliehen. Beamte der allgemeinen Verwaltung können generell diesen Ehrenzeichengrad nicht erreichen. Eine Ausnahme bildet der Kabinettsdirektor als Leiter der Präsidentschaftskanzlei des Bundespräsidenten, der an sich der Dienstklasse IX angehört[50], jedoch als höchstrangiger Beamter der Republik gilt. Als solcher erhielt ausnahmsweise ein langjähriger Kabinettsdirektor aus Anlaß des Übertrittes in den Ruhestand den Ehrenzeichengrad 3.[70] An Ausländern kommen in der Liste der Beliehenen Minister, dann z.B. Senatoren der USA vor. Gelegentlich wird der Ehrenzeichengrad 3 auch einem scheidenden Botschafter einer fremden Macht verliehen, z.B. jenem der Republik Venezuela Reinaldo Pabon Garciia (September 1991).

Der Ordensgrad 3 wurde in der Monarchie normalerweise an Minister nach einer Funktionsdauer von etwa 3 Jahren verliehen. Als Beispiel nennen wir den k.k. Justizminister Dr. Viktor Ritter von Hochenburger, davor Advokat in Graz, also einen Ressortchef, der nicht aus der Beamtenhierarchie gekommen ist: Zum Justizminister ernannt am 10.2.1909; Geheimer Rat am 30.12.1909, somit nach 10 1/2 Monaten; Ordensgrad 3 (Orden der Eisernen Krone I. Klasse) nach 3 Jahren im Ministeramt am 5.2.1912; Ordensgrad 2 am 2.2.1914 - nach 5 Jahren als Minister. Am 31.10.1916 wurde der Minister enthoben, mit "wärmstem Dank" des Kaisers.

Bischöfe kamen beim Ordensgrad 3 nur ausnahmsweise vor.

In den 14 Kronländern der österreichischen Reichshälfte waren 1914 16 Landeshauptmänner bzw. Funktionäre mit gleichem Aufgabenkreis tätig, dazu anstelle des Oberst-Landmarschalls von Böhmen ein Präsident der Landesverwaltungskommission.[71] Von diesen 17 Mandataren hatten 4 den Ordensgrad 3. Sie waren lange im Amt. 2 hatten noch keine Orden, die übrigen mit Ausnahme des beim Ordensgrad 2 schon genannten Landeshauptmannes von Schlesien Orden geringeren Grades.

Bedenkt man, daß der Landeshauptmann in der Monarchie dem (Ersten) Präsidenten eines Landtages in der Republik weitgehend entsprach, so kann Übereinstimmung in der Zuordnung zum Auszeichnungsgrad 3 nicht verneint werden.

Unter den Ausgezeichneten des Jahres 1912 fallen 2 Vertreter von großen Kreditunternehmungen auf: Der Gouverneur der privilegierten österreichischen Länderbank Maximilian Graf Montecuccoli-Laderchi, Geheimer Rat und Mitglied des Herrenhauses, sowie der Präsident der Landes-Zentral-Kreditgenossenschaft Alexander Graf Széchenyi, gleichfalls Geheimer Rat. Ob bei der Ordensverleihung die Funktion in der Kreditwirtschaft ausschlaggebend war oder die sonstige Stellung innerhalb der Hocharistokratie kann nicht beurteilt werden. Ehrenzeichenträger der Republik weisen jedenfalls beim Grad 3 keine Vertreter der Hochfinanz auf. Solche finden sich erst beim Ehrenzeichengrad 4, soweit es Ausländer sind. Inländische Bankleute kommen vereinzelt ab dem Ehrenzeichengrad 5 vor. Nun aber zurück zum Ordensgrad 3.

In der Gruppe der ausländischen Ordens-Träger dominierten Militärs im Range eines Divisionsgenerals, Minister deutscher Teilstaaten, aber auch anderer Länder. Staatssekretäre, Senatoren, Gesandte kleinerer Staaten udgl. Ohne Zweifel eine Übereinstimmung zur heutigen Praxis.

Vor 1918 war die österreichische Reichshälfte in 9 Oberlandesgerichtssprengel eingeteilt. Wenngleich dies nicht die Regel war, so sind Fälle überliefert, in denen langjährigen verdienten Präsidenten der Oberlandesgerichte vorwiegend aus Anlaß ihrer Pensionierung der Ordensgrad 3 verliehen wurde.[72] Üblicherweise war aber diesen hohen Richtern in der Monarchie ebenso wie allgemein den Beamten der III. Rangsklasse der <u>Ordensgrad 4</u> zugedacht. So besaßen 1914 5 der Oberlandesgerichtspräsidenten diesen Ordensgrad, die übrigen noch kurz im Amte befindlichen waren zwar wie ihre Kollegen bereits Geheime Räte, hatten aber noch keinen mit ihrer Funktion zusammenhängenden Orden. Zur Verdeutlichung der Ehrungen, die der Präsident eines Oberlandesgerichtes erwerben konnte, greife ich den Fall des 1902 bis 1917 an der Spitze des Oberlandesgerichtes Innsbruck amtierenden Dr. Friedrich Freiherrn von Call zu Rosenburg und Kulmbach heraus. Vorauszuschicken ist, daß der Sprengel des Innsbrucker Gerichtshofes II. Instanz - Alttirol und Vorarlberg mit rund 1,100.000 Einwohnern (1910) auf etwas mehr als 29.000 km² Fläche - weder zu den ganz großen wie Prag für Böhmen (fast 7 Millionen Einwohner auf ca. 52.000 km² Fläche) noch den ganz kleinen wie Zara für Dalmatien (650.000 Einwohner auf 13.000 km²) zählte. Dr. Call, der seit 1883 im Justizministerium tätig war, zuletzt als Ministerialrat, in welcher Eigenschaft er 1901 einen Orden des Grades 6 erhielt, wurde im Mai 1902 Oberlandesgerichtspräsident in Innsbruck. Am 22.7.1904, also nach gut 2 Jahren im Amt, zeichnete ihn der Kaiser mit der Würde eines Geheimen Rates aus. 1909 wurde Dr. Call Mitglied des Reichsgerichtes und im Februar 1912 vom Monarchen ernanntes lebenslängliches Mitglied des Herrenhauses des österreichischen Reichsrates. Am 15.7.1912 erfolgte die Verleihung des

Großkreuzes des Franz-Joseph-Ordens, also des Ordensgrades 4. Er war damals 58 Jahre alt und 10 Jahre in der Funktion. Freiherr von Call starb in der Aktivität 1917.

So gut wie keine Aussagekraft in bezug auf die Ordenseinstufung besitzt die Analyse bei den II. Präsidenten des Obersten Gerichts- und Kassationshofes, die gleichrangig mit den Oberlandesgerichtspräsidenten waren. II. Präsidenten des erwähnten Höchstgerichtes waren von 1891 bis 1899 Dr. Karl Habietinek, ein Justizminister des Jahres 1871 (Inhaber des Ordensgrades 4 seit 1887 und des Ordensgrades 3 seit 1896), dann von 1899 bis 1904 Dr. Emil Steinbach, ein Finanzminister der Jahre 1891 bis 1893, der aus dieser Zeit den Ordensgrad 3 besaß, anschließend von 1904 bis 1907 Dr. Ignaz Edler von Ruber, Justizminister 1897 bis 1899 und Träger des Ordensgrades 3 (1899). Nachdem Ruber 1907 I. Präsident des Gerichtshofes wurde, blieb die Stelle 10 Jahre lang unbesetzt. Erst im April 1917 stieg der Senatspräsident Johann Berka, welcher in dieser Eigenschaft nach sechsjähriger Amtsdauer 1916 mit einem Ordensgrad 6 bedacht worden war, zum II. Präsidenten auf. In dieser Funktion wurde er im Mai 1918 Geheimer Rat, erhielt aber keine Ordensauszeichnung mehr.

Ähnlich verhielt es sich mit den II. Präsidenten des Verwaltungsgerichtshofes. Dieses Amt bekleidete 1912 bis 1917 Erwin Freiherr von Schwartzenau, von 1901 bis 1906 Statthalter in Innsbruck. Er bekam bereits 1908 als Senatspräsident des Verwaltungsgerichtshofes den Ordensgrad 4, wohl im Hinblick auf seine frühere Statthalterfunktion. Wir haben es hier mit der Tatsache zu tun, daß frühere Minister, aber auch Statthalter nach ihrer Enthebung "in Gnaden" auf anderen Staatsbeamtenstellen der III. oder zumindest vorübergehend der IV. Rangsklasse untergebracht werden mußten. Dafür kamen bei Ministern und sogar Ministerpräsidenten vorzugsweise Statthalterposten in Betracht. Die Funktion der Landeschefs (Statthalter bzw. Landespräsidenten) hatte doch einen stärkeren politischen oder besser gesagt staatsmännischen Einschlag, was bei den entsprechenden richterlichen Stellen naturgemäß nicht der Fall war. Immerhin ist unverkennbar, daß für ehemalige Regierungsmitglieder - soweit sie auch tüchtige Juristen waren - selbst Posten von Senatspräsidenten der IV. Rangsklasse beim Obersten Gerichts- und Kassationshof sowie beim Verwaltungsgerichtshof attraktiv genug waren, zumal sie die Aussicht eröffneten, auf die Sessel der II., dann der I. Präsidenten nachzurücken und wieder die II. Rangsklasse zu erreichen.

Von den 9 Statthaltern des Jahres 1914 waren 3 ehemalige Ministerpräsidenten und 2 frühere Minister[73]; sie hatten entsprechende Auszeichnungen aus der Zeit dieser hohen Funktionen. Von den restlichen Statthaltern hatten 3 noch keine Auszeichnung im Zusammenhang mit diesem Amt[74], 1 schließlich, Erasmus Freiherr von Handel (Oberösterreich), hatte den Ordensgrad 4, was der Norm entsprach. Unter den 5 Landespräsidenten befanden sich 2[75], welche noch keine sichtbare Auszeichnung besaßen, 1[76] hatte den Ordensgrad 4, 2[77] den Ordensgrad 6. Letzterer entsprach der Norm der zugehörigen IV. Rangsklasse.

Auszeichnungsgrad 6

oben: Orden der Eisernen Krone II. Klasse

unten: Großes goldenes Ehrenzeichen für Verdienste um die Republik Österreich

Ordensgrad 6

Komturkreuz mit dem Stern des Franz-Joseph-Ordens

Auszeichnungsgrad 7

oben: Ritterkreuz des Leopold-Ordens

unten: Großes silbernes Ehrenzeichen für Verdienste um die Republik Österreich

Auszeichnungsgrad 7

oben: Großes Ehrenzeichen bis 1934 = Komturkreuz des österreichischen Verdienstordens 1934 – 1938

unten: Großes silbernes Ehrenzeichen ab 1952

Ordensgrad 8

Komturkreuz des Franz-Joseph-Ordens
oben: Avers   unten: Revers

Ehrenzeichengrad 8

*Großes Ehrenzeichen für Verdienste um die Republik Österreich
(Originalhöhe 60 mm)*

Ordensgrad 9

Offizierskreuz des Franz-Joseph-Ordens
(Originalbreite 40 mm)

Auszeichnungsgrad 9

links: Orden der Eisernen Krone III. Klasse
rechts: Goldenes Ehrenzeichen für Verdienste um die Republik Österreich

Ein weiterer Funktionär der III. Rangsklasse des Jahres 1914 bestätigt die Regel bei der Vergabe des Ordensgrades 4: Der Vizepräsident des (österreichischen) Obersten Rechnungshofes Dr. Paul Schulz. Aus anderen Berufsgruppen, die den Ordensgrad 4 erhielten, seien erwähnt: Wirtschaft: die Großindustriellen Anton Dreher und Hugo von Noot, beide lebenslängliche Mitglieder des Herrenhauses, dann der Generaldirektor der Länderbank Ludwig August Lohnstein. Zu nennen sind ferner als Regelfall Diözesanbischöfe verschiedener Konfessionen, aber auch Wiens Bürgermeister Dr. Karl Lueger (1907). Er ist schon 1898 nach nur einjähriger Amtszeit mit einem Ordensgrad 6 ausgezeichnet worden und erhielt 1908 die Geheime-Rats-Würde. Erwähnenswert erscheint, daß Franz Grillparzer, im Jahre 1861 zum lebenslänglichen Mitglied des Herrenhauses ernannt, aus Anlaß seines 80sten Geburtstages 1871 mit dem Ordensgrad 4 geehrt worden ist.

Obzwar es jetzt keine Dienstklasse gibt, die der III. Rangsklasse entspricht, müßten von der Funktion her die Präsidenten der Oberlandesgerichte und die Vizepräsidenten (früher II. Präsidenten) der Höchstgerichte hierher eingestuft werden. Einer davon, der Vizepräsident des Verwaltungsgerichtshofes Honorarprofessor Dr. Friedrich Lehne erhielt aus Anlaß seiner Pensionierung 1982 den Ehrenzeichengrad 4. 1989 bekamen die gleiche Auszeichnung beide Vizepräsidenten des Obersten Gerichtshofes, einer aus Anlaß der Pensionierung nach erst dreijähriger Tätigkeit in dieser Funktion, der andere noch in der Aktivität nach fünfjähriger Amtszeit als Vizepräsident. Letzterer war allerdings damals mehr als 15 Jahre Mitglied des Verfassungsgerichtshofes. 1992 wurde wieder ein verdienstvoll wirkender Vizepräsident des Obersten Gerichtshofes nach nicht ganz zweijähriger Tätigkeit auf dieser Planstelle kurz vor dem Übertritt in den Ruhestand mit dem Ehrenzeichengrad 4 ausgezeichnet. Der Gedanke, daß sich durch diese Ehrungen eine Annäherung an die Verleihungspraxis der Zeit der Monarchie vollzieht, dürfte zumindest bei den Vizepräsidenten der Höchstgerichte nicht ganz von der Hand zu weisen sein. Bei den übrigen gleichrangigen Richtern und Staatsanwälten ist indessen von derartigen Ansätzen nichts zu bemerken. Es wird offensichtlich streng darauf geachtet, diese nicht anders zu behandeln als die Beamten der Dienstklasse IX und ihnen während der Aktivität den Ehrenzeichengrad 6, nach vieljähriger Funktionsdauer, spätestens aus Anlaß des Übertrittes in den Ruhestand den Ehrenzeichengrad 5 zu verleihen.

Bei den Beamten der Dienstklasse IX bildet - wie früher erwähnt - der Kabinettsdirektor eine Ausnahme. Er wird regelmäßig schon in der Aktivität mit dem Ehrenzeichengrad 4 geehrt.

Nun zu anderen Berufsgruppen, deren Angehörige in der Republik mit dem Ehrenzeichengrad 4 bedacht wurden. Es ist dies übrigens der höchste Ehrenzeichengrad, der bisher österreichischen Wissenschaftlern oder auch Künstlern von internationalem Ruf zuteil wurde. Beispiele sind die Universitätsprofessoren Dr. Alfred Verdroß (Wien) und Dr. Leopold Vietoris (Innsbruck), Architekt Professor Clemens Holzmeister, Nobelpreisträger Professor Karl von Frisch oder Professor Dr. Walter Bruch, Erfinder des PAL-Fernsehsystems. Man vergleiche damit die Auszeichnung Grillparzers.

Aus dem Kreise der Politiker nennen wir den Präsidenten des Salzburger Landtages, die Landeshauptmannstellvertreter von Tirol, Kärnten und Vorarlberg (Landesstatthalter), einen ehemaligen Dritten Präsidenten des Nationalrates, einen scheidenden Vorsitzenden des Bundesrates, den Klubobmann der Nationalratsfraktion einer Partei[78] und die prominente Abgeordnete zum Nationalrat Dr. Jolanda Offenbeck (4.10.1990). Aus dem Bereich der hohen kirchlichen Würdenträger der römisch-katholischen Kirche finden wir den Diözesanbischof von Graz-Seckau Johann Weber (1983) und den Fürst-Großprior von Österreich des Souveränen Malteserordens DDr. Hans Trapp. Auf dem Auslandssektor begegnen wir Ministern deutscher Bundesländer[79], bedeutenden Wirtschaftskapitänen[80], höherrangigen Diplomaten - etwa einem ehemaligen Gesandten an der japanischen Botschaft in Wien - , schließlich Persönlichkeiten, die sich um die Festigung der internationalen Position Österreichs in höchstem Maße verdient gemacht haben, wie etwa der Präsident der Anglo-Austrian Society in London Lord Campell of Croy.[81]

Ähnliche Beispiele können übrigens für den Ordensgrad 4 bei Verleihungen an Ausländer aus dem Jahre 1914 angeführt werden.[82] Es fanden sich unter den Ausgezeichneten auch Präfekten bedeutender Amtsbezirke Frankreichs und Italiens.

Auch hinsichtlich der Diözesanbischöfe war der Ordensgrad 4 - wie schon erwähnt - die übliche Auszeichnung.

Für die Gegenüberstellung des Ordens- und des Ehrenzeichengrades 4 läßt sich sagen, daß vor 1914 die hohen Staatsbeamten stark vertreten waren, in der Republik sind es statt dessen Politiker, aber auch namhafte Wissenschaftler. Mit Ausnahme der schon genannten Vizepräsidenten der Höchstgerichte sowie des Kabinettsdirektors in der österreichischen Präsidentschaftskanzlei fehlen aber Vertreter der Beamtenschaft im weiteren Sinne. Hier mangelt es offenkundig an der Parität. Auf ausländischer Ebene sind die Verhältnisse vor 1914 und nach 1956 in etwa gleich.

Heutzutage wird der Ehrenzeichengrad 5 Beamten der Dienstklasse IX - vormals IV. Rangsklasse - nach Erreichung der höchsten Gehaltsstufen bzw. aus Anlaß des Übertrittes in den Ruhestand verliehen. Über die Behandlung der Gerichtshofpräsidenten der früheren III. Rangsklasse in der Zweiten Republik ist schon gesprochen worden. Sie sind somit in der Norm um eine Auszeichnungsstufe abgefallen. Dies widerspricht übrigens der Systematik, weil zwischen diesen Richtern und den hierarchisch nur um eine Stufe höheren Präsidenten des Obersten Gerichtshofes und des Verwaltungsgerichtshofes mehrere Ehrenzeichengrade eingelegt sind. Wohl ist bei diesem Ehrenzeichengrad der Verfassungsgerichtshof vertreten, und zwar durch dessen Mitglied und ständigen Referenten Rechtsanwalt Dr. Rudolf Machacek.[83]

Was für die Beamten der Dienstklasse IX gilt, kann bezüglich der IV. Rangsklasse zum Ordensgrad 5 wiederholt werden, allerdings nicht ohne Hinweis darauf, daß dieser Ordensgrad sparsam verliehen wurde und daher nur hervorstechende Angehörige der IV. Rangsklasse letztlich in seinen Besitz gelangten. Dies läßt sich wie folgt belegen: Ende 1915 waren in den 9 zivilen Zentralstellen Cisleithaniens insgesamt 47 Sektionschefs ernannt. 34 von ihnen hatten diesen Rang bereits vor 1912 erreicht. Nur einer der Sektionschefs, nämlich Richard Riedl des Handelsministeriums, besaß neben einem Orden des Grades 6 schon den Ordensgrad 5. 29 weitere waren mit dem, der Regel für die Aktivität entsprechenden Ordensgrad 6 ausgezeichnet. Innerhalb des Grades 6 waren zwei verschiedene Orden gleichrangig. So war es möglich, daß 3 dieser hohen Beamten nacheinander mit beiden Orden des Grades 6 ausgezeichnet wurden. 17 Sektionschefs hatten noch keinen in dieser Funktion verliehenen Orden. Die Praxis, den Ordensgrad 5 bei der Pensionierung zu verleihen, galt wohl nur ausnahmsweise auch für Beamte bei einer dem Ministerium nachgeordneten Behörde.[84] Unter den Inhabern des Ordensgrades 5 sind zu nennen namhafte Universitätsprofessoren[85], Politiker[86] oder der Prager Weihbischof Wenzel Frind, der Abt des Benediktiner-Stiftes zu den Schotten in Wien und Mitglied des Herrenhauses Ernst Hauswirth, der Industrielle Arthur Krupp aus Berndorf, Niederösterreich, oder der Vizegouverneur der österreichisch-ungarischen Bank Winterstein. Hinzuweisen ist darauf, daß während der Monarchie die Richter der IV. Rangsklasse (Senatspräsidenten) grundsätzlich wie die gleichrangigen Beamten der allgemeinen Verwaltung behandelt wurden. In der Republik ist der Ehrenzeichengrad 5 den Senatspräsidenten der Höchstgerichte an sich nicht zugänglich. Als Ausnahmefälle sind zu verzeichnen: Der über 22 Jahre dem Verwaltungsgerichtshof, davon 11 Jahre als Senatspräsident angehörende Dr. Kurt Reichel - anerkannter Fachschriftsteller - wurde anläßlich seiner Pensionierung 1991 mit dem Ehrenzeichengrad 5 ausgezeichnet. Ähnliches hat sich schon 1983 ereignet, als dem Senatspräsidenten des Verwaltungsgerichtshofes in Ruhe Dr. Werner Hinterauer der gleiche Ehrenzeichengrad zuteil geworden ist. Dr. Hinterauer war allerdings lange Zeit auch Mitglied des Verfassungsgerichtshofes.

Bleiben wir in der Gegenwart: Den Ehrenzeichengrad 5 haben beispielsweise erhalten: die Zweiten Präsidenten der Landtage von Niederösterreich, Salzburg und Tirol, der Dritte Präsident des Oberösterreichischen Landtages, ein Vorsitzender[87] und ein stellvertretender Vorsitzender[88] des Bundesrates, langjährige Abgeordnete zum Nationalrat[89] und der Generalabt des Stiftes Klosterneuburg Koberger.[90] Von den Männern der Wirtschaft, die mit diesem Ehrenzeichengrad ausgezeichnet worden sind, nenne ich den Präsidenten der Industriellenvereinigung Igler und den in den Ruhestand getretenen Generaldirektor der Creditanstalt-Bankverein Treichl. An ausländischen Ehrenzeichenträgern sind zu erwähnen ein Richter am Deutschen Verfassungsgericht und ein ehemaliger Minister-Conseiler[91] an der argentinischen Botschaft.

Die Parität in der Verleihungspraxis kann als gegeben angesehen werden - außer bei den Richtern.

Der Ordensgrad 6 wurde schon im Zusammenhang mit den Funktionären der IV. Rangsklasse kurz besprochen. Er war für diese - wie mehrfach gesagt - schon in der Aktivität erreichbar. Bei Beamten, die nur mit Titel und Charakter der IV. Rangsklasse bekleidet waren, bildete allerdings dieser Auszeichnungsgrad die äußerste Grenze. Als Beispiel ist zu erwähnen der seit 1912 ad personam den Charakter der IV. Rangsklasse bekleidende Leiter der Oberstaatsanwaltschaft Prag Dr. Miroslav Ritter von Merhaut (geadelt 1910), welcher anläßlich seiner Pensionierung 1917 den Orden der Eisernen Krone II. Klasse erhalten hat, vorher aber schon (1908 noch in der V. Rangsklasse) mit einem Orden des gleichen Grades 6, dem Komturkreuz mit dem Stern des Franz-Joseph-Ordens ausgezeichnet worden ist. Mit der letzterwähnten Stufe des Ordensgrades 6 wurden, wie man sieht, ausnahmsweise auch Staatsdiener der V. Rangsklasse dekoriert, etwa die rangältesten Ministerialräte - die damaligen Ministerialräte im Justizministerium Dr. Freiherr von Call nach 4 Jahren in der Funktion (1901) und Dr. Felix Mayer (1916), ferner der Hofrat und Oberstaatsanwalt in Brünn Albert Ritter von Jantsch (1916).[92] Diesem wurde erst im August 1918 der Charakter eines Staatsbeamten der IV. Rangsklasse zuteil. Wir erwähnen auch den Vizepräsidenten des Oberlandesgerichtes Graz Alois Walter, der allerdings Titel und Charakter eines Senatspräsidenten hatte und den Orden des Grades 6 aus Anlaß der Pensionierung 1912 bekam. Alle diese Fälle, angefangen von Dr. von Merhaut, müssen jedoch als atypisch eingestuft werden. In der Zeit vor 1914 kommen ferner folgende Persönlichkeiten als Ordensträger vor: Dr. Julius von Landesberger, Präsident des Generalrates der Anglo-Österreichischen Bank in Wien, Method Zavoral, Abt des Prämonstratenser-Stiftes Strahow in Prag, Dr. Alexander Freiherr von Hormozaki, Landeshauptmann im Herzogtum Bukowina, Johann Hauser, Landeshauptmann im Erzherzogtum Österreich ob der Enns, Dr. Ludomil German, Vizepräsident des Abgeordnetenhauses des Reichsrates, dann regelmäßig Senatspräsidenten der Höchstgerichte, Präsidenten der Handels- und Gewerbekammern udgl. Die Zuordnung von Kammerfunktionären zu einzelnen Ordensgraden der Monarchie erfolgte nach Größe und Bedeutung der Kammer. Der Präsident der niederösterreichischen Advokatenkammer in Wien und die Präsidenten der wichtigsten Handels- und Gewerbekammern erhielten den Ordensgrad 6. Ihre Kollegen, die Präsidenten der "kleinen" Handels- und Gewerbekammern in Innsbruck, Leoben, Zara und Spalato mußten sich mit dem Ordensgrad 10 begnügen. So 1908 auch der Präsident der steiermärkischen Ärztekammer. Dem Vizepräsidenten der niederösterreichischen Advokatenkammer wurde der Ordensgrad 8 verliehen, dem Präsidenten der weniger Mitglieder betreuenden Advokatenkammer in Innsbruck nur der Ordensgrad 9.

In der Republik erhielten beispielsweise bisher die Präsidenten des Österreichischen Rechtsanwaltskammertages und der Österreichischen Notariatskammer, ferner der Kammern der gewerblichen Wirtschaft den

Ehrenzeichengrad 6, die Präsidenten der Österreichischen Apothekerkammer, der Rechtsanwaltskammern und Notariatskammern in den Bundesländern den Ehrenzeichengrad 8, Vizepräsidenten der Rechtsanwaltskammern den Ehrenzeichengrad 9 und sonstige Kammerfunktionäre den Ehrenzeichengrad 10.

Gegenwärtig erhalten den <u>Ehrenzeichengrad 6</u> die schon genannten Beamten der Dienstklasse IX und ehemals der III. Rangsklasse angehörenden Richter in der Aktivität nach etwa dreijähriger Funktionsdauer, aber auch andere Richter und Staatsanwälte, nämlich Senatspräsidenten der Höchstgerichte und Erste Stellvertreter des Generalprokurators, dann ausnahmsweise langjährige Leiter der Oberstaatsanwaltschaften[93] anläßlich des Übertrittes in den Ruhestand. Immerhin ist Tatsache, daß von den seit 1977 infolge Erreichung der Altersgrenze in den Ruhestand übergetretenen 7 Leitern der 4 österreichischen Oberstaatsanwaltschaften bis auf einen, der nur relativ kurz dieses Amt bekleidet hat, alle das Ehrenzeichen des Grades 6 verliehen bekamen. Realistisch betrachtet müßte von der Umkehr von Ausnahme zur Regel gesprochen werden.

Aus dem Kreise der Politiker kamen und kommen für diesen Ehrenzeichengrad in Betracht profilierte Abgeordnete zum Nationalrat[94] oder zu den Landtagen, Landesräte bzw. ehemalige Landesräte[95], der Bürgermeister von Innsbruck Romuald Niescher (1992), an Wissenschaftlern ehemalige Rektoren der Universitäten, der Oberspielleiter des Burgtheaters, der Künstler Professor Eugen Seefellner, an Vertretern der Wirtschaft der Generaldirektor einer Versicherung, der Vorsitzende des Aufsichtsrates der Magnesit-AG und die schon genannten Präsidenten der Kammern. Ausländische Ehrenzeichenträger sind u.a. der Präsident der Bundesbahndirektion Köln, Mitglieder des Aufsichtsrates von Siemens, Berlin, Botschaftsräte der Bundesrepublik Deutschlands und Italiens oder der Oberbürgermeister von Bamberg.

Der <u>Ordens- und der Ehrenzeichengrad 7</u> können gemeinsam behandelt werden. Vor 1914 und in heutigen Tagen konnte und kann ein Beamter der V. Rangsklasse = Dienstklasse VIII bzw. in einer vergleichbaren Position in der Zentralstelle am Ende seiner Laufbahn diesen Grad erreichen, bei den nachgeordneten Dienststellen nur dann, wenn er Leiter einer sehr bedeutenden Behörde ist. Darunter fallen z.B. die Präsidenten der Gerichtshöfe I. Instanz, Leiter von Staatsanwaltschaften, Präsidenten der Post- und Telegraphendirektionen udgl. Für den vorbezeichneten Personenkreis ist in der Republik der Ehrenzeichengrad 7 der höchst erreichbare. Dieser Auszeichnungsgrad entspricht grundsätzlich aber auch den Leitern der Oberstaatsanwaltschaften und den Stellvertretern des Generalprokurators soweit keine besonders lange Funktionsdauer vorliegt. Das gilt auch für die Hofräte der Höchstgerichte, die vorher den Grad 8 erhalten haben.

In der Republik finden sich unter den Ausgezeichneten auch Abgeordnete zum Nationalrat, zum Bundesrat und zu den Landtagen (nach mehreren Funktionsperioden), dann etwa der Generaldirektor-Stellvertreter der Creditanstalt-Bankverein, der Generaldirektor des Österreichischen

Creditinstitutes, der geschäftsführende Gesellschafter der Firma Kwizda, der seither verstorbene Caritas-Präsident Prälat Ungar, die Äbte der Zisterzienserstifte Zwettl und Heiligenkreuz (1992), ordentliche Universitätsprofessoren, Leitende Sekretäre des Österreichischen Gewerkschaftsbundes und der Direktor der Volksoper Karl Dönch.

Was die Offiziere des österreichischen Bundesheeres anlangt, so kommt der Ehrenzeichengrad 7 bei den Angehörigen der Dienstklasse VIII praktisch nicht vor. Während der Zeit vor 1914 lag der Schwerpunkt des Ordensgrades 7 bei den Offizieren der IV., weniger der V. Rangsklasse. Insoferne mögen in den höheren Kategorien Armeeangehörige gegenüber den Zivilbeamten zurückgesetzt gewesen sein, was überrascht. In der Monarchie wurden die in Rangsklassen eingeteilten Personen des Heeres und der Kriegsmarine nach Standesgruppen unterschieden. Die angesehenste Standesgruppe der Offiziere des Soldatenstandes setzte sich zusammen aus den Angehörigen der Generalität, der Stäbe und der Offiziere der zum eigentlichen Kampf bestimmten Waffengattungen. Für alle diese Offiziere waren die Rangsklassen XI. bis I. vorgesehen. Offizierscharakter außerhalb des Soldatenstandes hatten die Standesgruppen der Militärgeistlichen, der Auditoren (Militärrichter), der Militärärzte und der Truppenrechnungsführer. Letztere konnten nur bis zur IX. Rangsklasse aufsteigen, die anderen bis in die IV. bzw. V. Rangsklasse. Von den Offizieren getrennt war die zahlenmäßig weit weniger starke Standesgruppe der Militärbeamten. Dort waren zu finden z.B. die Militärintendanten, Militärapotheker, Artillerie-, Marine- und Bauingenieure, Marinekommissariatsbeamte, Militärtierärzte und viele andere. Nur für wenige Gruppen der Militärbeamten war die IV. Rangsklasse erreichbar, etwa für die Militärintendanten. Die Aufstiegsmöglichkeiten der anderen endeten in der V., VI. oder gar in der IX. Rangsklasse.

Die Verleihungspraxis beim <u>Ordens- und beim Ehrenzeichengrad 8</u> verläuft geradezu parallel. In der Häufigkeit bestehen, wie berichtet, große Unterschiede. In der Monarchie und Republik war und ist dieser Auszeichnungsgrad allgemein Beamten der V. Rangsklasse = Dienstklasse VIII adäquat. Soferne sie in einer Zentralstelle ernannt waren oder sind, bzw. außerhalb der Zentralstelle einer wichtigeren Behörde vorstehen, erfolgt die Verleihung während der Dienstzeit mit Aussicht auf den Auszeichnungsgrad 7, spätestens bei der Pensionierung. Sonst aber handelt es sich um die höchst erreichbare Auszeichnung eines Beamten dieser Position. Das ist auch von den Offizieren des österreichischen Bundesheeres der Dienstklasse VIII zu sagen, selbst wenn sie eine höhere Funktion bekleiden, mit der die Verwendungsbezeichnung Divisionär oder Korpskommandant verknüpft ist. Ausnahmsweise kommt dieser Auszeichnungsgrad für Richter, die im Vergleich zur Dienstklasse VIII protokollarisch um eine Stufe niedriger eingeteilt sind, aus Anlaß der Pensionierung nach einer langen Dienstzeit in ihrer letzten Funktion in Betracht, so z.B. für die Vizepräsidenten der Gerichtshöfe I. Instanz. Die Vizepräsidenten der Landesgerichte waren während des Rangsklassensystems in der VI.

Rangsklasse eingeteilt, erhielten jedoch wie auch andere gleichrangige Richter (Oberlandesgerichtsräte = Räte der Oberlandesgerichte oder Senatsvorsitzende der Gerichtshöfe I. Instanz) nach Zurücklegung mehrerer Jahre in dieser Funktion den Titel und Charakter von Hofräten. Damit waren die Bezüge der V. Rangsklasse verbunden, am Dienstposten änderte sich nichts. Wurden die Betroffenen in der Folge auf einen "echten" Dienstposten der V. Rangsklasse befördert, so galt als Rangsdatum jenes, mit dem Titel und Charakter verliehen wurden.[96] Gegenwärtig ist nur die Verleihung des Berufstitels "Hofrat" als Auszeichnung möglich, was keinerlei dienst- oder besoldungsrechtliche Auswirkungen hat. Wohl wird dadurch die fünfjährige Interkalarfrist im Hinblick auf eine allfällige künftige Auszeichnung in Gang gesetzt. Sie verkürzt sich auf vier Jahre, wenn eine Auszeichnung aus Anlaß der Pensionierung gewährt werden soll. Dieser Problemkreis wird später erörtert.

Ansonsten kommen beim Ordensgrad 8 in der Zeit um 1914 vor: ordentliche Universitätsprofessoren, der Direktor der privilegierten Österreichischen Creditanstalt für Handel und Gewerbe, der Präsident der Wiener Konzerthaus-Gesellschaft Karl August Artaria, der Generaldirektor der Felten & Guilleaume AG, der Generalsekretär der allgemeinen Pensionsanstalt für Angestellte in Wien Richard Kaan, Dr. Karl Witz-Oberlin, Mitglied des evangelischen Oberkirchenrates in Wien, Jodok Fink, Mitglied des Vorarlberger Landesausschusses und Reichsratsabgeordneter, Dr. Friedrich Funder, Publizist in Wien, Dr. Julius Pfeiffer, Vizepräsident der Advokatenkammer in Wien, Adrian Zacher, Abt des Prämonstratenser-Stiftes Wilten, dann Industrielle und Großhändler.

In den letzten Jahren haben den Ehrenzeichengrad 8 erhalten Universitätsprofessoren, die Vizebürgermeister von Innsbruck und Linz, Abgeordnete zum Nationalrat und zum Bundesrat, zum Salzburger Landtag, die Kammeramtsdirektoren der Arbeiterkammer für das Burgenland, der Kammer der gewerblichen Wirtschaft für Tirol oder der Landwirtschaftskammer für Vorarlberg, langjährige Mitglieder der Stadträte in Graz, Linz und Innsbruck, der Präsident der österreichischen Apothekerkammer, der Präsident der österreichischen Hoteliervereinigung, Pfarrer Adamski, katholischer Seelsorger der Österreicher in Berlin, die Kammersängerin Irmgard Seefried, die Skifahrerin und Olympiasiegerin Annemarie Moser, die 1. und 2. Sekretäre einer ausländischen Botschaft.

Was die persönlichen Qualifikationen der Empfänger anlangt, kann die Verleihungspraxis beim <u>Ordensgrad und Ehrenzeichengrad 9</u> in ähnlichem Maße als gleichartig bezeichnet werden, allerdings mit gewissen Einschränkungen. In der Monarchie und in der Republik entspricht dieser Auszeichnungsgrad der gehobenen Mittelschicht im Berufsleben stehender Bürger. Die Zahl der Empfänger ist höher als die der Beliehenen aller höheren Grade zusammen. Während der Monarchie waren hier im Beamten- wie auch im militärischen Sektor am stärksten die Angehörigen der VI. Rangsklasse vertreten, was gleichermaßen gegenwärtig für die Dienstklasse VII der allgemeinen Verwaltung bzw. für die Offiziere des Bundesheeres und der

Wachekörper zu vermelden ist. Eine gewisse Abstufung ist grundsätzlich dort erkennbar, wo die Auszeichnung in der Aktivität oder aus Anlaß der Pensionierung Platz gegriffen hat. Als Regel kann gelten, daß zu der zuletzt genannten Gruppe eben jene gehören, bei denen eine weitere Beförderung ausgeschlossen war bzw. ist. Dem einheitlichen Kern der Auszeichnungsempfänger des öffentlichen Dienstes gesellte sich während der Monarchie eine schmale Randgruppe in der höheren V. Rangsklasse bei Angehörigen des Militärs, vor allem den Militärbeamten, denen gegenüber die Offiziere des Soldatenstandes bevorzugt behandelt wurden. Andererseits finden wir eine ebenso marginale Gruppierung von Angehörigen der niedrigeren VII. Rangsklasse, wo neben qualifizierten Zivilbeamten, den Konzeptsbeamten, wiederum die Offiziere des Soldatenstandes anzutreffen sind. Ganz vereinzelt gelangten solche Offiziere bis hinunter in die X. Rangsklasse zu einem Ordensgrad 9, was absolut atypisch war. Die Fristen zwischen der letzten Beförderung des öffentlich Bediensteten und der Verleihung der Auszeichnung waren in der Monarchie recht unterschiedlich. Wie an Beispielen aus der Justiz ersehen werden kann, lag der Mittelwert dieser Interkalarfristen bei 3 Jahren.[97] Sonstige Persönlichkeiten, die während der Monarchie den Ordensgrad 9 erhielten, waren ordentliche Universitätsprofessoren (der VI. Rangsklasse zugehörig), Abgeordnete zu den Parlamenten in Wien und Budapest, Präsidenten von Advokatenkammern außerhalb Wiens, angesehene Advokaten, Vertreter von (Groß-)Handel und Industrie, Kommunalpolitiker, höhere Geistliche und sonst verdiente Männer. Innerhalb der Gruppe der Ausländer überwogen öffentlich Bedienstete vergleichbar niedrigerer Kategorie, was auch von den anderen Beliehenen gesagt werden muß, da die internationale Courtoisie verlangte, Ausländern höhere Ordensgrade zu verleihen als Inländern.

In der Republik fehlt bei den öffentlich Bediensteten oberhalb des starken Kernes der Dienstklasse VII die Randgruppe einer höheren Dienstklasse. Die Verleihung des Ehrenzeichengrades 9 an Angehörige niedrigerer Dienstklassen kommt wohl nur in besonders gelagerten seltenen Ausnahmefällen vor. Dagegen ist namentlich im Zusammenhang mit Staatsbesuchen die internationale Courtoisie gegenüber Ausländern nach wie vor zu beobachten. Sonst sind keine auffallenden Unterschiede zu vermerken, außer daß Funktionäre von Kammern und Organisationen, die es früher noch nicht gegeben hat (z.B. ÖGB), unter den Ausgezeichneten vorkommen.

Die nämliche Situation ist beim <u>Ordens- und Ehrenzeichengrad 10</u> auf der nächst niedrigeren Ebene gegeben. Das gilt im öffentlichen Dienst, in den sonstigen Berufen des In- und Auslandes. Bei den inländischen öffentlich Bediensteten liegt der starke Kern bei der VII. Rangsklasse bzw. der Dienstklasse VI. Randgruppen oberhalb dieses Kernes sind diesmal sowohl in der Monarchie als auch in der Republik zu finden; unterhalb des Kernes in starkem Maße nur in der Monarchie, gegenwärtig kaum. Vertreter der Kirchen (römisch-katholische Pfarrer und Dechanten, Oberrabbiner), der freien Berufe, Industrie und Handel, Kultur (Bildhauer,

Architekten), sozialer Institutionen (Primarärzte) - in der Republik Funktionäre des ÖGB - finden wir hier in der entsprechenden Abstufung. Zur Zeit der Monarchie wurde der Ordensgrad 10 auch an Abgeordnete zu den Landtagen verliehen.

Mit dem Grad 10 enden die höherwertigen Auszeichnungen, die international zur Gruppe der eigentlichen (Verdienst-)Orden gehören. Die folgenden weniger hohen Dekorationen werden mit dem Ausdruck "Verdienstzeichen" umschrieben. Um keine Mißverständnisse aufkommen zu lassen, wird für die Ära der Monarchie der korrekte Begriff "Verdienstkreuz", für die Gegenwart die Bezeichnung "Verdienstzeichen" bzw. "Verdienstmedaille" gebraucht. In der Monarchie wurden nacheinander verliehene Verdienstkreuze gleichzeitig getragen. Sie waren auch dann nicht abzulegen, wenn der Ausgezeichnete eine höhere Dekoration, also einen Orden bekam.

Das Verdienstkreuz des Grades 11 war eine angesehene Auszeichnung, die im Verhältnis zur Größe des Personenkreises der potentiellen Empfänger eher sparsam zur Verleihung kam. Bei den Zivil- und Militärbeamten sowie den Offizieren, die nicht dem Soldatenstand angehörten, entsprach dieser Grad grundsätzlich der IX., allenfalls der VIII. Rangsklasse.

Auch hier kam der Unterschied zum Ausdruck, der zwischen den zivilen Konzeptsbeamten bzw. den nicht dem Soldatenstand angehörigen Offizieren und qualifizierten Militärbeamtenbranchen einerseits und den öffentlichen Bediensteten, deren Laufbahn mit der IX., höchstens der VIII. Rangsklasse endete[98], andererseits bestand. Bei den zuerst angeführten qualifizierten öffentlich Bediensteten war das in der IX. Rangsklasse erworbene Verdienstkreuz des Grades 11 die Vorstufe für spätere sukzessive Verleihungen der Ordensgrade von 10 aufwärts. Die übrigen öffentlich Bediensteten erhielten das Verdienstkreuz, soweit sie der VIII. Rangsklasse angehört haben, noch in der Aktivität, in der IX. Rangsklasse spätestens aus Anlaß der Pensionierung.

Andere Empfänger dieses Auszeichnungsgrades waren Ärzte, Bürgermeister kleinerer Städte, Künstler, bedeutendere Wirtschaftstreibende unterhalb der Kategorie der Großunternehmer, Geistliche bis zur Funktion eines Pfarrers, Personen beiderlei Geschlechtes, die sich Verdienste um die Wohlfahrt, die Bildung und um karitative Einrichtungen erworben haben. Zu nennen sind auch fachmännische Laienrichter aus dem Handelsstand, die damals den Funktionstitel "Kaiserlicher Rat" führten.

Heutzutage ist die Wertigkeit des Verdienstzeichens des Grades 11 im Bereiche der öffentlich Bediensteten etwas nach oben verschoben. Das Verdienstzeichen entspricht der Dienstklasse V (früher VIII. Rangsklasse) der Verwendungsgruppen A bis C, allenfalls der Dienstklasse IV (früher IX. Rangsklasse) in der Verwendungsgruppe A. Im übrigen sind Bezugspunkte zur Verleihungspraxis der früheren Verdienstkreuze zu erkennen.

Außerhalb des öffentlichen Dienstes sind Empfänger dieses Verdienstzeichens Funktionäre von Organisationen, des Sportwesens, Mitarbeiter des mittleren Managements der Wirtschaft usw. Zieht man die spezifischen

Verhältnisse der jeweiligen Zeitperioden in Betracht, so ergibt sich im wesentlichen auch hier eine Übereinstimmung der Praxis in der Monarchie und der Republik.

Das Verdienstkreuz des Grades 12 war die niedrigste Auszeichnung, die in der Monarchie für einen Beamten (zum Unterschied vom Diener oder Unterbeamten) in Betracht kam. Es handelte sich um Angehörige der X. bzw. der XI. Rangsklasse. Das Anwendungsgebiet war somit recht eingeschränkt, zumal die meisten Beamten dieser Kategorie in die IX. Rangsklasse aufsteigen konnten, dann eine längere Dienstzeit hatten und mehr Gelegenheit bekamen, sich zu profilieren, um das Verdienstkreuz des Grades 11 zu erlangen. Unter den Ausgezeichneten der Jahre 1912 und 1914 (vor Kriegsausbruch) finden sich Gefangenhauslehrer bzw. Gefangenhausgeistliche, sonstige Lehrer, Oberlehrer und Persönlichkeiten, die Verdienste um die öffentliche Wohlfahrt, Kultur oder im Gemeinwesen aufweisen konnten. Interessant ist, daß die sogenannten staatsanwaltschaftlichen Funktionäre[99] nach Beendigung ihrer Tätigkeit mit dem Verdienstkreuz dieses Grades bedacht werden konnten. In der zweiten Republik haben die staatsanwaltschaftlichen Funktionäre (bis Ende 1979) lediglich die Verdienstmedaille des Grades 13 bekommen, soferne sie mindestens zehn Jahre ihren Dienst versehen haben. Denn eine Mindestdienstzeit von zehn Jahren ist allgemein Voraussetzung für die Verleihung einer Bundesauszeichnung. In der Republik wird das Verdienstzeichen des Grades 12 im öffentlichen Dienst an Mitarbeiter der Verwendungsgruppe B bzw. Entlohnungsgruppe b praktisch kaum verliehen. Die Empfänger sind in den Verwendungsgruppen C und D (c und d), und zwar in den Dienstklassen V und IV, allenfalls III, je nach der Gehaltsstufe bzw. bei den korrespondierenden Beamten der Wachkörper und des Bundesheeres zu finden. In der Privatwirtschaft und in sonstigen Berufen und Funktionen sind die Dekorierten in analogen Gruppierungen angesiedelt.

In der Monarchie war das Verdienstkreuz des Grades 13 die übliche Belohnung für einen auszeichnungswürdigen Diener oder Unterbeamten, ferner einen Offizianten - vergleichbar den heutigen Vertragsbediensteten - in der Aktivität oder aus Anlaß der Pensionierung. Außerhalb des Staatsdienstes kamen als Kandidaten etwa Kanzleikräfte von Unternehmungen oder freiberuflich Tätigen in Betracht. Die Verdienstmedaille des Grades 13 ist gegenwärtig im öffentlichen Dienst für D-/d-wertige Bedienstete bzw. Mitarbeiter im handwerklichen Dienst erreichbar. Für Personen, die sich unter eigener Lebensgefahr durch Rettung des Lebens anderer Menschen ausgezeichnet haben, ist seit 1968 die Verdienstmedaille des Grades 13 am roten Band vorgesehen. Ursprünglich war es der Grad 14. Im übrigen gelangen unter diesen Umständen die Lebensrettungsmedaillen der Bundesländer zur Verleihung. Auch die Verdienstmedaille des Grades 13 hat breites Anwendungsgebiet bei den Angehörigen der Wachkörper und des Bundesheeres innerhalb der Unteroffiziere und der vergleichbaren Beamten. Für das Zivilleben kann der Analogieschluß gelten.

Die niedrigste einschlägige Auszeichnung in der Monarchie war bis 1916 das Verdienstkreuz des Grades 14, welches etwa Amtsdiener und sonstige Hilfskräfte als Belohnung für ersprießliche Arbeit beim Ausscheiden aus dem Dienst empfangen konnten. Die Verdienstmedaille des Grades 14 gelangt heutzutage unter ähnlichen Gesichtspunkten auch in der Aktivität zur Vergabe.

Insgesamt kann bei den Auszeichnungen der Grade 12 bis 14 von einer konformen Verleihungspraxis in der Monarchie und in der zweiten Republik ausgegangen werden.

Wie schon an anderer Stelle bemerkt, gelangt die Verdienstmedaille des Grades 15 seit Jahren an Inländer nicht mehr zur Verleihung. Sie wird vereinzelt im Zusammenhang mit Staatsbesuchen untergeordneten Hilfskräften der ausländischen Staatsgäste zuerkannt.

IV) Zusammenfassung

Die Untersuchung der für die zu beantwortende Frage nach der Ähnlichkeit des Auszeichnungswesens vor 1914 und ab 1952 maßgeblichen Komponenten historischer, systematischer und praktischer Art bedarf noch einiger punktueller Ergänzungen, um das Bild zu vervollständigen.

Beginnen wir mit der Häufigkeit der Vergabe von Auszeichnungen. Trotz der aufgezeigten Unterschiede in den Ausgangspositionen von 1912 und 1982 ist zu konstatieren, daß die Häufigkeit der Ehrenzeichenverleihungen besonders im unteren Drittel der Gradeinteilung während des vergangenen Jahrzehntes in ungewöhnliche Dimensionen geschlittert ist. Daß dies den zuständigen Stellen nicht verborgen blieb, liegt auf der Hand. Die österreichische Präsidentschaftskanzlei hat zum Beispiel 1981 und 1988 in Rundschreiben an die Zentralstellen darauf aufmerksam gemacht, daß sich die Zahl u.a. der sichtbaren Bundesauszeichnungen auf einem sehr hohen Niveau bewegt und im allgemeinen eine noch steigende Tendenz aufweist. Um eine Inflationierung und Entwertung dieser Ehrungen hintanzuhalten, solle bei der Erstattung von Auszeichnungsvorschlägen ein möglichst strenger Maßstab angelegt werden. Diese Mahnung verfehlte insoferne ihre Wirkung nicht, als eine rigorosere Haltung bei den Auszeichnungsanträgen tatsächlich ein Abfallen der Verleihungszahlen bewirkt hat. 1989 kamen noch 2703 Auszeichnungen der Grade 1 bis 14 vor, 1990 waren es 2430 und 1991 nur noch 2080 bei In- und Ausländern. Von den 1991 vergebenen Ehrenzeichen entfielen auf die Grade 1 bis 10 insgesamt 920 gegenüber 1238 im Jahre 1982, was einem Rückgang von immerhin mehr als 25 % entspricht.[100]

Demgegenüber steht fest, daß das Ehrenzeichen für Verdienste um die Republik Österreich nach wie vor eine sehr hohe Akzeptanz aufweist und daß der Kreis jener, die aus welchen Motiven immer grundsätzlich eine Auszeichnung nicht annehmen wollen, ständig kleiner wird. Die Prognose aus dem Jahre 1960, die zu Beginn dieses Teiles der Arbeit Erwähnung fand, erwies sich als falsch. Der Praktiker weiß, daß fast jeder im öffentlichen Leben Tätige erwartet, nach einer gewissen Dauer seines Wirkens eine Auszeichnung zu erhalten, zumal er von der Überzeugung ausgeht, stets "in treuer Pflichterfüllung" agiert zu haben. Dieser Erwartungseinstellung entgegenzutreten ist nicht leicht. Wohl heißt es in einem Rundschreiben des Bundeskanzleramtes aus dem Jahre 1960, daß "Begründungen, wonach der zur Auszeichnung Vorgeschlagene seinen Dienst seit Jahren ordnungsgemäß versieht sowie eine sehr gute Dienstauffassung und pflichtbewußtes Verhalten zeigt", im allgemeinen noch nicht die Verleihung des Ehrenzeichens für die Verdienste um die Republik Österreich rechtfertigen. Eine positive Norm, auf die sich diese durchaus logische Aussage stützen könnte, fehlt bedauerlicherweise bei uns - außer man greift bei öffentlich Bediensteten auf die Auslegung ihrer gesetzlich festgelegten allgemeinen Pflichten (§ 43 BDG 1979 oder § 57 RDG) zurück. Diese fordern gewissenhafte, treue Erfüllung der Dienstesobliegenheiten usw. Die Erfüllung der Pflichten wird somit von jedem vorausgesetzt, kann keinen Anlaß für eine Sonderbelohnung und folglich auch für keine Auszeichnung bieten. Im Gegenteil, die Nichterfüllung der normierten Pflichten zieht disziplinäre Konsequenzen nach sich. In der Bundesrepublik Deutschland etwa ist man dem Problem näher gerückt. In den Ausführungsbestimmungen zum Statut des Verdienstordens der Bundesrepublik Deutschland[101], Punkt 3.a), ist festgelegt, daß die tadelsfreie Erfüllung von Berufspflichten oder die Übernahme von ehrenamtlichen Tätigkeiten allein für die Verleihung des Verdienstordens nicht genügen. Die lit c) dieses Punktes sagt, Angehörige des öffentlichen Dienstes können zur Verleihung des Verdienstordens nur vorgeschlagen werden, wenn sie bei der Erfüllung aller ihnen obliegenden Dienstpflichten außergewöhnliche Verdienste um das allgemeine Wohl erworben haben. Übrigens soll in diesem Zusammenhang auch noch der Punkt 4. dieser Ausführungsbestimmungen zitiert werden. Dort steht u.a. der Satz "wer seine eigene Auszeichnung anregt, kann mit einer Ordensauszeichnung nicht rechnen". Man wird sich fragen, ob so etwas festgeschrieben werden mußte. Doch das ist nichts Neues. Schon in Erlässen des österreichischen Finanzministeriums aus dem Jahre 1863 wurde daran erinnert, daß das persönliche Einschreiten seitens der Beamten um Verleihung von Auszeichnungen unstatthaft ist, der dienstlichen Ordnung widerstreitet und in den Statuten mehrerer Orden geradezu untersagt ist.[102] In der Tat ist es auch noch in unseren Tagen vorgekommen, daß ein öffentlich Bediensteter in seinem Pensionsgesuch unter Hinweis auf seine vieljährige hervorragende Dienstleistung um die Verleihung eines Ehrenzeichens (vergeblich) angesucht hat.

Eine relativ hohe Zahl an Ehrenzeichenverleihungen ab dem Grad 8 entfällt auf Mandatare der gesetzgebenden Körperschaften. Diese Gruppe war in der Monarchie jedenfalls was die Mitglieder der Abgeordnetenhäuser in Wien und Budapest anlangt, stark unterrepräsentiert. Gegenwärtig erhalten Abgeordnete zum Nationalrat je nach der Anzahl der zurückgelegten Gesetzgebungsperioden nach und nach, also während der Ausübung ihres Mandates bis zu dessen Beendigung, Ehrenzeichengrade 8 bis 5, vereinzelt auch 4 selbst dann, wenn sie keine weitere Funktion in der parlamentarischen Hierarchie bekleidet haben. Clubobleute einer Partei können jedenfalls mit dem Ehrenzeichengrad 4 rechnen, die Ersten, Zweiten und Dritten Präsidenten des Nationalrates mit den Graden 3 bzw. 2. Den Vorsitzenden - jetzt Präsidenten - des Bundesrates sind die Grade 3 bis 5 zugedacht. Bei Mitgliedern des Bundesrates und der Landtage wiederholt sich diese Beobachtung auf einer etwas nach unten verschobenen Ebene.

Nicht uninteressant ist der Vergleich mit der Sachlage in Italien. Das Gesetz über die Schaffung des Ordens für Verdienste um die Republik Italien (Ordine al merito della Repubblica Italiana)[103] schließt im Art 4 Abs 3 die Verleihung des Ordens an Mitglieder gesetzgebender Körperschaften (Senatoren und Abgeordneten zur Kammer des Parlamentes), während sie ihr Mandat innehaben, aus. Nach der ratio legis soll dadurch der Anschein vermieden werden, die Angehörigen der Legislative könnten von der vollziehenden Staatsgewalt durch Belohnungen beeinflußt werden. Aus ähnlichen Überlegungen findet de facto die Verleihung von Verdienstorden an Richter und Staatsanwälte während der Aktivität in Italien nicht statt. Im November 1952 hat der damalige italienische Minister für Gnadensachen und Justiz Adone ZOLI in einem Telegramm an den Unterstaatssekretär im Ministerratspräsidium Giulio ANDREOTTI ersucht, von Anträgen auf Verleihung des Verdienstordens an aktive Richter und Staatsanwälte Abstand zu nehmen, um diesen Berufsstand aus dem Spannungsfeld der Tagespolitik herauszuhalten. Er kündigte an, im Rahmen der geplanten Neuordnung des Prozeßrechtes werde ein gesetzliches Verbot kommen, Angehörigen der Rechtspflege während des aktiven Dienstes Orden zu verleihen. Zu einer solchen gesetzlichen Regelung ist es in der Folge zwar noch nicht gekommen. Am 17.2.1954 hat jedoch der Justizminister Michele DE PIETRO in einem Zirkular bekanntgemacht, daß das Ministerium für Gnadensachen und Justiz aus den eben genannten Gründen keine Anträge auf Ordensverleihungen an im aktiven Dienst stehende Richter und Staatsanwälte weiterleiten bzw. stellen werde. Nach der Pensionierung können verdiente Richter und Staatsanwälte mit der Verleihung eines ihrer Stellung angemessenen Ordensgrades rechnen.[104] Dabei zeigt sich, welche hohe Wertschätzung die Vertreter der richterlichen Gewalt in Italien genießen. Richter ab der Funktion eines Präsidenten des Appellationsgerichtshofes (Oberlandesgerichtes) erhalten aus Anlaß des Übertrittes in den Ruhestand das Großkreuz des Ordens für Verdienste um die Republik Italien, somit eine Stufe, die unserem Ehrenzeichengrad 2 entspricht. Dies selbst dann, wenn dieses Amt nur kurze Zeit ausgeübt worden ist.[105] Dazu ist im allgemeinen zu bemerken, daß der Rang der 23 Präsidenten der Appellationsgerichtshöfe in Italien nur dem eines Sektionspräsidenten (Senatspräsidenten) des Kassationsgerichtshofes entspricht. Sie sind gleichrangig mit den Leitern der Staatsanwaltschaften bei den Appellationsgerichtshöfen und den Generaladvokaten (= ersten Stellvertretern des Generalprokurators) beim Kassationsgerichtshof. Der Generalprokurator bei diesem Höchstgericht rangiert eine Stufe höher und ist gleichgestellt dem Vizepräsidenten (Presidente Aggiunto) des Kassationsgerichtshofes und dem Präsidenten des Obergerichtes für öffentliche Gewässer (Presidente del Tribunale Superiore delle aque pubbliche). Die nächste (höchste) Stufe der richterlichen Hierarchie bekleidet der Präsident des Kassationsgerichtshofes.

Eine gewisse Berechtigung ist diesen Einschränkungen bei Parlamentariern und Richtern/Staatsanwälten nicht abzusprechen. Man könnte wohl dagegen einwenden, daß auf diese Weise zwei von den drei Staatsgewalten von Ordensverleihungen ausgeschlossen werden, während die Organwalter der Administration uneingeschränkt Ehrungen empfangen können. Der Einwand ist zumindest langfristig nicht ganz stichhältig, weil die Ordensverleihungen an Vertreter der Legislative und der Rechtspflege nach Beendigung ihrer Funktionen doch stattfinden.

Umgesetzt auf die Verhältnisse in Österreich hätte die in Italien bestehende Einschränkung der Ordensverleihungen an Parlamentarier, Richter und Staatsanwälte auf die Häufigkeit der Auszeichnungen nur begrenzte Auswirkungen. Weil die politischen Mandatare besonders bei den höheren Ehrenzeichen vertreten sind, würde sich die Auszeichnungsdichte bis hinab zum Grad 5 spürbar verringern, zumal die Vertreter der Legislative nur einen, den für sie höchsterreichbaren Grad bekommen würden, während ihnen jetzt vielfach mehrere Grade nacheinander zuteil werden. Die Organwalter der Rechtspflege erhalten dagegen auch bei uns Auszeichnungen überwiegend erst aus Anlaß der Pensionierung, so daß ihre gänzliche Ausschließung während des aktiven Dienstes nicht ins Gewicht fallen würde. Auf das Grundsätzliche des Problems bei Richtern und Staatsanwälten wird noch zurückzukommen sein.

Nach diesen abschließenden Bemerkungen wird das Ergebnis der vorliegenden Untersuchung wie folgt präzisiert:

Bei der Besprechung der Systematik ist deponiert worden, daß an der theoretischen Gleichwertigkeit der einzelnen Grade der Auszeichnungen in Monarchie und Republik kaum Zweifel bestehen dürften. Diese These erfährt auch für die praxisbezogene Seite des Problems im großen und ganzen Bestätigung, wenn man sich Nachstehendes vergegenwärtigt:

1.

Die Verleihungspraxis war schon vor Beginn des Ausgangspunktes unserer Betrachtung einem Entwicklungsprozeß unterworfen. In den folgenden mehr als sieben Jahrzehnten hätte sich dieser Prozeß selbst dann fortgesetzt, wenn es nicht zu so tiefgreifenden staatsrechtlichen Umwälzungen gekommen wäre, wie in Wirklichkeit. Am Ende der Entwicklung würde höchstwahrscheinlich kein anderes Bild entstanden sein, als es sich heute darstellt. In der Tat sind gegenüber der Ausgangssituation keine Abweichungen zutage getreten, die sich nicht als Folge der natürlichen sozialen und ökonomischen Evolution erweisen. Eine faktische Kontinuität ist somit gegeben.

2.

Diese Aussage findet ihre Begründung in der Tatsache, daß nur bei wenigen höchsten Auszeichnungsgraden gewisse substantielle Verschiebungen zu registrieren waren, die aber in den weit überwiegenden Fällen mit dem Satz begründbar sind "nicht die Wertigkeit des Auszeichnungsgrades hat sich geändert, sondern die Einordnung der Empfänger", und zwar:

a) Die Stellung des Staatsoberhauptes in der Monarchie und in der Republik weist grundsätzliche Verschiedenheiten auf. Der Kaiser und König muß im Zusammenhang mit seiner engeren Familie, dem "Allerhöchsten Haus", gesehen werden. Diesen Blutsverwandten sind als

Auszeichnungsgrad 10

Ritterkreuz des
Franz-Joseph-Ordens

Silbernes Ehrenzeichen
für Verdienste um die
Republik Österreich

Auszeichnungsgrad 11

Goldenes Verdienstzeichen der Republik Österreich

Goldenes Verdienstkreuz mit der Krone

Auszeichnungsgrad 12

Goldenes
Verdienstkreuz

Silbernes Verdienstzeichen
der Republik Österreich
(an Damen - Schleife)

Auszeichnungsgrad 13

*Silbernes
Verdienstkreuz mit der
Krone*

*Goldene Medaille
für Verdienste um die
Republik Österreich*

Auszeichnungsgrad 14

Silbernes
Verdienstkreuz

Silberne Medaille
für Verdienste um die
Republik Österreich

*Beispiel einer modernen Dekoration, als Collane konzipiert:
Ehrenzeichen des Landes Tirol*

126

*Ehrenzeichen für Verdienste um die
Befreiung Österreichs*

Miniaturen und Bänder

oben: Ordenskettchen: von rechts: großes goldenes, großes silbernes Ehrenzeichen für Verdienste um die Republik Österreich, Ehrenzeichen des Landes Tirol

mittlere Reihe: von links: Knopflochrosetten zum großen silbernen, zum goldenen und zum silbernen Ehrenzeichen für Verdienste um die Republik Österreich; Bändchenschleife zum goldenen Verdienstzeichen der Republik Österreich; dazwischen in der Mitte: Miniatur am Bändchen zum Ehrenzeichen für Verdienste um die Befreiung Österreichs

unten: Ordensspange für Uniformträger: obere Reihe: silbernes Ehrenzeichen für Verdienste um die Republik Österreich, goldenes Verdienstzeichen der Republik Österreich; untere Reihe: Bundesheerdienstzeichen 3. Klasse, Wehrdienstmedaillen in Silber und in Bronze

Quasi-Familiares noch wenige langjährige Vertraute, Wegbegleiter und Altersgenossen des Herrschers hinzuzurechnen. Sie standen bekanntlich dem Kaiser Franz Joseph näher als mancher Verwandte. Was den Familiares gewährt wurde, durfte den höchsten Staatsfunktionären nicht vorenthalten bleiben. Allen diesen Männern wurde der Ordensgrad 1 als Zeichen der Verbundenheit früher oder später zuteil. Die Behandlung der eigenen Familienmitglieder und der Quasi-Familiares mußte der Monarch folgerichtig auch bei Ausländern in ähnlicher Position praktizieren (Thronfolger, Kardinäle udgl.). Ein vergleichbares persönliches Umfeld fehlt beim Bundespräsidenten und kann auch nicht entstehen. Allein daraus erhellt die weit sparsamere Verleihungsquote des Ehrenzeichengrades 1 in der Republik. Nichstdestoweniger ist beim Auszeichnungsgrad 1 ein Unterschied in der Verleihungspraxis nicht wegzudiskutieren.

b) Auf die Verschiebungen in der Stellung der Regierungsmitglieder im Bund und in den Bundesländern gegenüber den Ministerpräsidenten, Ministern und Statthaltern der Monarchie wurde eingegangen, womit sich die wenigen Unterschiede bei den Auszeichnungsgraden 2 und 4 zwanglos erklären.

c) Die markante Zäsur innerhalb der öffentlichen Funktionen, die in der Monarchie von Staatsbeamten der I., II. und III. Rangklasse bekleidet wurden, in der Republik aber politischen Mandataren anvertraut sind einerseits und den Berufsbeamten der Republik, die bis zur Dienstklasse IX reichen andererseits, mußte auch im Auszeichnungswesen Spuren hinterlassen. Auf der Strecke geblieben sind dabei die Richter der ehemaligen III. und IV. Rangklasse. Das liegt aber im System der Funktionsverschiebung innerhalb der vollziehenden Staatsgewalt und hat keine Ursache in der Wertigkeit der Auszeichnungen.

d) Soweit Unterschiede innerhalb der weniger hohen Auszeichnungsgrade da und dort bemerkt wurden, hängen sie vorwiegend mit der Verbesserung der Aufstiegsmöglichkeiten der öffentlich Bediensteten zusammen.

3.

Für die Richter und Staatsanwälte wäre nach der Beseitigung der Standesgruppen und Rangverhältnisse bei der Neuordnung ihres Dienst- und Besoldungsrechtes 1979 der Zeitpunkt gekommen, die Ausschließung aus dem Kreis der Auszeichnungsempfänger - etwa nach italienischem Muster - zu betreiben. Dies geschah nicht. Auf die Auszeichnungsdichte hatte die Unterlassung dieses Schrittes, wie weiter oben bemerkt, keinen Einfluß, wohl aber eine nicht zu unterschätzende ideelle, und zwar grundsätzliche Folge. Es wurden nämlich wiederum - der Öffentlichkeit nicht bekanntgemachte - Richtlinien für die Verleihung von Ehrenzeichen des Bundes an Richter und Staatsanwälte aufgestellt. Sie glichen im wesentlichen den früheren Richtlinien, beinhalteten nebenbei bemerkt in manchen Punkten sogar eine Schlechterstellung. Die fatale Folge war aber, daß damit dieser Berufsstand wieder in eine unerwünschte Rangordnung eingezwängt wurde. Die im Punkt 2.c) relevierte Zurücksetzung der Richter der einstigen III. und IV. Rangsklasse wurde damit überdies zementiert.[106]

4.

Die im Auszeichnungswesen vorgenommene Eingliederung der Richter und Staatsanwälte in eine Rangordnung ist indessen nichts außergewöhnliches, denn solche Maßnahmen erstrecken sich auch auf die politischen Mandatare und auf alle übrigen Berufsschichten. Es ist dies nichts anderes als die Fortsetzung des schon unter dem Grafen Taaffe praktizierten Usus, sich in Fragen der staatlichen Ehrungen an der hierarchischen Stufenleiter des Rangsklassenschemas zu orientieren und alle anderen Gruppen der Staatsbürger in dieser Beziehung nach Analogieschlüssen zu kategorisieren. Zugegebenermaßen kann dagegen nichts Entscheidendes eingewendet werden, denn irgendein Maßstab für die Erstellung von Richtlinienkonzepten ist notwendig.

5.

Im Gegensatz zu den während der Monarchie nur in Ansätzen vorhandenen und eher ungenau gehandhabten Leitgrundsätzen im Auszeichnungswesen sind gegenwärtig die Richtlinien bei Verleihungen ausgeprägt und restriktiv. Sie werden in der Regel streng eingehalten. Zufolge § 1 Abs 4 des Bundesgesetzes über die Schaffung von Ehrenzeichen für Verdienste um die Republik Österreich übt der Bundespräsident das Verleihungsrecht nicht selbständig aus, sondern auf Vorschlag der Bundesregierung. Diese Einschränkung ist durch Art 65 Abs 3 und Art 67 B-VG gedeckt. Es bedarf auch der Gegenzeichnung. In der konstitutionellen Ära der Monarchie stützte sich die Verleihung von staatlichen Orden und Auszeichnungen auf Art 4 des Staatsgrundgesetzes über die Ausübung der Regierungs- und Vollzugsgewalt vom 21.12.1867, RGBl Nr 145. Ein Vorschlags- und Antragsrecht war nicht vorgesehen, die Minister konnten aber derartige Vorschläge unterbreiten. Es war überdies unklar, ob die Verleihungsentschließungen von einem verantwortlichen Minister gegengezeichnet werden mußten oder nicht. Die Ansicht, daß eine Gegenzeichnung notwendig war, setzte sich durch. Als Argument diente auch die Tatsache, daß die im RGBl kundgemachten kaiserlichen Entschließungen über den Franz-Joseph-Orden aus den Jahren ab 1849 gegengezeichnet waren.[107]

Während der Monarchie war die Bandbreite der zur Verleihung an Persönlichkeiten vergleichbarer Stellung gelangenden Ordensgrade manchmal beträchtlich; so finden wir z.B. bei Angehörigen der IV. Rangsklasse die Grade 3 bis 8 vertreten. Folglich gab es oft Überschneidungen. In Ordensfragen hielt sich der Herrscher nicht immer an die Vorschläge der Minister und brachte seine langjährigen persönlichen Erfahrungen entsprechend zum Tragen. Die Interkalarfristen waren uneinheitlich und standen offenbar nicht im Vordergrund. Die Gleichzeitigkeit von Ordensverleihung und Beförderung war keine Seltenheit. Diese Übung hatte den Vorteil großer Flexibilität bei der Würdigung aller möglichen Schattierungen der Auszeichnungswürdigkeit. Ein Nachteil lag dagegen im Erwecken des Anscheines ungleicher und ungerechter Behandlung, mit anderen Worten im Nähren von Neidgefühlen.

Die strenge Handhabung der Richtlinien in der Republik beugt diesem Nachteil vor. Die eingeschränkte Bandbreite der in Betracht kommenden Ehrenzeichengrade und die präzisen Interkalarfristen[108] führen jedoch zur Schematisierung und fördern bei manchen Betroffenen die falsche Ansicht, es bestehe Anspruch auf ein bestimmtes Ehrenzeichen, wenn die richtlinienmäßigen Voraussetzungen vorliegen. Sinn und Zweck einer Verdienstauszeichnung als Belohnung hervorragender Leistungen drohen aus dem Bewußtsein verdrängt zu werden.

6.

Außerhalb des öffentlichen Dienstes sind gleichfalls keine aus der Evolution nicht ableitbare Unterschiede im Auszeichnungswesen der Monarchie und in der Republik erkennbar. Auffallend dagegen ist die weniger starke Präsenz kirchlicher Würdenträger (vor allem der Basis) unter den Ausgezeichneten der Republik.

7.

Das Prinzip, aus Gründen der internationalen Courtoisie Ausländern einen höheren Auszeichnungsgrad als einem vergleichbaren Inländer zu verleihen, ist an sich erhalten geblieben. Wenn gelegentlich ein auswärtiger Staat davon abgeht und dies zur Gegenseitigkeit in der Behandlung führt, ist es keine Frage, die hier zu erörtern wäre. Bezüglich der ausländischen Diplomaten ist die Courtoisie nach wie vor ausgeprägt. Das zeigt sich nicht nur bei den Missionschefs. Auch die den Botschaften zugeteilten Militärattachés im Range eines Obersten (Dienstklasse VII) erhalten das Ehrenzeichen des Grades 7, während ihren inländischen Kollegen höchstens der Grad 9 zuteil wird.

8.

Die Ordensdekorationen der Monarchie waren aus Edelmetall und repräsentierten nicht unerhebliche Werte, insbesondere bei den höchsten Klassen des St. Stephan-, Leopold- und des Eisernen-Krone-Ordens, denn zu deren Insignien gehörten kunstvoll angefertigte massive Ketten aus Gold

(Collanen), an denen das entsprechende Ordenskleinod bei besonders festlichen Anlässen (Ordensfeierlichkeiten) in Brustmitte getragen wurde.[109] Diese Collanen stellten keine hervorgehobenen Ordensstufen dar, wie z.B. gegenwärtig die für Staatsoberhäupter bestimmte Kette (Gran Cordone) des Großkreuzes des Verdienstordens der Republik Italien[110], sondern nur eine besonders festliche Tragart. Im Regelfall hingen die Kleinode aller höchsten Ordensklassen - wie auch beim Franz-Joseph-Orden, für den keine Kette vorgesehen war - an bis zu 105 mm breiten Schulterbändern. Die Ordensinsignien blieben grundsätzlich Eigentum des Staates und gehörten zum betreffenden Ordensschatz. Sie wurden eben nur "verliehen" und mußten nach dem Tode des Empfängers zurückgestellt werden. Nach den Statuten des St. Stephan-Ordens und den ursprünglichen Fassungen des Leopold- und des Eisernen-Kronen-Ordens waren die Ordensketten der Großkreuze bzw. der I. Klasse des zuletzt genannten Ordens, ferner die Insignien der übrigen Ordensträger bei Ableben zurückzustellen. Die Rückgabeverpflichtung hätte sich demnach auf die Ordenssterne nicht bezogen. In Wirklichkeit waren auch die Ordenssterne zurückzustellen, weshalb in den revidierten Statuten des Leopold- und des Eisernen-Kronen-Ordens vom 13.8.1916 die Rückgabepflicht (oder Ablösung gegen Erlag der Kosten) sämtlicher Insignien mit Ausnahme der als besonderer Gnadenerweis des Monarchen in Brillanten ausgeführten Dekorationen festgeschrieben wurde, wie es von Anfang an beim Franz-Joseph-Orden geregelt war. Auch die goldenen und silbernen Verdienstkreuze der Grade 11 bis 14 waren nach dem Tode der Inhaber zurückzustellen.[111] Die Rückgabepflicht in bezug auf Ordensinsignien überhaupt ist grundsätzlich noch im geltenden Recht verankert (§ 90 Abs 1 Außerstreitgesetz). Im übrigen war bei Verleihung einer höheren Stufe desselben Ordens an einen Inhaber der niedrigeren Stufe letztere Insignie gleichfalls zurückzustellen. In der Monarchie wurden die Ordensinsignien, jedenfalls der untersten Stufen, von Uniformträgern, insbesondere beim Militär täglich in Original angelegt und waren einem gewissen Verschleiß ausgesetzt. Daher war es allgemein üblich, sich weitere Exemplare privat anzuschaffen, die selbstredend nicht zurückzustellen waren. Sie gelangten im Laufe der Jahre über die Erben der Ordensträger auf den Markt des Münz- und Antiquitätenhandels und bilden begehrte Sammelobjekte. Daß in solchen Sammlungen auch Originalinsignien vorhanden sind, ist nicht zu leugnen. Es kann sich dabei auch um abgelöste Stücke oder Exemplare von Ausländern handeln. Überhaupt trachtet die Ordenskunde, seit den 30er Jahren Phaleristik genannt, ihren Platz innerhalb der historischen Hilfswissenschaften oder, wie man heute sagt, der geschichtlichen Grundlagenforschung zu behaupten. Die Phaleristik ist der Numismatik, aber auch der Kunstgeschichte verwandt.

Beim Ehrenzeichen für Verdienste um die Republik Österreich gehen die Insignien grundsätzlich in das Eigentum des Auszeichnungsempfängers über. Nur die Edelmetall-Sterne der Grade 1 bis 5 müssen nach dem Ableben des Ehrenzeicheninhabers entweder an die österreichische Präsidentschaftskanzlei - Ehrenzeichenkanzlei - abgeliefert oder gegen Erlag der

Gestehungskosten erworben werden. Der Auszeichnungsempfänger kann den Stern schon anläßlich der Ausfolgung auf diese Weise ablösen, sonst ist er verpflichtet, dafür Sorge zu tragen, daß seine Erben den Stern zurückstellen oder dessen Wert ersetzen. Das noch zu behandelnde Österreichische Ehrenzeichen für Wissenschaft und Kunst bleibt Eigentum des Bundes und muß nach dem Ableben des Ausgezeichneten an die Ehrenzeichenkanzlei retourniert werden (§ 7 des Statuts BGBl Nr 180/1956). Die Rückstellungspflicht ist auch bei vielen ausländischen Orden normiert. Einfacher ist der Vorgang beim Verdienstorden der Republik Italien. Dort erhalten Inländer nur das Verleihungsdekret, die Insignien müssen sie sich selbst anschaffen, sie sind folglich ihr Eigentum.

Ein schon besprochener Nebeneffekt dieser unterschiedlichen Regelungen äußerte sich darin, daß während der Monarchie der Personenstand der Ordensempfänger laufend evident gehalten werden mußte und auch jährlich publiziert wurde.[112] Gegenwärtig besteht eine solche Notwendigkeit nicht. Die Evidenthaltung würde auch einen unverhältnismäßig großen Verwaltungsaufwand erfordern.

V) Besondere Auszeichnungen für Verdienste um Kunst und Wissenschaft

Unter den Empfängern der Orden der Monarchie und des Ehrenzeichens für Verdienste um die Republik Österreich waren Wissenschaftler und Künstler innerhalb verschiedener Auszeichnungsgrade stets vertreten. Rein formal finden sich Handhaben für solche Verleihungsakte in den Statuten des Leopold-Ordens, wo von der "zum Besten des Allgemeinen wirkenden und die Nation verherrlichenden Gelehrsamkeit" die Rede ist, oder noch deutlicher in den Satzungen des Franz-Joseph-Ordens, die ausdrücklich von hervorragenden Leistungen in Kunst und Wissenschaft sprechen. Dennoch manifestierte sich relativ früh die Notwendigkeit, Verdienste auf dem Gebiete der Kunst und der Wissenschaften in einer anderen Weise als durch tragbare Dekorationen zu würdigen. So kam es schon unter Kaiser Ferdinand I. am 15. Juli 1835 zur Stiftung von nicht zum Tragen bestimmten Medaillen, die nach der auf der Rückseite aufscheinenden Devise "Literis et Artibus" benannt waren. Sie waren aus Gold geprägt und gelangten zuletzt in drei verschiedenen Größen zur Fertigung, nämlich als Sonderklasse (Durchmesser 63 mm), als große Medaille (Durchmesser 48 mm, im Werte von 24 Dukaten), schließlich als kleine Medaille (Durchmesser 39 mm, im Werte von 12 Dukaten). Die Medaillen galten als außerordentlich geschätzte Belohnung für namhafte Künstler und Wissenschaftler.[113] Kaiser Franz Joseph hat in den ersten Jahrzehnten seiner Regierung in mehreren Serien geprägte Medaillen "Literis et Artibus" weiter verliehen, schließlich aber mit Handschreiben vom 18. August 1887 an deren Stelle das k.u.k. Österreichisch-ungarische Ehrenzeichen für Kunst und Wissenschaft gestiftet.[114] Das Ehrenzeichen war nunmehr eine tragbare Auszeichnung, ein ovales, 52 x 42 mm großes, von der Kaiserkrone überhöhtes und mit einem scharz-goldenen Lorbeerkranz umrandetes goldenes Medaillon, das an einem roten Band als Halsdekoration anzulegen war.

Das Ehrenzeichen war kein Orden und stand außerhalb des Ordensschemas. Der Bestimmung nach diente es zur Verleihung an Personen beiderlei Geschlechtes, welche sich hervorragende Verdienste auf dem Gebiete der Wissenschaft und der Künste erworben haben. Es handelte sich um eine sehr angesehene exklusive Auszeichnung. Ende 1912 lebten 36 inländische und 8 ausländische Träger bzw. Trägerinnen des Ehrenzeichens.

Von den inländischen Ausgezeichneten zählten 14 zur Disziplin der Künstler - darunter heute noch bekannt die Literatin Marie von Ebner-Eschenbach, die Bildhauer Zumbusch und Myslbek (Schöpfer des Reiterstandbildes des Hl. Wenzel auf dem Prager Wenzelsplatz) sowie der Komponist Karl Goldmark. Die übrigen Ehrenzeichenträger waren Vertreter der Wissenschaften, wie die Rechtsgelehrten Josef Unger und Heinrich Lammasch oder die Nationalökonomen Böhm von Bawerk und Karl Menger. Unter den ausländischen Ehrenzeichenträgern befanden sich die Schriftstellerin "Carmen Sylva" (Königin Elisabeth von Rumänien), der Komponist Camille Saint-Saëns und der Maler Defregger. 1934 wurde im österreichischen Ständestaat gleichfalls ein Ehrenzeichen für Kunst und Wissenschaft ins Leben gerufen und dazu ein Verdienstkreuz in zwei Stufen.[115]

Nach dem Vorbild dieser Dekorationen schuf das Bundesgesetz vom 25. Mai 1955[116] das Österreichische Ehrenzeichen für Wissenschaft und Kunst (Halsdekoration), das Österreichische Ehrenkreuz für Wissenschaft und Kunst I. Klasse (Steckdekoration) und das Österreichische Ehrenkreuz für Wissenschaft und Kunst (Brustdekoration am Dreiecksband). Das Ehrenzeichen für Wissenschaft und Kunst wird "an Personen des In- und Auslandes verliehen, die sich durch besonders hochstehende schöpferische Leistungen auf dem Gebiete der Wissenschaft oder der Kunst allgemeine Anerkennung und einen hervorragenden Namen erworben haben". Die Ehrenkreuze beider Klassen sind hingegen für In- und Ausländer bestimmt, die sich "durch anerkennenswerte Leistungen auf diesen Gebieten Verdienste erworben haben". Die Abstufung in der Formulierung der Verleihungskriterien des Ehrenzeichens und der Ehrenkreuze ist also deutlich herausgearbeitet. In der Tat ist die Gesamtzahl der (lebenden) Ehrenzeichenbesitzer österreichischer Staatsbürgerschaft auf 36 - je 18 aus den Sparten der Wissenschaft und Kunst - sowie auf 36 Ausländer (ohne weitere Unterteilung nach den Sachgebieten) beschränkt.

Auch der Verleihungsmodus zeigt ähnlich wie beim Ehrenzeichen von 1934 eine einmalige Besonderheit.[117] Das Österreichische Ehrenzeichen für Wissenschaft und Kunst verleiht der Bundespräsident auf Vorschlag der Bundesregierung, wobei der Antrag auf Erstattung des Vorschlages vom Bundesminister für Unterricht (Urfassung) auszugehen hat. Nach Verleihung des Ehrenzeichens an je 6 österreichische Staatsbürger pro Disziplin bilden diese und alle folgenden Besitzer zwei Kurien, eine für Wissenschaft und eine für Kunst. Seit der Bildung der Kurien darf der zuständige Bundesminister die Verleihung des Ehrenzeichens nur für solche Personen beantragen, die von mindestens einem Drittel, aber von nicht weniger als fünf Mitgliedern einer Kurie vorgeschlagen worden sind. Der Bundesminister ist jedoch berechtigt, die Kurien einzuladen, einen Vorschlag für eine bestimmte Person zu erstatten. Andererseits hat jedes Mitglied einer Kurie das Recht, dem Vorsitzenden der Kurie die Erwirkung der Verleihung des Ehrenzeichens an eine bestimmte Person - schriftlich mit eingehender Begründung - vorzuschlagen.

Eine Mitwirkung der Kurien am Verleihungsvorgang der Ehrenkreuze ist nicht vorgesehen.

Wie schon an anderer Stelle berichtet, können diese Ehrenzeichen der Monarchie und der Republik, so wie auch die entsprechenden Ehrenkreuze in die behandelte Einteilung der Dekorationen in Grade an sich nicht eingegliedert weren. Es unterliegt jedoch keinem Zweifel, daß die <u>Ehrenzeichen</u> beider Zeitepochen zu den sehr hohen Auszeichnungen zu zählen sind.

In der Anzugsordnung für das österreichische Bundesheer mußte dennoch eine Einteilung unternommen werden, um die für Uniformträger notwendige Richtschnur zu bieten. Dort ist das Ehrenzeichen für Wissenschaft und Kunst als die höchste Halsdekoration (ohne Stern) zwischen den Ehrenzeichengraden 5 und 6 eingestuft, das Ehrenkreuz für Wissenschaft und Kunst I. Klasse findet sich zwischen den Ehrenzeichengraden 7 und 8; das Ehrenkreuz für Wissenschaft und Kunst wurde zwischen den Ehrenzeichengraden 8 und 9 plaziert. Gegen die Eingliederung der Ehrenkreuze ist nichts einzuwenden; sie richtet sich nach der Trageweise als Steckkreuz bzw. am Brustband, jedoch mit der Reihung vor dem entsprechenden Ehrenzeichen für Verdienste um die Republik Österreich, was im Hinblick auf die Spezialität der Ehrenkreuze berechtigt erscheint. Als genereller Maßstab für die Wertigkeit einer Dekoration ist die Trageweise jedoch nicht geeignet, denn es gab und gibt auch gegenwärtig in anderen Staaten nicht unerhebliche Abweichungen, man denke an das Ritterkreuz des Leopold-Ordens am Brustband, das höher bewertet war als das Komturkreuz des Franz-Joseph-Ordens, die italienische goldene Tapferkeitsmedaille (am Brustband), die unmittelbar nach dem Großkreuz des Militärverdienstordens rangiert, das britische Viktoriakreuz, die französische Militärmedaille und andere. Dementsprechend könnten gegen die Einstufung des Ehrenzeichens für Wissenschaft und Kunst Bedenken bestehen. Die Einmaligkeit dieser Auszeichnung spricht für die Belassung außerhalb jeder Rangordnung und gegen das Einzwängen in eine Wertungsreihe allgemeiner Dekorationen. Wenn man es aber tun zu müssen glaubt, wäre zu bedenken, daß der Ehrenzeichengrad 4 bisher der höchste war, der einem Künstler oder Wissenschaftler verliehen wurde. Nicht alle dieser Spitzenleute sind aber Träger des Ehrenzeichens für Wissenschaft und Kunst. Folglich ist letztere Auszeichnung exklusiver und könnte höher als der Ehrenzeichengrad 4, geschweige denn der Grad 5 eingestuft werden. Diese Frage sei aber dahingestellt.

Der elitäre Charakter, welcher dem Österreichischen Ehrenzeichen für Wissenschaft und Kunst von 1955 schon wegen der gesetzlichen Limitierung der inländischen Empfänger auf 36 anhaftet, zeichnete sich schon beim alten Ehrenzeichen für Kunst und Wissenschaft der Monarchie unübersehbar ab. Daß etwa 1912 ebenfalls nur 36 Persönlichkeiten des Inlandes diese Dekoration besaßen, war wohl mehr als ein Zufall. Darin sind bereits die Empfänger des Ehrenzeichens von 1912 enthalten, nämlich 3. Dazu kam ein einziger Ausländer. Die Zahl dieser Ausgezeichneten ist geringer als jene der im Vergleichsjahr mit dem Ordensgrad 1 beliehenen höchsten Würdenträger.

VI) Tragweise der Dekorationen

Verdienstorden und verwandte Dekorationen sind ihrer Natur nach dafür bestimmt, nach außen hin sichtbar in Erscheinung zu treten. In der Entstehungszeit der hier behandelten Auszeichnungen der Monarchie, namentlich in und nach der Zeit der Franzosenkriege anfangs des 19. Jahrhunderts, da die militärischen und später auch die Staatsuniformen als Festkleid konzipiert waren, galt es als selbstverständlich, daß die Inhaber der noch verhältnismäßig wenigen Dekorationen diese zur Uniform stets in Original anlegten. Anders war es bei der bürgerlichen Kleidung, zu der man auch damals schon nur bei feierlichen Gelegenheiten den Ordensschmuck trug. Bald nach 1800 kamen Miniaturen von Dekorationen auf, die es dem Zivilisten erlaubten, auch bei weniger offiziellen Anlässen erhaltene Auszeichnungen in unaufdringlicher Art sichtbar zu machen. In Österreich wurde es zunächst üblich, die Verkleinerung eines Ordenskreuzes oder einer Medaille auf einem goldenen oder silbernen rechteckigen Rähmchen montiert und unterlegt vom Ordensband am Rockrevers zu befestigen. Das Rähmchen konnte auch auf mehreren schmalen Ordensbandstreifen liegen oder auch mehr als eine Auflage eines Miniaturkreuzes oder einer Miniaturmedaille zeigen. Außerdem kamen naturgetreue Verkleinerungen von Orden und Medaillen samt Miniaturband vor.[118] Im Zusammenhang mit den damals noch verliehenen Civil-Ehrenmedaillen kam es zu Unzukömmlichkeiten, weil einige Besitzer solcher Auszeichnungen sich "willkürlich Abzeichen bedienten, die von der ursprünglichen Form abwichen und die täuschende Ähnlichkeit mit einer Ordensdekoration erreichten". Deshalb schrieb das Hofkanzleidekret vom 28.12.1826 vor[119], daß Miniaturen der Civil-Ehrenmedaille eben auf die geschilderte Art, auf Rähmchen montiert und vom Band unterlegt, zu tragen sind. Die Besitzer der großen Civil-Ehrenmedaille bzw. der großen goldenen Medaille mit Gnadenkette durften die verkleinerte Dekoration an einem Bändchen, im letzteren Fall an einer Verkleinerung der Gnadenkette tragen. Nach der Stiftung des Franz-Joseph-Ordens wurden für Miniaturen seiner Dekorationen nach den Klassen verschieden reich gegliederte Kettchen normiert, die am Rockrevers vom obersten Knopfloch herabhingen (vgl. Anhang III).

Zu Beginn des 20. Jahrhunderts war die Tragweise der Auszeichnungen zur bürgerlichen Kleidung im wesentlichen so eingependelt, daß Dekorationen in Originalgröße nur zum Frack angelegt wurden, wobei jeweils ein Schulterband der höchsten Ordensklasse nur in ganz besonderen Fällen in Verwendung kam. Ordenssterne allein steckte man ebenfalls nur zum Frack an. Zum sonstigen feierlichen Gewand, z.B. dem "Gehrock", paßten Miniaturen am Ordenskettchen, gegebenenfalls Bandrosetten nach französischem Vorbild. Nichtsdestoweniger zeigen zeitgenössische Bilder, daß man es nicht übertrieben fand, zum Frack mehrere Hals- und Brustdekorationen und wenn vorhanden auch so viele Ordenssterne zur Schau zu stellen, daß kaum ein Stück des Bekleidungsstoffes an der Brust sichtbar blieb. Seither hat der Zeitgeschmack für eine wesentliche Einbremsung gesorgt.

Kulturhistorisch bemerkenswert gestaltete sich die Entwicklung der militärischen, zivilen und sonstigen Uniformen und die damit zusammenhängende Tragweise der Dekorationen. Die Neuregelung der Beamtenuniformen 1889 bis 1891[120] sah für Staatsbeamte ab der VIII. Rangsklasse eine Galauniform für besonders feierliche Anlässe vor, dann für alle Beamten eine Dienstuniform für den exekutiven Dienst und den Parteienverkehr. Für Galazwecke hatten die Staatsbeamten von der IX. Rangsklasse abwärts gleichfalls die Dienstuniform zu verwenden. Seit 1891 durften Beamte der politischen Verwaltung von der VI. Rangsklasse abwärts im inneren Dienstverkehr und bei "gewissen, mit besonderer körperlicher Anstrengung verbundenen dienstlichen Verrichtungen" eine einfachere Uniform tragen, zu der anstatt des Uniformrockes eine Jacke oder Bluse gehörte. Da die Uniformierungsvorschrift für alle Staatsbeamten galt, war die Zahl auch der nicht militärischen Uniformträger relativ groß.

Im militärischen Bereich gab es auch eine eigene Galauniform, allerdings nur für die Generäle, ferner für die Kriegsmarine. Bei der militärischen Dienstuniform wurde differenziert zwischen der Adjustierung für Paraden - sie war bei Offizieren der Landstreitkräfte unterhalb der Generalsränge auch für Galaanlässe bestimmt - und der Adjustierung für den sonstigen Dienst. Der Unterschied bestand in der Kopfbedeckung. Im Falle der Paradeadjustierung und bei Gala waren es der Stulphut, der Jägerhut, Tschako, Dragonerhelm bzw. Ulanen-Tschapka. Zum sonstigen Dienst trug man einheitlich die typische steife zylindrische Kappe, deren sich auch die Beamten zur Dienstuniform bedienten. Im Felddienst hatten Offiziere wie alle anderen Angehörigen des Militärs statt des Waffenrockes eine Bluse in der Farbe des Waffenrockes mit vereinfachten Distinktionen zu benützen.[121] Aus dieser Adjustierungsart entstand 1908 die (hechtgraue) Felduniform, welche schließlich die feierlichen, bunten militärischen Kleidungsstücke verdrängte und nach zeitbedingten, aber nicht substantiellen Veränderungen als Vorlage für den heutigen (Kleinen und Großen) Ausgangsanzug des österreichischen Bundesheeres und den Paradeanzug des Gardebataillons sowie des Akademikerbataillons diente.

Die Einführung der Feldadjustierung gab den Anstoß für zwei Neuerungen in bezug auf die Tragart der Dekorationen beim Militär. Mit Handschreiben vom 23.3.1908 führte der Kaiser die sogenannte "kleine Dekoration" für die Großkreuzstufen seiner Orden ein. Die kleine Dekoration bestand aus dem Original der niedrigsten Ordensstufe, also der Brustdekoration, auf deren Dreiecksband eine 20 mm Durchmesser aufweisende Miniatur des Ordenssternes befestigt war.[122] Mit kaiserlicher Entschließung vom 27.10.1917 wurden "kleine Dekorationen" auch für andere höhere Ordensklassen eingeführt. Die Kommandeurkreuze des St. Stephan- und des Leopold-Ordens sowie die II. Klasse des Ordens der Eisernen Krone erhielten als Auflage am Dreiecksband Miniaturen von Kronen, die für den jeweiligen Orden typisch waren. Beim Franz-Joseph-Orden kennzeichnete man die Komture mit dem Stern mit kleinen vierstrahligen Sternen, die Komture mit Miniaturen des Ordenskleinodes und die Träger der Offizierskreuze mit Miniaturen des Ordenskreuzes ohne Doppeladler.

Die zweite, noch wichtigere Neuerung war die Einführung der "Dekorationsspange". Es war dies eine 1 cm bis 1,5 cm hohe, etwa 15 cm lange metallene Unterlage, die mit den Bändern der Dekorationen derart überzogen war, daß das Band der höchsten Dekoration in voller Breite (4 cm) aufschien, die Bänder der übrigen Dekorationen darunter- und ineinandergeschoben, aber jeweils etwa nur 2 cm sichtbar waren. Im Prinzip entsprach diese Anordnung der Trageweise mehrerer Brustdekorationen, deren Dreiecksbänder je nach ihrer Anzahl mehr oder weniger einander verdeckend befestigt waren. Nur das Band der ersten Dekoration war zur Gänze frei.[123] Die Dekorationsspange bildete somit eine einzige Reihe von Dekorationsbändern zum Unterschied von heute. Anstatt der Dekorationsspange wurden mitunter "Bandstreifen" verwendet. Es waren 1 cm bis 1,5 cm hohe Streifen der Dekorationsbänder, die einzeln auf Metallunterlagen aufgenäht, nebeneinander in die Schnürchen (siehe Anmerkung 133) eingehängt werden konnten.

Auf dieser Basis ergab sich für alle Uniformträger vor 1914 folgende Regelung der Tragart der Dekorationen: Zur Galauniform wurden nach den Bestimmungen der einzelnen Ordensstatuten in seltenen Fällen die Collanen - auch mehrere - samt zugehörigen Bruststernen angelegt. Jeweils ein Schulterband und die Sterne auch mehrerer Großkreuze wurden zur Gala- und Paradeuniform, zu Audienzen bei "allerhöchsten und höchsten Personen", also bei Monarchen und bei Angehörigen ihrer Familien, dann über spezielle Anordnung getragen. Die Sterne der Großkreuze udgl. allein, ferner alle Halsorden waren sonst zur Gala- und Paradeadjustierung, dann bei repräsentativen Anlässen als Ordensschmuck vorgeschrieben. Dies alles galt auch für die Dienstuniform der Beamten. Der höchste inländische - in Ermangelung dessen auch ausländische - Orden der Kommandeurklasse war um den Hals, die verbliebenen zwischen den Knopflöchern der rechten Seite des Rockes dem Range nach vom obersten geschlossenen Knopf beginnend anzubringen. Im Felddienst, im "kleinen Dienst" und außer Dienst konnten nur zu einer militärischen Uniform anstatt der Großkreuzsterne die bereits beschriebenen kleinen Dekorationen verwendet werden, ebenso wie die sonstigen Dekorationen am Brustband. Zur Feldadjustierung auf Märschen, bei Gefechtsübungen und Manövern konnte statt der Brustdekorationen die Dekorationsspange angesteckt werden, und zwar in der Höhe des obersten Knopfes der Bluse. Die Brustdekorationen am Dreiecksband waren auf hochgeschlossenen Uniformkleidungsstücken 1 cm unterhalb des Kragenabschlusses und 1,5 cm von der Mitte der Brust, auf Kleidungsstücken mit offenem Kragen (Dienstuniform der Beamten und Flottenrock der Kriegsmarine) knapp oberhalb des obersten Knopfes beginnend in einer waagrechten Reihe zu befestigen. Während des Ersten Weltkrieges wurde es zunehmend notwendig, mehrere Steckdekorationen anzulegen, nicht zuletzt auch deshalb, weil Angehörige der bewaffneten Macht Auszeichnungen der

Verbündeten erhielten. Es kam soweit, daß 1917 ein Schema veröffentlicht wurde, wie und in welcher Rangfolge bis zu 9 Ordenssterne und sonstige Steckdekorationen getragen werden konnten.[124]

Recht durchgesetzt hat sich die Dekorationsspange auf Uniformen nicht. Vorwiegend wurden die Brustdekorationen am Dreiecksband von Uniformträgern in Originalgröße angeheftet, selbst auf Felduniformen.

Es bleibt nachzutragen, daß Beamte des auswärtigen Dienstes - Diplomaten, Angehörige des konsularischen Korps und die entsprechenden Kanzleibeamten - über besondere Uniformen verfügten, für die gleiche Regeln der Tragart von Dekorationen galten.

Sogenannte nationale Festgewänder, wie sie in prächtiger Form von ungarischen und polnischen Adeligen getragen wurden, galten als hoffähig. Sie konnten auch im Ausland von österreichisch-ungarischen Diplomaten anstatt der vorgeschriebenen Uniform verwendet werden. Auf diesen Nationalgewändern wurden die Dekorationen wie auf den Galauniformen angelegt.

Miniaturdekorationen als solche durften zu keiner Uniform getragen werden.

In der Zwischenkriegszeit und bedingt durch den Zweiten Weltkrieg hat die Trageweise von Dekorationen in allen Ländern Umwandlungsprozesse durchgemacht. Die Tendenz bewegt sich in Richtung Schlichtheit und Vereinfachung.

Gegenwärtig ist die Trageweise inländischer Originaldekorationen in der Beilage 3 zum Statut für das Ehrenzeichen für Verdienste um die Republik Österreich geregelt.[125] Diese gilt aber nur für besonders feierliche Gelegenheiten. Im übrigen ist in bezug auf <u>Zivilkleidung</u> zu beachten:

1) Durch einen Erlaß des Bundeskanzleramtes aus dem Jahre 1953 wurde bekanntgemacht:
"Orden, Ehrenzeichen und Rosetten werden von Herren und Damen grundsätzlich nicht angelegt, wenn Smoking oder kleines Abendkleid getragen wird. Das Tragen von Orden zum Frack erfolgt ausschließlich bei offiziellen oder seriösen öffentlichen Veranstaltungen, keinesfalls aber bei Redouten oder ähnlichen Faschingsveranstaltungen. Bei Anlässen geringerer Bedeutung werden in- und ausländische Dekorationen zum Frack in Miniaturform getragen. Kommandeur- und Großkreuze werden bei offiziellen Anlässen von höherer Bedeutung zum Frack angelegt. Das (Großkreuz-)Band wird grundsätzlich unter der weißen Weste getragen. Nur bei Anwesenheit eines Staatsoberhauptes wird das Band über der Weste angelegt. Letztere Trageweise wird von Souveränen (Staatsoberhäuptern), falls sie im Frack mit Orden erscheinen, unter allen Umständen beobachtet."[126]

2) Ergänzend dazu wird auf folgende Gepflogenheit hingewiesen:

   a) Zum Band des Großkreuzes muß stets der dazugehörige Bruststern getragen werden. Dagegen kann man den Bruststern allein anlegen. Besitzer mehrerer Auszeichnungen der Großkreuzklasse tragen das Schulterband nur einer Auszeichnung, von den weiteren die Bruststerne. Es ist üblich, höchstens drei Bruststerne bzw. Steckdekorationen gleichzeitig anzulegen; die höchste Dekoration kommt zuoberst, die nächste darunter, eine dritte neben die zweite Dekoration links[127], so daß ein gleichschenkeliges Dreieck entsteht. Auf geistlichen Gewändern, Talaren usw. werden die Bänder der Großkreuzklasse in Falten gelegt breit um den Hals getragen, und zwar ohne Rosette. Das Kleinod hängt in der Mitte auf der Brust.

b) Bei manchen Dekorationen der Kommandeurklasse ("Halsorden"), so dem Großen Goldenen und Großen Silbernen Ehrenzeichen für Verdienste für das Land Wien[128] oder bei ausländischen Orden, ist für Damen die Tragart an einem maschenartig genähten Band, der sogenannten "Damenschleife" vorgeschrieben, wie es beim Goldenen und Silbernen Ehrenzeichen für Verdienste um die Republik Österreich sowie den Verdienstzeichen und Medaillen der Fall ist. Die einzelnen Stufen unterscheiden sich durch Breite des Bandes bzw. Größe der Dekoration. Die Auszeichnung wird etwa eine Handbreit unterhalb der linken Schulter befestigt. Grundsätzlich trägt man nur eine Dekoration der Kommandeurklasse. Das gilt insoweit nicht für Dekorationen, die an einer Ordenskette (Collane) um den Hals getragen werden (z.B. Ehrenzeichen des Landes Tirol oder "Gran Cordone" des Verdienstordens der Republik Italien udgl.), als zusammen mit einer Ordenskette eine Dekoration der Kommandeurklasse in Originalgröße angelegt werden kann. In der Bundesrepublik Deutschland ist es jedoch üblich, auch zwei Auszeichnungen der Kommandeurklasse gleichzeitig zu tragen.
Bezüglich der Sterne zu einer Halsdekoration gilt Punkt a) sinngemäß.

c) Mehrere Dekorationen am dreieckig gefalteten Band tragen Herren in einer Reihe und in der Reihenfolge von der Brustmitte nach links. Die in manchen Ländern herrschende Übung, bei einer Vielzahl von Auszeichnungen in Originalgröße Reihen untereinander zu bilden, besteht in Österreich nicht.

d) Miniaturen von Dekorationen werden zumeist entweder an einem ca. 10 mm breiten und ca. 25 mm langen Bändchen oder ohne Band an einem Ordenskettchen getragen. Der Grad der Auszeichnung kommt in der Größe bzw. der Gestaltung der Miniatur (z.B. bei der Großkreuzklasse in Form eines Sterns) oder durch Rosetten oder andere Auflagen am Bändchen zum Ausdruck. Es können also gleichzeitig mehrere Dekorationen sämtlicher Stufen angelegt werden. Einzelne Miniaturen mit Bändchen werden von Herren auf der oberen Hälfte des linken Revers, von Damen an einer Miniatur-Damenschleife wie zu b) getragen. Mehrere Miniaturen mit Bändchen werden nebeneinander gereiht[129], wie zu c). Am Ordenskettchen, das aus dem Knopfloch am linken Revers von links[127] oben nach rechts unten hängt, müssen mehrere Miniaturen in der Weise befestigt werden, daß die höchste Auszeichnung zuoberst kommt, die Reihung geht nach unten zu. Die kombinierte Tragweise von Auszeichnungen in Originalgröße mit Miniaturen ist selbst bei Anlässen besonders feierlicher Art zur Regel geworden. So können z.B. zum Frack ein Großkreuzband samt einem Stern, und/oder ein Kommandeurkreuz jeweils in Originalgröße, die übrigen Auszeichnungen aber in Miniatur angelegt werden. Für Dekorationen der Bundesländer Tirol und Vorarlberg sind Miniaturen anderer Art normiert. Das Ehrenzeichen und das Verdienstkreuz des Landes Tirol können in verkleinerter Form am Knoten der Krawatte angesteckt werden. Der große Tiroler Adlerorden und Vorarlberger Halsdekorationen werden als Miniaturen an schmalen Bandschleifen am Rockrevers getragen.

e) Abweichungen vom Punkt 1):
Das Ehrenzeichen für Verdienste um die Befreiung Österreichs kann in Originalgröße, als Miniatur und als Rosette zu jeder ihr würdigen Kleidung getragen werden.[130] Das Ehrenzeichen des Landes Tirol wird üblicherweise bei feierlichen Anlässen auch zur festlichen Zivilkleidung oder zur Tracht in Originalgröße angelegt.
In manchen ausländischen Staaten werden Miniaturen zum Smoking und zum schwarzen Anzug angelegt. Ersteres kommt gelegentlich auch in Österreich vor, doch sollte es je nach Anlaß mit der Bandrosette sein Bewenden haben. Im Zweifel sollte auf Ordensschmuck verzichtet werden. In der Bundesrepublik Deutschland können Dekorationen der Kommandeurklasse, aber auch Bruststerne und andere Steckdekorationen zum Smoking oder zur dunklen Kleidung getragen werden; Miniaturen werden ferner bei manchen Anlässen zur Alltagskleidung angelegt.

f) Grundsätzlich sind die Dekorationen des eigenen Staates vor den ausländischen zu reihen. Bundesauszeichnungen rangieren vor den Auszeichnungen eines Bundeslandes. Die Reihenfolge ausländischer Auszeichnungen richtet sich nach dem Grad und dem Verleihungsdatum. Es ist jedoch zulässig, eine ausländische Auszeichnung an erster Stelle oder auch allein anzulegen, wenn es sich um einen Anlaß handelt, bei dem der betreffende Staat oder sein offizieller Vertreter besonders geehrt werden soll.

g) Es darf jeweils nur eine Rosette getragen werden, was aber auch für andere Knopflochabzeichen gilt, denn man hat nur ein Knopfloch am Revers frei.

h) Die Statuten der Orden der Monarchie und heute noch mancher ausländischer Staaten sahen bzw. sehen vor, daß bei späterer Verleihung einer höheren Stufe, die niedrigere Stufe des gleichen Ordens abgelegt wird. Es gibt aber differenzierte Regelungen bei Kriegsauszeichnungen oder z.B. beim Verdienstorden der Bundesrepublik Deutschland. Dort wird bei erneuter Auszeichnung mit dem Verdienstorden die früher zuerkannte Stufe zwar nicht abgelegt, doch trägt man bei den höheren Stufen nur ein Schulterband und einen Stern.

3) Die Art und Größe der Rosetten (Bändchen und Bandstege) zu den bundesstaatlichen Auszeichnungen wurden wie folgt festgesetzt:[131]

Rosetten
zum Ehrenzeichen für Verdienste um die Republik Österreich

Großstern	Rosette 12 mm, Band mehr weiß, beiderseits 9 mm breiter goldener Vorstoß
Großes Goldenes Ehrenzeichen am Bande	Rosette 9 mm, Band mehr weiß, beiderseits 6 mm breiter goldener Vorstoß
Großes Silbernes Ehrenzeichen am Bande	Rosette 9 mm, Band mehr rot, beiderseits 6 mm breiter goldener Vorstoß
Großes Goldenes Ehrenzeichen mit dem Stern	Rosette 9 mm, Band mehr weiß, 6 mm breiter, rechts goldener, links silberner Vorstoß
Großes Silbernes Ehrenzeichen mit dem Stern	Rosette 9 mm, Band mehr rot, 6 mm breiter, rechts goldener, links silberner Vorstoß
Großes Goldenes Ehrenzeichen	Rosette 9 mm, Band mehr weiß, beiderseits 6 mm breiter silberner Vorstoß
Großes Silbernes Ehrenzeichen	Rosette 9 mm, Band mehr rot, beiderseits 6 mm breiter silberner Vorstoß
Großes Ehrenzeichen	Rosette 12 mm, Band mehr weiß

Goldenes Ehrenzeichen	Rosette 9 mm, Band mehr weiß
Silbernes Ehrenzeichen	Rosette 9 mm, Band mehr rot
Goldenes Verdienstzeichen	Bändchenschleife, mehr weiß, 6 mm breit, 25 mm lang
Silbernes Verdienstzeichen	Bändchenschleife, mehr rot, 6 mm breit, 25 mm lang
Goldene Medaille	Bandsteg, mehr weiß, 3 mm breit, 20 mm lang
Silberne Medaille Bronzene Medaille	Bandsteg, mehr rot, 3 mm breit, 20 mm lang
Goldene Medaille am roten Band	Bandsteg, nur rot mit weißem Rand, 3 mm breit, 20 mm lang

Rosetten
zum Ehrenzeichen (Ehrenkreuz) für Wissenschaft und Kunst

Ehrenzeichen	Rosette 9 mm, Band dunkelrot, beiderseits 6 mm breiter silberner Vorstoß
Ehrenkreuz I. Klasse	Rosette 12 mm, Band dunkelrot
Ehrenkreuz	Rosette 9 mm, Band dunkelrot
zum Ehrenzeichen für Verdienste um die Befreiung Österreichs	Rosette 10 mm, Band rot-weiß-rot mit aufgelegten zwei silberfarbenen gekreuzten Lorbeerzweigen. Frauen können statt der Rosette eine maschenartige genähte Leiste mit zwei Lorbeerzweigen tragen.

4) Rosetten in der unter Punkt 3) dargestellten Art gibt es auch zu manchen ausländischen Dekorationen. In Frankreich oder z.B. Belgien und Polen verwendet man bei höheren Graden das gleiche System mit unterlegten goldenen, silbernen und gemischten Vorstößen - man nennt sie "Flügel". In Italien fehlen die Flügel. Die höheren Klassen unterscheiden sich durch Auflagen im Inneren der Rosetten. Es sind dies beim Großkreuz die Miniatur des Ordenssternes, beim Großoffizier die eines kleineren Sternes, beim Kommandeur (Commendatore) die des Ordenskleinods und beim Offizier eine silberne Mauerkrone.

oben: Österreichisches Ehrenzeichen für Wissenschaft und Kunst

links: Österreichisches Ehrenkreuz für Wissenschaft und Kunst I. Klasse

rechts: Österreichisches Ehrenkreuz für Wissenschaft und Kunst

*K.u.K. Österreichisch-Ungarisches Ehrenzeichen
für Kunst und Wissenschaft (Avers)*

K.u.K. Österreichisch-Ungarisches Ehrenzeichen
für Kunst und Wissenschaft (Revers)

oben: Militärverdienstkreuz I. Klasse mit Kriegsdekoration und goldenen Schwertern

unten: Große Militärverdienstmedaille für Allerhöchste besondere belobende Anerkennung

Österreichisches Militärverdienstzeichen (1989)

*Beispiel eines Damenordens:
Österreichisch-Kaiserlicher Elisabethorden
1. Klasse mit dem Stern*

Goldene Tapferkeitsmedaille für Offiziere
Avers   Revers

Galauniform eines k.u.k. Geheimen Rates
(Aufnahme in einer Spiegelvitrine)

Die Bundesrepublik Deutschland hat eine abgewandelte Methode entwickelt. Anstatt der Rosette wird ein Knopflochbandsteg verwendet. Er besteht aus einer im Knopfloch anzusteckenden Unterlage, auf der ein etwa 10 mm großes quadratisches Bändchen befestigt ist, das ab dem Verdienstkreuz I. Klasse des Verdienstordens Auflagen trägt.

5) Die bisher dargestellten Gepflogenheiten betreffen vorwiegend die Zivilkleidung. Bei Uniformträgern sind einige Besonderheiten zu verzeichnen. Für das österreichische Bundesheer besteht eine erlaßmäßige Regelung der Tragweise von Dekorationen zur Uniform[132], die auszugsweise nur insoweit wiedergegeben wird, als darin Abweichungen vom bisher Gesagten enthalten sind. Diese Regelung kann auch als Richtschnur für andere Uniformträger in Österreich dienen.

    a) Zur Uniform des österreichischen Bundesheeres dürfen grundsätzlich alle nach 1945 geschaffenen Orden und Ehrenzeichen der Republik Österreich und der österreichischen Bundesländer getragen werden. Außerdem dürfen zur Uniform die Orden und Ehrenzeichen von Institutionen getragen werden, die wegen ihres humanitären Einsatzes, ihrer Bedeutung im Rahmen der umfassenden Landesverteidigung oder sonstiger traditioneller Verbundenheit mit dem Bundesheer eine enge Zusammenarbeit pflegen. Ausländische Orden und Ehrenzeichen dürfen zur Uniform des österreichischen Bundesheeres nur dann angelegt werden, wenn hiezu die Tragegenehmigung bescheidmäßig erteilt wurde.
Die Anordnung von Steckdekorationen bzw. die einheitliche Einbindung von Brustdekorationen in die Ordensschnalle (Volldekoration)[133] bzw. Ordensspange[134] erfolgt nach folgender Rangordnung: Bundesauszeichnungen, Landesauszeichnungen, sonstige (inländische) Auszeichnungen, ausländische Auszeichnungen. Die Auszeichnungen können in einer oder mehreren Stufen verliehen werden (in Bronze, Silber und Gold). Bei Volldekoration werden sie in Originalgröße getragen. Zur Ordensspange werden sie, sofern dies in den Statuten vorgesehen ist, als Miniatur aufgelegt. In weiterer Folge wird die Reihung durch die Verleihungsklassen bestimmt.

    b) Halsdekorationen mit Bruststern und Halsdekorationen dürfen nicht gemeinsam getragen werden. Bei mehreren Auszeichnungen dieser Art ist die Auswahl dem Anlaß entsprechend auf eine Dekoration zu beschränken. Steckdekorationen können an der linken unteren Brustseite sowohl zur Ordensschnalle als auch zur Ordensspange getragen werden. Es darf jedoch nur eine Steckdekoration geführt werden. Wenn es das Ordensstatut erfordert (z.B. Stern des Großoffiziers der Ehrenlegion), wird die

Steckdekoration auch auf der rechten Brustseite angebracht.
Gibt es zu einer Steckdekoration
- ein eigenes Band zur Ordensspange,
- eine Rosette zum Band der Ordensspange (z.B. bei Bundesauszeichnungen zur Kennzeichnung der höheren Stufe einer Auszeichnung nach den unter Punkt 3) beschriebenen Regeln) oder
- eine Miniatur zum Auflegen auf das Band der Ordensspange (z.B. beim Goldenen bzw. Silbernen Ehrenzeichen des Landes Oberösterreich),

sind diese Bänder in die Ordensspange einzubinden. Brustdekorationen werden in Form der Ordensschnalle (Volldekoration) oder in der Ordensspange getragen.

Ordensschnalle:
Die zu einem Dreieck gefalteten Bänder mit Kleinod werden einreihig montiert, wobei maximal 8 Auszeichnungen getragen werden dürfen. Die Schnalle ist parallel zur linken Brusttasche 12 mm oberhalb der Naht anzubringen. Die Reihung erfolgt der Rangordnung entsprechend von innen nach außen.

Ordensspange:
Sie besteht aus zu Rechtecken gefalteten Bändern und wird an der linken Brustseite getragen. Bei einer Reihe beträgt der Abstand des unteren Randes von der Brusttaschennaht 12 mm, bei mehreren (maximal 5) Reihen 2 mm. Die Höhe der Bänder beträgt 10 mm. Eine Reihe darf maximal drei Bänder umfassen. Die Bänder sind auf schwarzem Filz so aufzunähen, daß die Filzunterlage auf jeder Seite des Bandes 2 mm über den Rand des Bandes hinausragt. Die Bänder sind jedoch an den Nahtstellen so aneinanderzufügen, daß die Filzunterlage nicht sichtbar ist.

Werden Auszeichnungen verschiedener Bundesländer getragen, ist die Auszeichnung desjenigen Bundeslandes vorzureihen, in dessen Bereich der Betroffene seinen Dienst versieht.

c) Die Tragweise ausländischer Auszeichnungen richtet sich grundsätzlich nach den österreichischen Richtlinien. Sie werden in die Ordensschnalle bzw. -spange eingebunden. Bei mehr als 8 Auszeichnungen obliegt die Selektion dem Träger, wobei Auszeichnungen der Republik Österreich der Vorrang zu geben ist.

Ausländische Hals- und Steckdekorationen sind nur dann anzulegen, wenn ein Anlaß zur Ehrung des betreffenden Landes vorliegt, Halsdekorationen jedoch nur dann, wenn Volldekoration vorgesehen ist.

Ausländische Orden werden in der Reihenfolge ihrer Verleihungsklassen getragen. Bei gleichem Grad richtet sich die Reihenfolge nach den Anfangsbuchstaben des Namens der Verleihungsstaaten in alphabetischer Reihenfolge.

d) Die Regelung, zu welchen Anlässen und in welcher Form Orden und Ehrenzeichen getragen werden, bestimmt die Dienstvorschrift für das Bundesheer "Anzugsordnung".[135] Sie lautet:

Die <u>Ordensspange</u> darf nur an der Feldbluse, der Tarnjacke (ausgenommen zum Kampfanzug) sowie am Uniformrock zum Allgemeinen Dienstanzug, zum Kleinen Ausgangsanzug und zum Kleinen Gesellschaftsanzug getragen werden.

Die <u>Volldekoration</u> darf getragen werden auf
- der Feldbluse zum Ausgangsanzug für Grundwehrdiener, dem Uniformrock zum Großen Ausgangsanzug und zum Großen Gesellschaftsanzug,
- der Feldbluse bzw. Tarnjacke zum Kampfanzug bei folgenden Anlässen:
  (1) Ehrenposten,
  (2) Spalier am Sarge,
  (3) Ehrenformation,
  (4) am Tag der Verleihung der Dekoration.[136]

e) In den meisten auswärtigen Staaten ist die Ausstattung und die Tragweise der Ordensspangen oder Bandspangen mehr oder weniger ähnlich. Auf gewisse Unterschiede muß jedoch aufmerksam gemacht werden.

In der <u>Bundesrepublik Deutschland</u> werden Dekorationsbänder verschiedener Breite verwendet. Für Halsorden und noch höhere Klassen von Auszeichnungen der Bundesrepublik, der deutschen Bundesländer und des früheren Deutschen Reiches sind sie 40 mm breit und weisen Bandauflagen in Gestalt von Kreuz- bzw. Sternminiaturen auf. Sie bilden die oberste Reihe der Bandspange. In den darunter befindlichen Reihen werden durch 25 mm breite Bänder die niedrigeren deutschen Dekorationen, ferner alle ausländischen Orden auch höherer Klassen, allenfalls mit Bandauflagen, dargestellt.

<u>Französische</u> und z.B. <u>belgische</u> Uniformträger benützen Ordensspangen ähnlicher Art wie die in Österreich gebräuchlichen.

<u>Großbritannien</u> kennt keine Unterscheidung von Ordensklassen auf der Ordensspange. Es werden jeweils die Dekorationsbänder gleicher Breite ohne Auflagen getragen.[137]

Die <u>Republik Italien</u> hat in Beziehung auf die einheitliche Breite der Bänder die gleiche Regelung wie Österreich. Bei den Bandauflagen des Ordens für Verdienste um die Republik Italien besteht folgendes System: Das Band der niedrigsten Klasse des Cavaliere hat keine Auflage. Auf dem Band des Offiziers (Cavaliere Ufficiale) ist eine silberne Mauerkrone aufgelegt, beim Kommandeur (Commendatore) ist es eine goldene Mauerkrone, beim Großoffizier (Grande Ufficiale) sind es zwei und beim Großkreuz (Cavaliere die Gran Croce) drei goldene Mauerkronen. Auf

Dekorationsbändern des bis 1946 bestandenen Königreiches Italien wurden nach der gleichen Anordnung Königskronen aufgelegt. Soweit heute noch Träger der früheren Orden in Uniform auftreten, ersetzen sie auf den Ordensbändern die Königskronen durch fünfzackige Sternchen.

6) Österreichische Staatsbürger, denen ausländische Orden und Ehrenzeichen verliehen wurden, benötigen zur Annahme und zum Tragen der Auszeichnung - gleich, ob zum bürgerlichen Kleid oder zur Uniform - eine vom Bundeskanzleramt zu erteilende Bewilligung.[138] Der Beliehene hat daher - gegebenenfalls im Dienstwege - an das Bundeskanzleramt ein entsprechendes Ansuchen zu richten, dem eine beglaubigte Abschrift oder eine Fotokopie des Verleihungsdekretes anzuschließen ist.

Zweiter Teil

Staatliche Auszeichnungen anderer Art

Die Staatsrechtslehre bediente sich um die Jahrhundertwende des Ausdruckes "staatliche Ehrenverleihungen" als Oberbegriff für Ordensauszeichnungen, Titel, Ehrenzeichen (Medaillen und Denkmünzen) sowie für Auszeichnungen anderer Art. Unter "Ehrenverleihungen" verstand man - umständlich formuliert - "die Übertragung gewisser in äußere Erscheinungsform tretende Ehren auf ein Rechtssubjekt in der Absicht, dessen auf irgendeinem Gebiet öffentlicher oder privater Tätigkeit erworbene Verdienste zu allgemeiner Anerkennung zu bringen. Jede Ehrenverleihung stellt sich somit als ein remuneratorischer Akt dar, welcher in erster Reihe die Belohnung der auszuzeichnenden Persönlichkeit bezweckt, in zweiter Reihe aber sowohl für dieselbe als auch für die Allgemeinheit einen Ansporn bilden soll, in Hinkunft alle Kräfte dem gemeinen Nutzen nach Möglichkeit dienstbar zu machen".[139]

In dieser Arbeit sind bisher die Orden und Ehrenzeichen (im weiteren Sinne) behandelt worden. Sämtliche staatliche Auszeichnungen zu erörtern würde wegen ihrer oft ganz verschiedenen Artung zu Ausuferungen führen. Wegen einer gewissen Affinität zu den Dekorationen und weil auf sie wiederholt Bezug genommen wurde, erscheint es nützlich, einmal gewisse Würden oder Institutionen, die es nur in der Monarchie gab, kurz zu skizzieren. Im wesentlichen handelt es sich um Titelverleihungen, die einen Vergleich zur Gegenwart nicht zulassen. Zum anderen bedarf es der Erwähnung einiger Kategorien von staatlichen Ehrungen, deren Wurzeln in der Zeit vor 1918 lagen und die in der Republik weiter ausgebaut, einen heute nicht wegzudenkenden Bestandteil des Auszeichnungswesens bilden.

I) Die k. und k. Geheimen Räte

Als eine der höchsten Auszeichnungen der Monarchie galt die Verleihung der Würde eines k. und k. Geheimen Rates, womit das Recht auf die Anrede "Exzellenz" verknüpft war. Zur Erläuterung der Entstehungsgeschichte muß etwas weiter ausgeholt werden. Auf dem Generallandtag der österreichischen Erblande in Augsburg 1525/26 drängten die Stände den Erzherzog-Infanten und späteren König und Kaiser Ferdinand I., die hohen Ämter mit einheimischem Adel und Adeligen aus dem römisch-deutschen Reich zu besetzen und überhaupt einen deutschen (statt spanischen) Hofstaat aufzurichten. Das Ergebnis war die Schaffung von Hofstaatsordnungen von 1527 und 1537, worin zur Beratung (nicht auch Entscheidung) der geheimen und schwierigen Staatsgeschäfte ein geheimer Rat institutionalisiert wurde. In dieses höchste Kollegium wurden nur hervorragende Männer berufen, die sich in den verschiedensten Dienststellungen erprobt hatten. Die Zahl der Geheimen Räte, welche am Hofe der Habsburger die vornehmste Stelle einnahmen, war ursprünglich gering. Sie wuchs aber beträchtlich an, zumal sich die Mitglieder der angesehensten Adelsfamilien bemühten, diese Würde zu erlangen. Deshalb berief Kaiser Leopold I. um 1650 zur eigentlichen Beratung der Regierungsgeschäfte die "geheime Conferenz", ein kleines Gremium, behielt aber die Geheime Ratswürde mit ihren Prärogativen bei. Die Geheimen Räte wurden bis zum Ende der Monarchie bei besonderen Anlässen, bei Hochzeiten, Leichenfeiern udgl. "nach Hof geladen" und bildeten den Umstand des Herrschers. Ursprünglich waren die Geheimen Räte jedenfalls Mitglieder eines wichtigen beratenden Kollegiums des Landesfürsten. Seit Ferdinand II. (1619 - 1637) wurden offensichtlich Geheime Räte ad honores ernannt, die kein Amt bekleideten, sondern nur die Vorzüge ihrer Würde genossen. Die Herkunft dieser Titular- oder Dekretal-Geheimen Räte wird teilweise auch davon abgeleitet, daß die vom Vorgänger des Landesfürsten ernannten (wirklichen) Geheimen Räte von dem Nachfolger "nicht sämtlich durchaus bestätigt, sondern nur eine Zahl zu der Wirklichkeit zugelassen worden sind, die übrigen aber alle titular oder honorari geblieben sind". So hat Josef I. von den von Leopold I. hinterlassenen 105 Geheimen Räten nur 33 als seine "wirklichen" übernommen.[140] Ab der Regierungszeit Ferdinands II. scheinen auch "außerordentliche" Geheime Räte auf. Es waren meist aus dem Reich stammende Protestanten. Sie kamen unter Josef II. allmählich ab, nachdem der Kaiser 1781 eine neue, auch für Protestanten annehmbare Eidesformel eingeführt hatte.

Einschneidend waren aber bereits die Reformen Maria Theresias, die ab 1753 die Beratungen des Geheimen Ratskollegiums nicht mehr in Anspruch nahm, so daß der Unterschied zwischen "wirklichen" und titulierten oder außerordentlichen Geheimen Räten bedeutungslos wurde. Josef II. und seine Nachfolger ernannten daher ohne weitere Differenzierung nur mehr "wirkliche" Geheime Räte. Auf den Zusatz "wirkliche" wurde zuletzt verzichtet.

Bis zum Regierungsantritt Maria Theresias lautete der korrekte Titel "Kaiserlicher Geheimer Rat". Die von Maria Theresia zunächst als Königin von Ungarn und Böhmen kreierten Würdenträger nannte man "Königliche Geheime Räte". Kaiser Franz I. befahl nach seiner Kaiserkrönung 1745, daß alle erbländischen Behörden die Bezeichnung "kaiserlich-königlich" zu führen hatten. Das bezog sich auch auf die Geheimen Räte. Zufolge des Handschreibens Kaiser Franz Joseph I. vom 17. Oktober 1889 hießen u.a. alle Hofwürden "kaiserlich und königlich".[141] Während der letzten Jahrzehnte der Monarchie lautete der offizielle Titel somit "k.u.k. Geheimer Rat". Die Ernennung zum Geheimen Rat wurde am gleichen Tag in der "Wiener Zeitung" und dem entsprechenden Blatt in Budapest mit folgender Formel kundgemacht: "Seine k.u.k. Apostolische Majestät haben dem X.Y.

die Würde eines Geheimen Rates (taxfrei) allergnädigst zu verleihen geruht".

Die Erlangung der Würde eines Geheimen Rates war, wie weiter oben berichtet, ursprünglich mit den höchsten Stufen des St. Stephan-, des Leopold- und des Eisernen Kronen-Ordens verbunden. Im übrigen verlieh der Kaiser diese Würde selten als hohe Auszeichnung für geleistete Dienste an Minister, Zivil- und Militärpersonen der I. bis III. Rangsklasse, gelegentlich auch der IV. Rangsklasse, ferner an andere bedeutende Persönlichkeiten (männlichen Geschlechts) des Inlandes. Für die Verleihung war eine Kameraltaxe von 12.600 Kronen (1990/1991 wären das S 630.000,-- gewesen) zu entrichten, die Jahresgage eines Beamten der V. Rangsklasse. Staatsbeamten wurde die Taxe regelmäßig erlassen. Die Geheimen Räte hatten einen sehr hohen protokollarischen Rang. Ende des Jahres 1912 lebten in Österreich-Ungarn 599 k. und k. Geheime Räte, davon hatten 416 eine aktive Stellung im Berufsleben, 183 waren Ruheständler.[142] Während des Jahres 1912 sind 51 Persönlichkeiten mit der Geheimen-Ratswürde ausgezeichnet worden. 15 von ihnen hatten bis dahin keine Ordensauszeichnung empfangen. Den Ordensgrad 3 besaßen 2 der neu ernannten Geheimen Räte[143], 6 weitere als höchste tragbare Auszeichnung den Ordensgrad 4[144], einer den Ordensgrad 5[145] und 13 den Ordensgrad 6.[146] Die restlichen Geheimen Räte waren Träger von Orden niedrigerer Grade, deren Verleihung mehrere Jahre zurücklag. Daraus läßt sich ableiten, daß die Geheime-Ratswürde jedenfalls höher eingeschätzt wurde, als eine Auszeichnung mit dem Ordensgrad 6, welcher 1912 immerhin mit 41 Neubeliehenen vertreten war.

Auch nach oben hin läßt sich eine Grenze ziehen. Bis 1884 war, wie berichtet, mit der Verleihung schon des Ordensgrades 3 der Anspruch auf die Würde eines Geheimen Rates gegeben. Wenngleich diese Verknüpfung beider Auszeichnungen weggefallen ist, blieb ein Wertigkeitskonnex erhalten. Man wird also die Würde des Geheimen Rates mit einer Ehrung durch die Ordensgrade 3 bis 5 vergleichen können.

Die Einhaltung von Interkalarfristen zwischen einer Ordensauszeichnung und der Verleihung der Geheimen-Ratswürde ist nicht ersichtlich. Wohl ist aber ein Aspekt zu beachten, der bei gewissen Staatsämtern für eine Automatik und gegen den Auszeichnungscharakter spricht. So wurde es üblich, einem Minister die (noch fehlende) Geheime-Rats-Würde nach 6 Monaten seiner Amtstätigkeit zu verleihen, dem neuen Statthalter eines großen Kronlandes nach 1 Jahr, bei einem weniger großen Kronland nach 3 Jahren und einem Landespräsidenten nach 10 Jahren in der Funktion der IV. Rangsklasse. Bei den in diese Rangsklasse eingeteilten Sektionschefs der Zentralstellen und den Senatspräsidenten der Höchstgerichte war auch eine 10-jährige Funktionsdauer vonnöten. Dazu kam, daß in jedem Ressort und bei jedem Höchstgericht in der Regel nur einem, dem ältesten Funktionär dieser Kategorie die Würde eines Geheimen Rates verliehen wurde. Die Präsidenten der Oberlandesgerichte und die anderen Richter der III. Rangsklasse wurden im allgemeinen nach 2 bis 3 Jahren Geheime Räte.[147]

Die Hofwürde eines k.u.k. Kämmerers war keine Auszeichnung für Verdienste. Zu ihrer Erlangung war es notwendig, daß der Kandidat seine eheliche Abkunft von 16 adelig geborenen Ahnen, also bis zu den Ur-Ur-Großeltern nachwies. Es war ferner eine Taxe von 2.100 Kronen zu entrichten, was nach der Kaufkraft von 1991 einer Summe von etwa S 105.000,-- entspricht. Die Kämmerer hatten ihren Hofrang nach den Geheimen Räten und sonst den protokollarischen Rang der V. Rangsklasse. Viele Geheime Räte waren zugleich auch Kämmerer und führten den Titel "k.u.k. Geheimer Rat und Kämmerer".

Sonst ist zu sagen, daß die Ehrung durch Verleihung der Würde eines Geheimen Rates ebenso wie die anschließend behandelte Berufung in das Herrenhaus bzw. das Magnatenhaus eine oft benützte Ergänzung der Palette der höchsten Ordensauszeichnungen bot.

II) Das Herrenhaus und die Magnatentafel

Gleichfalls eine sehr hohe Ehrung war die Berufung als Mitglied auf Lebensdauer in das Herrenhaus des Reichsrates oder in die Magnatentafel des ungarischen Reichstages. Diese Kammern der gesetzgebenden Körperschaften hatten nicht wenige Parallelen zum britischen Oberhaus.

Nach der Urfassung des Grundgesetzes über die Reichsvertretung[148] war der Reichsrat das Parlament des Kaisertums Österreich - einschließlich Ungarns. Der Reichsrat bestand aus dem Herrenhaus und dem Haus der Abgeordneten. Mitglieder des Herrenhauses waren durch Geburt die großjährigen Prinzen des kaiserlichen Hauses, die großjährigen Häupter jener inländischen, durch ausgedehnten Grundbesitz hervorragenden Adelsgeschlechter, denen der Kaiser die erbliche Reichsratswürde verlieh, ferner vermöge hoher Kirchenwürde alle Erzbischöfe und jene Bischöfe, welchen fürstlicher Rang zukam, schließlich vom Kaiser auf Lebensdauer ernannte ausgezeichnete Männer.[149] Die staatsrechtlichen Veränderungen von 1867 schränkten die Kompetenz des Reichsrates auf die österreichische Reichshälfte ein. Grundlegende Neuerungen brachte die Einführung des allgemeinen Wahlrechtes für das Abgeordnetenhaus 1907[150], bei welcher Gelegenheit auch die Bestimmungen über die Berufung von Herrenhausmitgliedern auf Lebensdauer eine Präzisierung erfuhren.[151] 1912/13 saßen im Herrenhaus 14 großjährige Prinzen des kaiserlichen Hauses, 90 Mitglieder, denen der Kaiser die erbliche Reichsratswürde verliehen hat, 17 Mitglieder vermöge hoher Kirchenwürde[152] und schließlich 156 Mitglieder auf Lebensdauer.[153] Nur dieser Gruppe kam der Charakter einer Auszeichnung zu: Der Kaiser konnte aus den im Reichsrat vertretenen Königreichen und Ländern "ausgezeichnete Männer, welche sich um Staat oder Kirche, Wissenschaft oder Kunst verdient gemacht haben", als Mitglieder in das Herrenhaus berufen. Ihre Zahl durfte 170 nicht überschreiten und keinesfalls unter 150 liegen. Hier fällt einerseits auf, daß die Auswahlkriterien identisch waren mit denen, die bei Ordensverleihungen vorkamen, andererseits daß der Monarch die Möglichkeit besaß, die Mehrheitsverhältnisse im Herrenhaus zu beeinflussen.

Die Verfassung der ungarischen Reichshälfte, oder wie sie offiziell hieß, der "Länder der ungarischen heiligen Krone", kannte als Parlament den Reichstag, der sich aus dem Oberhaus (Magnatentafel oder Magnatenhaus) und dem Abgeordnetenhaus zusammensetzte. Das Magnatenhaus ähnelte in der Grundkonzeption dem cisleithanischen Herrenhaus, nur waren die erblichen Mitglieder und die Mitglieder kraft Amtes oder kirchlicher bzw. religiöser Würde verschiedener Konfessionen wesentlich zahlreicher. Die vom König auf Lebensdauer ernannten Mitglieder stellten eine eher kleine Minderheit dar. Ihre Zahl lag unter 50[154] von insgesamt etwa 340 Angehörigen des Magnatenhauses.

Während des Jahres 1912 hat der Kaiser 15 Persönlichkeiten die Mitgliedschaft des Herrenhauses auf Lebenszeit verliehen.[155] Ein Drittel von ihnen besaß schon die Würde eines Geheimen Rates. Was tragbare Auszeichnungen anlangt, hatten 2 der neu ernannten Herrenhausmitglieder den Ordensgrad 3, 2 weitere den Ordensgrad 4, 3 den Ordensgrad 6, 6 den Ordensgrad 8 und 2 noch keinen Orden.

Eine so detaillierte Auskunft kann bezüglich der auf lebenslang bestellten Mitglieder der Magnatentafel mangels Unterlagen nicht gegeben werden. Es läßt sich lediglich errechnen, daß zwischen dem Beginn des Jahres 1913 und Ende 1915, somit während dreier Jahre nur 10 solche Mitglieder in das Magnatenhaus berufen worden sind, was einem Jahresdurchschnitt von etwas mehr als 3 entspricht, somit einer Größe, die statistisch nicht ins Gewicht fällt.

Die Mitgliedschaft zum Herrenhaus und zur Magnatentafel begründete an sich keinen protokollarischen Rang. Auch eine Beziehung zu einzelnen Ordensgraden läßt sich, wie man sieht, nicht herstellen. Auffällig ist, daß manche Persönlichkeiten zuerst Geheime Räte wurden und erst später in das Herren- bzw. Magnatenhaus berufen worden sind. Demgegenüber haben nicht wenige auf Lebenszeit bestellte Angehörige dieser Kammern der Gesetzgebung die Geheime-Rats-Würde nie erreicht. Welche der Funktionen - Geheimer Rat oder Mitglied des Herren- bzw. Magnatenhauses - höher einzuschätzen ist, wird kaum zu entscheiden sein. Seltener jedenfalls wurde die Mitgliedschaft zu den gesetzgebenden Körperschaften vergeben. Zu berücksichtigen ist aber auch, daß die Zahl der Herrenhausmitglieder bzw. der Mitglieder der Magnatentafel auf Lebenszeit gesetzlich limitiert war und daß die "Peers-Schübe", wie die periodenweisen Berufungen in die Vertretungskörper im Volksmund genannt wurden, nicht ohne politische Hintergründe erfolgten. Es lagen insoferne unterschiedliche Ausgangspositionen vor.

Wie immer dem auch sei, beide Ehrungen müssen ihrer Gewichtung nach innerhalb der Spannweite der Ordensgrade 3 bis 5 angesiedelt werden.

Wenn also Auszeichnungen durch die Würde eines Geheimen Rates und durch die Berufung in das Herren- bzw. Magnatenhaus auf Lebenszeit während der Monarchie als Ergänzung des Ordensspektrums der Grade 3 bis 5 dienten, liegt es nahe zu versuchen, diese Ehrungen in die Statistik der Ordens- bzw. Ehrenzeichenverleihungen von 1912 und 1982 (Seite 64) einzubauen. Ein solcher Versuch zeigt folgendes Bild:

	1912	1982
Verleihungen der Ordens-/Ehrenzeichengrade 3 bis 5 an Inländer	37	11
Ernennungen zu Geheimen Räten	51	
Berufungen auf Lebensdauer: Herrenhaus	15	
Magnatenhaus ca.	3	
	106	11
ergibt auf 1 Million Einwohner die Quoten	2,05	1,46

	1912	1982
Summe sämtlicher Ordens-/Ehrenzeichenverleihungen	1060	1031
zuzüglich der Kleinkreuze des St. Stephan-Ordens und des Elisabeth-Ordens	23	
zuzüglich Geheime Räte Herrenhaus/Magnatenhaus	69	
Jahressumme an Auszeichnungen	1152	1031
Gesamtquote auf 1 Million Einwohner	22,23	136,37
Verhältnis der Quoten je 1 Million Einwohner:	1 (1912) zu 6,13 (1982)	

Damit ist dargetan, daß selbst bei Berücksichtigung von ordensähnlichen Ehrungen der k.u.k. Zeit, die in der Republik keine vergleichbare Einrichtung besitzen, die Auszeichnungsquote je 1 Million Einwohner seinerzeit zwar bei den oberen Graden höher war, in der Gesamtsumme die Republik 1982 aber gut sechsmal so viele Auszeichnungen gewährt hat als der Kaiser und König 1912.

III) Standeserhöhungen

Die Frage, ob die Erhebung in den Adelsstand bzw. in höhere Adelsgrade zu den als Auszeichnung zu wertenden Ehrenverleihungen zählt, ist nur mit Vorbehalt zu beantworten. Eine Meinung ging sogar dahin, daß die Adelung unter dem Begriff der bloßen Ehrenverleihung nicht subsumiert werden könne, weil der Adel schon im Hinblick auf seine regelmäßige Erblichkeit mehr als eine gewöhnliche Ehrenauszeichnung bedeutet hat, wenngleich seine frühere Standesqualität weitgehend verloren ging. Von den gewichtigen Vorrechten des Adels, wie Steuerbegünstigung, das Privileg, bestimmte Landgüter erwerben zu können, die Lehensfähigkeit, Befreiung von der militärischen Stellungspflicht (nicht in Tirol), gesonderter Gerichtsstand udgl. blieben nach 1848 übrig das Recht auf Führung des adeligen Titels und Wappens, auf Errichtung von Fideikommissen (praktisch nur beim Hochadel) und auf Erlangung einiger Hofwürden, allenfalls Stiftplätzen. Indirekt blieb mit dem Adel das Wahlrecht zu bestimmten Kurien der Landtage sowie die erbliche Mitgliedschaft des Herrenhauses bzw. Magnatenhauses verknüpft.[156] Auf der anderen Seite wird noch darzustellen sein, daß die Erhebung in den Adelsstand in Österreich-Ungarn in vielen Fällen entweder nur die Folge der Verleihung einer Auszeichnung war oder sich auf einen erworbenen Anspruch, dem kein Auszeichnungscharakter anhing, gründete. Vorauszuschicken ist, daß die Gliederung des Volkes in politische Stände eine im Mittelalter entstandene staatsrechtliche Gestaltung war, die in fast allen Kulturkreisen vorkam. Die Umformung des Staatsorganismus um die Mitte des 19. Jahrhunderts beseitigte die ständische Gliederung und ersetzte sie durch die Gleichheit aller Staatsbürger - vorerst in fast sämtlichen Beziehungen. Indessen konnte eine Einrichtung, welche nicht nur dem Staat Jahrhunderte hindurch das verfassungsrechtliche Gepräge gegeben, sondern auch auf die Entwicklung des sozialen Lebens bestimmend eingewirkt hat, nicht von heute auf morgen verschwinden, ohne in der Gesellschaft Spuren zu hinterlassen. In Österreich entschied sich der Gesetzgeber bei Aufhebung der politischen Stände dafür, die Institution des Adels beizubehalten, wenn auch mit einer verschwindend geringen staatsrechtlichen Bedeutung. Der Adel wurde weiterhin amtlich als "Stand" bezeichnet und als Klasse, die an Ehren und in einem gewissen Maße auch in politischer Beziehung bevorrechtet war, dem "bürgerlichen Stand" gegenübergestellt.[157] Der andere, damals nicht beschrittene Weg wäre gewesen, nach 1848 den Adel überhaupt abzuschaffen und die Verwischung seiner Spuren dem Ablauf der Zeit zu überlassen. Dieser Schritt ist erst 1919 vollzogen worden, doch haben die seither verflossenen Jahrzehnte nicht vermocht, den Gedanken an die Adelstraditionen völlig auszulöschen.[158] Beeinflußt wurde diese retardierende Entwicklung durch Verhältnisse in den Nachbarländern. In Deutschland[159] entschied sich der Gesetzgeber der Weimarer Verfassung für die Umwandlung der Adelstitel in Bestandteile des bürgerlichen Namens. Die Verfassung der italienischen

Republik hat zwar 1948 erklärt, Adelstitel nicht anzuerkennen, dennoch aber zugelassen, die Prädikate amtlich in Namensbestandteile umzuwandeln.[160] In nicht amtlichem Verkehr ist das Führen von Adelstiteln in Italien durchaus zulässig und üblich. So gesehen bleibt es gleichgültig, ob der Adelstitel Namensbestandteil ist oder der Ausdruck der Zugehörigkeit zu einem "besseren" Stande.

Es lohnt sich, einen Blick weiter zurück in die Geschichte des Adelswesens zu werfen. Die Bedeutung des Adels war durch die unterschiedliche Stellung der anderen Stände relativiert. In Tirol existierte z.B. ein freier Bauernstand als in anderen Ländern noch Leibeigenschaft herrschte. In den Gebieten, aus denen zuletzt die österreichisch-ungarische Monarchie zusammengesetzt war, gab es ursprünglich keinen einheitlichen Adel. Vielmehr unterschied man den erbländischen Adel der einzelnen Königreiche und Länder, worunter der böhmische und galizische Adel rechtlich abweichende Erscheinungsformen aufwiesen. Daneben wurde bis 1806 der Reichsadel, der als ein inländischer galt, verliehen. Seit der Zeit Josephs II. waren verstärkt Bemühungen im Gange, das Adelsrecht zu vereinheitlichen, die mit der Gründung des Kaisertums Österreich 1804 und dem Untergang des Römisch-Deutschen Reiches 1806 einigermaßen ein Ziel erreicht haben. Nur der Adel des Königreiches Ungarn und seiner angeschlossenen Gebiete bewahrte bis zum Ende der Monarchie seine Eigentümlichkeit. Ab dem Jahre 1806 wurde vom Monarchen nur der österreichische und unabhängig davon der ungarische Adel verliehen. Als Adelsgrade kannte man den einfachen Adel mit dem Adelspartikel "von" vor dem Familiennamen oder dem sogenannten Ehrenwort "Edler von", die nächste Stufe war der Ritterstand. Dieser fehlte in Ungarn. Dann kam der Freiherrnstand - in Ungarn Baronie genannt - danach der Grafenstand und zuletzt der Fürstenstand. "Herzog" war kein eigener Adelsgrad, sondern ein schmückender Titel mancher inländischer Fürstenhäuser.

Nun zurück zum Thema Auszeichnungen. Die Vorstellung, daß die Erhebung in den Adelsstand eine Auszeichnung für besondere Verdienste ist, war anfangs des 19. Jahrhunderts durchaus lebendig. Das kam nicht zuletzt im Wortlaut des unter Kaiser Franz I. verwendeten Formulars für Adelsbriefe zum Ausdruck.[161] Dennoch hat eben dieser Kaiser bei der Stiftung des Leopold- und des Eisernen-Kronen-Ordens die Erhebung in den Ritter- bzw. Freiherrnstand als mit der Verleihung einzelner Klassen ohne weiteres verknüpfte Folgen dekretiert, ähnlich wie es schon früher beim Militär-Maria-Theresien-Orden 1757 geschehen ist. Zu beachten ist jedoch, daß selbst dann, wenn eine Adelsverleihung unabhängig von einer Ordensvergabe erfolgte, nicht nur die Verdienste des Geehrten, sondern auch die seiner Vorfahren herangezogen werden konnten.

Eine Quelle für den Adelserwerb war - zunächst nur in den Ländern, die später die österreichische Reichshälfte bildeten - die 30-jährige bei Wohlverhalten zurückgelegte Dienstzeit als Offizier des Soldatenstandes, oder wie es hieß "mit dem Degen in der Linie" unter der Voraussetzung, daß der Betroffene an einer Kriegshandlung teilgenommen hatte. Die

Adelserhebung fand in diesen Fällen taxenfrei auf bloßes Ansuchen statt. Es lag somit ein Anrecht auf den sogenannten systemmäßigen Adel vor. Ein so begründeter Anspruch auf Verleihung des ungarischen - einfachen - Adels bestand dagegen nicht "wegen der damit verbundenen besonderen Vorteile, worauf nicht sowohl eine langjährige Dienstleistung, eine ausgezeichnete militärische Verdienstlichkeit ..... den Anspruch zu gewähren hat". Vielmehr konnte der ungarische Adel ebenso wie die Erhebung eines einfachen Adeligen in den österreichischen Freiherrnstand auch an Offiziere, welche die entsprechende Dienstzeit zurückgelegt hatten, nur als Gnadenakt des Monarchen erfolgen. In diesen Fällen war die halbe Taxe zu entrichten.[162]

Die systemmäßige Erhebung in den Adelsstand geschah im Hinblick darauf, daß es bis 1866 immer wieder kriegerische Auseinandersetzungen gegeben hat und somit zahlreiche Offiziere Gelegenheit erhielten, an Kampfhandlungen teilzunehmen, relativ häufig. In der folgenden - nur 1878 und 1882 unterbrochenen - langen Friedensperiode fehlte aber den potentiellen Adelswerbern diese Bedingung. Deshalb ergänzte Kaiser Franz Joseph die bisher geltende Norm mit Handschreiben vom 30.6.1896 dahin, daß der systemmäßige Anspruch in Hinkunft nach Zurücklegung einer 40-jährigen Dienstzeit auch jenen Offizieren zustehen sollte, die keine Kampfberührung hatten. Dieses Handschreiben machte in Beziehung auf den ungarischen Adelsstand keine Vorbehalte mehr, zumal ja die "besonderen Vorteile", die der ungarische Adelsstand gegenüber dem österreichischen bot, 1848 weggefallen waren.[163] Die neue Regelung war seit 1.10.1896 in Kraft und zwar nicht rückwirkend.

Das Vorhandensein des systemmäßigen Adels in Österreich zog eine gewisse Schwächung des Ansehens dieses Standes nach sich. Nachdem 1907 für den einfachen Briefadel eine eigene Reihe der "Gothaischen Taschenbücher" zu erscheinen begann, war dort die Aufnahme österreichischer Familien ausgeschlossen, weil der in Österreich entstandene "Militäradel" eine andere Struktur aufwies, als die einfach adeligen Familien in Deutschland.[164]

Für die Erhebung in die einzelnen Grade des Adels waren Taxen zu entrichten[165], die im wesentlichen nur dann nachgesehen wurden, wenn die Maßnahme wirklich als Auszeichnung galt bzw. sich auf eine Ordensverleihung gründete, oder beim systemmäßigen Adel. Neben der eigentlichen Standeserhebungstaxe waren Gebühren für ein allfälliges Prädikat (10 % der Standeserhebungstaxe), für das sogenannte Ehrenwort "Edler von" und für die Diplomausfertigung zu bezahlen. Von den drei letztgenannten Gebühren gab es in keinem Falle eine Befreiung. Die im Jahre 1912 gültigen Taxen für Standeserhebungen lauteten wie folgt - beigefügt wird der ungefähre Gegenwert in österreichischen Schillingen nach dem Stand von 1991[166]:

einfacher Adelsstand   2.100,-- Kronen   105.000,-- S
Ritterstand   3.150,-- Kronen   157.500,-- S

Freiherrnstand	6.300,-- Kronen	315.000,-- S
Grafenstand	12.600,-- Kronen	630.000,-- S
Fürstenstand	25.200,-- Kronen	1,260.000,-- S.

Die zu entrichtenden Diplomausfertigungsgebühren betrugen beim

einfachen Adelsstand[167]	280,-- Kronen	14.000,-- S
Ritterstand	350,-- Kronen	17.500,-- S
Freiherrnstand	390,-- Kronen	19.500,-- S
Grafenstand	420,-- Kronen	21.000,-- S
Fürstenstand	3.220,-- Kronen	161.000,-- S.

Man stelle sich den Fall eines nach 40 Dienstjahren pensionierten Majors[168] der Armee vor, der einen Ruhegenuß von 400,-- Kronen monatlich bezog. Kam er um den systemmäßigen taxfreien Adelsstand mit dem Ehrenwort "Edler von" und einem Prädikat "X" ein, hatte er außer verschiedenen Nebenauslagen für Wappenentwürfe, Stempelmarken usw. die Diplomausfertigungsgebühr von 280,-- Kronen + 210,-- Kronen für das "Edler von" + Prädikatstaxe von ebenfalls 210,-- Kronen, insgesamt also 700,-- Kronen zu berappen - fast zwei Monatseinkommen. Es wird kaum verwundern, daß unter solchen Umständen nicht wenige Anspruchsberechtigte auf die Adelung verzichten mußten. Dies nicht nur beim systemmäßigen Adel, sondern auch beim Leopold- bzw. Eisernen-Kronen-Orden, wenn diese Auszeichnung etwa von jungen, vermögenslosen Offizieren für erwiesene Tapferkeit in den Kriegen vor 1884 erworben wurden. Dafür gibt es Beispiele.

Hatte der Adelswerber auch noch die volle Standeserhebungstaxe zu begleichen wird klar, daß Adelsmaßnahmen nicht der Kategorie der herkömmlichen allgemeinen Auszeichnungen für Verdienste zugerechnet werden können. Der Adelsstand wurde bis zum Ende der Monarchie als eine mit zumindest symbolischen Privilegien ausgestattete Bevölkerungsklasse höheren sozialen Prestiges angesehen, der anzugehören so manchen Persönlichkeiten erstrebenswert erschien, soferne sie es sich pekuniär leisten konnten. Auch die Staatsgewalt hatte Interesse an der Erhaltung dieser Schicht und an deren Ergänzung durch bemittelte Personen, denn nur sie konnten "standesgemäß" leben und auftreten. Wenn nicht ein Rückhalt im Zivil- oder Militärdienst gegeben war, führte ein wirtschaftlicher Abstieg auch alter Adelsgeschlechter unweigerlich zur Bedeutungslosigkeit. Dies zeigten die nach 1620 gegen den böhmischen Adel ergriffenen Strafmaßnahmen - Konfiskationen des Vermögens - drastisch auf. Fast der gesamte alte böhmische Adel wurde als privilegierter Stand ausgelöscht. An seine Stelle traten neu geadelte fremde Geschlechter, die dem Kaiser im Dreißigjährigen Krieg Dienste geleistet haben und dafür aus der Verteilungsmasse der konfiszierten Güter belohnt wurden.

An dem Erfordernis einer standesgemäßen Lebensweise wurde bis zum Ende der Monarchie festgehalten, weshalb man in Gestalt der Taxen einen hohen Maßstab an die finanzielle Leistungsfähigkeit legte und nebenbei eine zusätzliche Quelle der Staatseinnahmen nützte.[169] Im Vordergrund stand der Zweck, die Adelsklasse zu erhalten. Ein auszeichnungswürdiges Verhalten des Kandidaten war nur eines der Erfordernisse der Standeserhebung, und das nicht immer. Allein wegen der Verschiedenheit der Grundkonzeption gehören Erhebungen in Adelsgrade nicht in den Bereich jener Auszeichnungen, die hier untersucht werden. Sie würden auch statistisch nicht ins Gewicht fallen, denn während des Jahres 1912 sind nur 79 "Bürgerliche" in einen der Adelsgrade aufgenommen worden, davon wahrscheinlich 29 auf Grund des systemmäßigen Anspruches. Es waren nach Berufen aufgegliedert[170]:

	einfacher Adel	Ritter	Freiherrn
Beamte	14	12	5
Offiziere	29	2	7
Vertreter der Wirtschaft	11	2	1
Vertreter der Kunst und Wissenschaft	4	1	-
Beruf unbekannt	-	4	-
	58	21	13

Die Summe aller dieser Adelungsakte beträgt 92. Davon wurden unmittelbar in den Freiherrnstand 1 und in den Ritterstand 20 Personen bürgerlichen Standes erhoben. Die anderen neu kreierten Ritter und Freiherrn hatten bereits niedrigere Adelsgrade.

Abschließend noch eine Bemerkung: Der Erbadel war ein Geburtsstand. In ihn konnte man nur hineingeboren werden, eine Adelserhebung durch den Monarchen genügte noch nicht, denn die Neugeadelten wurden von den alten Adelsfamilien nicht selten mit Geringschätzung bedacht. Erst wenn der homo novus in ein altes Adelsgeschlecht eingeheiratet hat und es auch seine Kinder taten, ergab sich die typische Versippung, welche für diese Klasse kennzeichnend war und damit die volle Integrierung.[171]

Die in den vorstehenden Abschnitten I) bis III) dargestellten Würden und Auszeichnungen fanden mit dem Untergang der Monarchie ersatzlos ihr Ende. Als erste Institution wurde formell die Mitgliedschaft zum Herrenhaus, das noch am 30.10.1918 seine letzte Plenarsitzung abhielt, abgeschafft.[172] Nur wenige Monate später, im April 1919, ereilte das gleiche Schicksal die Geheime-Rats-Würde und die Institution des Adels.[173]

IV) Ehrentitel - Berufstitel

Die Verleihung von sonst nur den Staatsbeamten zustehenden (Amts-) Titeln an nicht beamtete Personen als Auszeichnung war schon in der vorkonstituellen Ära der Monarchie gebräuchlich. Auch für solche Ehrungen waren grundsätzlich Taxen zu entrichten, außer der Kaiser gewährte im Einzelfall die Taxfreiheit. Das Stempel- und Taxgesetz von 1840[165] führte im § 169 die Titel Hofrat (Taxe 600 Gulden), Regierungs- und Gubernialrat oder Appellationsrat (Taxe 300 Gulden), ferner den Ratstitel mit näheren Bezeichnungen anderer Art (Taxe 150 Gulden) an. Eine demonstrative Aufzählung der Titel der letzteren Gruppe enthielt der § 168, nämlich "k.k. Rat", "Commerz-Rat" und "Medicinalrat". In späterer Zeit wurden diese ehrenhalber zuerkannten Titel teilweise an die neuen Gegebenheiten angeglichen. Um die Jahrhundertwende waren schon Titel wie k.k. Commerzialrat, Baurat oder Schulrat in Verwendung. Ab 1912 gelangten als Anerkennung für ersprießliches Wirken in der Ausübung des ärztlichen Berufes die Titel "Medizinalrat" oder "Obermedizinalrat" an verdienstvolle Ärzte zur Verleihung. Sonst standen die Titel Hofrat, Regierungsrat und Kaiserlicher Rat im Vordergrund. Die nun in Kronenwährung umgerechneten Taxen beliefen sich auf 1.260 Kronen für den Hofratstitel, 630 Kronen für den Regierungsrat und auf 315 Kronen für Titel wie Kaiserlicher Rat oder Schulrat usw.. In der Höhe der Taxen fand augenscheinlich die Wertung der einzelnen Titel ihren Ausdruck. Hier sei an die Taxe für die Würde eines Geheimen Rates erinnert: Das Zehnfache der Hofratstaxe, 12.600 Kronen. Die Fortentwicklung derartiger Ehrentitel leitete zu den gegenwärtigen Berufstiteln über, auf die noch zurückzukommen sein wird. Nur so viel sei vorweggenommen, daß die für öffentlich Bedienstete bestimmten heutigen Berufstitel "Hofrat" und "Regierungsrat" in durchaus vergleichbarer Relation zu den seinerzeitigen Ehrentiteln gleicher Bezeichnung stehen. Die Stelle des Kaiserlichen Rates hat der Berufstitel "Amtsrat" auch in der Wertung übernommen.

Zu unterscheiden von den an Nichtbeamte als Auszeichnung gewährten Titeln war die Verleihung von Titel (allein) oder "Titel und Charakter" einer höheren Rangsklasse an Staatsbeamte oder auch an Offiziere der Armee. Ein gewisser Auszeichnungscharakter haftete auch diesen Maßnahmen an. Bei aktiven Staatsdienern handelte es sich primär um dienst- und besoldungsrechtliche Verfügungen, die fast immer als Vorstufe der wirklichen Ernennung auf einen entsprechenden höheren Dienstposten galten. Erfolgte die Verleihung im Zusammenhang mit der Pensionierung, war der Auszeichnungsaspekt dominierend.

Eine vergleichbare Einrichtung gibt es in der Republik nur bezüglich der Titulatur aus Anlaß des Übertrittes oder der Versetzung in den dauernden Ruhestand. Es liegt eine Auszeichnung vor, auf die wir noch eingehen werden.

Zu unterscheiden ist eine weitere Gruppe von Titeln, die keine Auszeichnung darstellen und die es auf verschiedenen Gebieten gab und gibt, nämlich die Funktionstitel. Sie stehen während der Ausübung einer bestimmten öffentlich-rechtlichen Tätigkeit zu. Beispiele dafür sind die fachmännischen Laienrichter. Ihnen gebührte in der Monarchie der Funktionstitel "Kaiserlicher Rat", in der Republik heißen sie "Kommerzialrat". Die zuletzt genannte Funktionsbezeichnung ist noch für andere Tätigkeiten vorgesehen, etwa für Mitglieder des Beirates für Statistik des Außenhandels im österreichischen statistischen Zentralamt. Ihre Vorgänger in der Monarchie hatten den Funktionstitel "k.k. Commerzialrat". Heute ist "Kommerzialrat" vor allem ein häufig verliehener Berufstitel, was zu Unklarheiten führen kann, ob der so Titulierte der Inhaber einer Auszeichnung ist oder ein vorübergehend bestellter Funktionär. An diesem Beispiel kommt der allgemeine Sinneswandel innerhalb eines Jahrhunderts zum Ausdruck. Weil sich Staatsbeamte früher von breiten Bevölkerungsschichten in ihrem Ansehen stark abhoben, akzeptierten Privatpersonen gerne ihre Titel als Auszeichnung. Ein möglicher Verwechslungseffekt war fast gewollt. In der Gegenwart wird der mit dem Funktionstitel "Kommerzialrat" vorübergehend Ausgestattete weniger hoch eingeschätzt als der Träger des gleichlautenden, eine Auszeichnung darstellenden Berufstitels. Immerhin ist es üblich, daß etwa ein jahrelang verdienstvoll tätig gewesener fachmännischer Laienrichter nach Beendigung seiner Funktion und dem damit verbundenen Verlust des Funktionstitels "Kommerzialrat" als Belohnung mit dem Berufstitel gleichen Wortlautes vom Bundespräsidenten ausgezeichnet wird. Die nämliche Praxis herrschte während der Monarchie. Damals erhielt der fachmännische Laienrichter nach Ablegung seines Funktionstitels vom Kaiser wieder den Titel "Kaiserlicher Rat" als Ehrung.

Die bloß ehrenhalber gewährten Titel der besprochenen Art spielten während der Monarchie eine relativ geringe Rolle im Auszeichnungswesen. Umso größer ist ihr Stellenwert in der Republik. Die verfassungsrechtliche Basis für die Schaffung und Verleihung von <u>Berufstiteln</u> bildet Art 65 Abs 2 lit b) B-VG. Auf Grund dieser Verfassungsbestimmung sind zunächst zwecks generell-abstrakter "Schaffung" von Berufstiteln seit 1921 verschiedene im BGBl verlautbarte Entschließungen des Bundespräsidenten ergangen.[174] Die zuletzt kundgemachte Entschließung vom 9.7.1990[175] enthält einen sukzessiv gewachsenen, breiten Fächer von nach Tätigkeitsbereichen systematisch geordneten Titeln, die als Auszeichnung für Angehörige vieler, aber nicht aller Berufsgruppen Verwendung finden. Die Berufstitel sind nunmehr so wie Amtstitel[176] geschlechtsspezifisch festgelegt. Gleichfalls durch Entschließung des Bundespräsidenten findet dann die individuell-konkrete "Verleihung" eines Berufstitels an Auszeichnungskandidaten statt. Der Ablauf des Verleihungsverfahrens gleicht jenem, der bei den Ehrenzeichen vorgesehen ist. Es gibt interne Richtlinien für die Antragstellung, wie etwa ein Mindestalter, gestaffelt nach Kriterien der ausgeübten Tätigkeit (frühestens Vollendung des 50. Lebensjahres), eine effektive Dienstzeit oder Tätigkeitsdauer von nicht unter 15 Jahren,

Interkalarfristen usw.. Oberster Grundsatz ist jedoch, daß nur hervorragende Vertreter ihres Berufes für die Auszeichnung in Betracht kommen.

Die in der Tradition verhafteten Berufstitel Hofrat und Regierungsrat, für Frauen "Hofrätin" und "Regierungsrätin", sind als Auszeichnung für Bedienstete der Gebietskörperschaften (Bund, Länder, Gemeinden) und anderer juristischer Personen des öffentlichen Rechtes - also auch der verschiedenen Kammern - ferner für Lehrpersonen an mit Öffentlichkeitsrecht ausgestatteten Privatschulen bestimmt. Die Variante Hofrat/Hofrätin beschränkt sich generell auf den höheren Dienst (Verwendungsgruppe A der Beamten bzw. Entlohnungsgruppe a der Vertragsbediensteten), auf entsprechendes Lehrpersonal in leitender Funktion sowie Richter und Staatsanwälte. Naturgemäß kommen nur Bedienstete in Betracht, die nicht schon berechtigt sind, den Amtstitel "Hofrat" zu führen. Die Zielgruppe im höheren Dienst der allgemeinen Verwaltung sind also Angehörige der Dienstklasse VII. Bei den Richtern sind es die Inhaber vergleichbarer Planstellen bis zu den Vizepräsidenten der Gerichtshöfe I. Instanz. Anders ist die Sachlage bei den Staatsanwälten. Dort ist die Verleihung des Hofratstitels auch an die Leiter der Staatsanwaltschaften vorgesehen, die dienst- und besoldungsrechtlich den Präsidenten der Gerichtshöfe I. Instanz gleichgestellt sind. Ja sogar an einen Leitenden Oberstaatsanwalt iR ist der "Hofrat" verliehen worden. Ähnliches ist von Spitzenvertretern der Bundesbahnen und der Bundesforste zu vermelden.[177] Auf der anderen Seite kann in seltenen Fällen dieser Berufstitel auch an Beamte des gehobenen Dienstes (Verwendungsgruppe B) in der Dienstklasse VII, die mit besonders hoher Verantwortung verbundene Planstellen bekleiden, gewährt werden.

Der Berufstitel Regierungsrat/Regierungsrätin ist Bediensteten des gehobenen Dienstes in der Dienstklasse VII, ausnahmsweise auch der Dienstklasse VI zugedacht.

Bedienstete (nur) der Gebietskörperschaften in der Verwendungsgruppe B in der Dienstklasse V bzw. der Entlohnungsgruppe b können mit dem Berufstitel "Amtsrat"/"Amtsrätin" ausgezeichnet werden. In der Verwendungsgruppe C (Fachdienst) ist der Berufstitel "Kanzleirat"/"Kanzleirätin" Beamten der Dienstklasse V, allenfalls auch IV sowie vergleichbaren Vertragsbediensteten in einer qualifizierten Stellung zugänglich. Aus Anlaß der Pensionierung kann dieser Berufstitel auch an Beamte des mittleren Dienstes (Verwendungsgruppe D) nach Zurücklegung vieler Jahre in der Dienstklasse IV zur Vergabe gelangen.

Alle diese Rats-Titel werden an Angehörige des Bundesheeres und der Wachekörper, die ja zu den Bediensteten der Gebietskörperschaften zählen, niemals verliehen. Sie passen eben nicht zu den Offiziersamtstiteln dieser Beamtengruppen.

Die bisher besprochenen Berufstitel dienen nahezu ausschließlich als Auszeichnung von öffentlich Bediensteten, also jener Persönlichkeiten, die zu häufigen Empfängern der Ehrenzeichen für Verdienste um die Republik Österreich zählen. Es erhebt sich daher die Frage, ob und wenn ja in welcher Relation die einzelnen Berufstitel zu den verschiedenen Graden der Ehren- und Verdienstzeichen stehen. Dazu kann allgemein gesagt werden, daß der Berufstitel Hofrat/Hofrätin mit dem Ehrenzeichen des Grades 9 vergleichbar ist, wenngleich es vorkommt, daß ohne Änderung der dienstrechtlichen Einstufung des Betroffenen zuerst der Berufstitel Hofrat und zu einem späteren Zeitpunkt das Ehrenzeichen des Grades 9 verliehen werden. Die umgekehrte Reihenfolge ist eher die Regel, so daß der "Hofrat" getrost zwischen den Ehrenzeichengraden 9 und 8 eingereiht werden kann. Bei der Berufsgruppe der Staatsanwälte versagt allerdings dieser Vergleich, wie vorhin bemerkt. Dort könnte der "Hofrat" mit dem Ehrenzeichengrad 7 kollidieren. Der Berufstitel "Regierungsrat" entspricht etwa auch dem Ehrenzeichengrad 9. Man kann aber dieses Ehrenzeichen auch etwas höher bewerten, denn es gelangt meist als weitere Auszeichnung an "Regierungsräte". Mehr oder weniger im gleichen Verhältnis zueinander stehen der "Amtsrat" und der "Kanzleirat" zu Verdienstzeichen der Grade 11 oder 12. Manchmal liegt der Fall einer echten Alternative zwischen Verdienstzeichen und Berufstitel vor. Im Rahmen des Verleihungsverfahrens ist die Annahmebereitschaft des Auszeichnungskandidaten zu erheben. Er hat dabei die Möglichkeit sich zu äußern, ob er den Berufstitel einer Dekoration vorzieht oder umgekehrt.

Die weiteren Berufstitel sind entweder für Angehörige freier Berufe konzipiert oder für öffentlich Bedienstete bestimmter Sparten. Der Übersichtlichkeit wegen werden sie auf der folgenden Tabelle dargestellt.

Berufstitel	Zielgruppen
	Angehörige
Kommerzialrat/Kommerzialrätin	des Wirtschaftslebens,
Ökonomierat/Ökonomierätin	landwirtschaftlicher Berufe,
Obermedizinalrat/Obermedizinalrätin	
Medizinalrat/Medizinalrätin	des ärztlichen Berufes,
Veterinärrat/Veterinärrätin	des tierärztlichen Berufes,
Technischer Rat/Technische Rätin	technischer Berufe.
	Personen, die tätig sind
Baurat honoris causa/Baurätin honoris causa (Baurat h.c./Baurätin h.c.)	auf technisch-wissenschaftlichem, praktisch-technischem oder baukünstlerischem Gebiet,
Bergrat honoris causa/Bergrätin honoris causa (Bergrat h.c./Bergrätin h.c.)	auf dem Gebiet des Berg- oder Hüttenwesens,
Forstrat honoris causa/ Forsträtin honoris causa (Forstrat h.c./Forsträtin h.c.)	auf dem Gebiet des Forstwesens,

Berufstitel	Zielgruppen
	Personen, die tätig sind
Oberstudienrat/Oberstudienrätin Studienrat/Studienrätin	an höheren Schulen im Lehr- oder Erziehungsdienst,
Oberschulrat/Oberschulrätin Schulrat/Schulrätin	an Schulen niedrigerer Ebene (Volks-, Haupt- und Berufsschulen, Sonderschulen, polytechnischen Lehrgängen) bzw. Fachlehrer an höheren Lehranstalten,
Ordentlicher Hochschulprofessor/ Ordentliche Hochschulprofessorin Ordentlicher Universitätsprofessor/ Ordentliche Universitätsprofessorin	als ernannte außerordentliche Universitätsprofessoren oder als Dozenten an Hochschulen,
Außerordentlicher Hochschulprofessor/Außerordentliche Hochschulprofessorin, Außerordentlicher Universitätsprofessor/Außerordentliche Universitätsprofessorin	im Lehrberuf an Hochschulen oder als Beamte in wissenschaftlicher Verwendung,
Kammersänger/Kammersängerin Kammerschauspieler/Kammerschauspielerin	als Künstler an einem der Pflege der Musik oder der darstellenden Kunst gewidmeten österreichischen Kunstinstitut,
Professor/Professorin	auf dem Gebiete der Kunst oder Wissenschaft.

Frauen, die vor dem Inkrafttreten der Entschließung des Bundespräsidenten vom 9.7.1990 einen Berufstitel (in der männlichen Form) verliehen bekommen haben, können diesen Titel in der weiblichen Form führen.

Personen, die mit einem Berufstitel ausgezeichnet werden, sind zu dessen Führung nicht nur berechtigt, sondern haben Anspruch, mit dem Titel in amtlichen Verlautbarungen benannt zu werden. Die Berufstitel sind auch insoferne gesetzlich geschützt, als deren unbefugte Führung zumindest als Verwaltungsübertretung bestraft wird.

Von mehreren für die gleiche berufliche Tätigkeit nacheinander verliehenen Berufstiteln ist nur der zuletzt gewährte zu gebrauchen. Erhält also zum Beispiel ein mit dem Berufstitel Regierungsrat ausgezeichneter Beamter ausnahmsweise den Berufstitel Hofrat, ist er nur "Hofrat". Dagegen können Berufs- und Amtstitel nebeneinander geführt werden, wenn sie im wesentlichen Wortlaut nicht gleich sind. Der Berufstitel ist jedenfalls nach dem Amtstitel und vor einem akademischen Grad zu führen.

Beim Katalog der Berufstitel fällt auf, daß freie Berufe aus dem Rechtsbereich (Rechtsanwälte/Notare), zweifellos aber auch anderer Sparten, fehlen. Desgleichen stehen für die zahlreichen Arbeitnehmer außerhalb des öffentlichen Dienstes keine Berufstitel zur Verfügung, wenn man von den leitenden Angestellten absieht. Offensichtlich ist dies bisher nicht als Mangel empfunden worden.

Es sei ein Hinweis darauf gestattet, daß auch die Bundesrepublik Deutschland Titel als Auszeichnung kennt. Man nennt sie dort "Ehren-Titel". Die Rechtslage [178] läßt die Schaffung von Ehrentiteln des Bundes zu, bisher ist es allerdings noch nicht dazu gekommen.[179] Dagegen verleihen die Bundesländer auf Grund eigener Gesetze unterschiedliche Ehrentitel, die teilweise im Wortlaut unseren Berufstiteln gleichen.[180] Sonst kennt z.B. der Freistaat Bayern die Ehrentitel "Bayerischer Staatsintendant", "Bayerischer Generalmusikdirektor", "Bayerischer Staatskapellmeister", "Bayerischer Staatsballettmeister" und mehrere andere. In Rheinland-Pfalz und im Saarland gibt es den "Justizrat", im zuletzt genannten Land auch den Ehrentitel "Geheimer Oberjustizrat". Den Berufstitel "Generalmusikdirektor" hat übrigens die Entschließung des Bundespräsidenten vom 28.6.1930[181] auch in Österreich eingeführt. Er war vorgesehen "für Musiker, die in der internationalen Musikwelt einen ganz hervorragenden Ruf genießen, als Berufsdirigenten an einem der Pflege der Musik gewidmeten österreichischen Kunstinstitut von überragender Bedeutung durch mindestens 10 Jahre ununterbrochen gewirkt und als solche prominente künstlerische Leistungen aufzuweisen haben". Gegenwärtig ist dieser Berufstitel nicht mehr vorgesehen.

Italien kennt zwar die Einrichtung von Berufstiteln nicht, doch auch dort sind Titulaturen nicht ungebräuchlich. Jene Persönlichkeiten, die mit einem Orden der Republik ausgezeichnet worden sind, führen die Bezeichnung ihrer Ordensstufe als Titel. Am häufigsten in Verwendung sind der "Cavaliere" und der angesehene "Commendatore". Die aus mehreren Wörtern zusammengesetzten Bezeichnungen der höheren Ordensstufen eignen sich wenig als Ansprache, sie fehlen aber auf keiner Visitenkarte eines Berechtigten.

Art 65 Abs 3 B-VG überläßt es den einfachen Gesetzen, dem Bundespräsidenten sonstige Befugnisse in Beziehung auf Ehrungen udgl. zu übertragen. Diese Verfassungsbestimmung, die u.a. die Schaffung des Ehrenzeichengesetzes ermöglicht hat, diente auch zur Grundlage für die gegenwärtig gültige Regelung der schon während der Monarchie als Auszeichnung benützten Verleihung des nächsthöheren Amtstitels an einen aus dem Aktivstand scheidenden Staatsbeamten oder Offizier. Die Rede ist von § 63 Abs 5 BDG, der die Möglichkeit eröffnet, anläßlich der Versetzung oder des Übertrittes in den Ruhestand dem Beamten an Stelle seines Amtstitels oder seiner Verwendungsbezeichnung den für seine Besoldungs- bzw. Verwendungsgruppe vorgesehenen nächsthöheren Amtstitel oder die nächsthöhere Verwendungsbezeichnung zu verleihen. Vor Inkrafttreten des BDG war eine ähnliche Bestimmung im § 7 der Dienstzweigeverordnung, BGBl

Nr 164/1948, bzw. im § 40 Abs 3 DP enthalten, allerdings mit der Einschränkung, daß der höhere Amtstitel nicht mit einer bestimmten Funktion verknüpft oder mit dem Beisatz "wirklicher" versehen sein darf. Eine solche Einschränkung besteht de lege nicht mehr. Daß die Verleihung eines höheren Amtstitels bzw. einer Verwendungsbezeichnung eine Auszeichnung ist, liegt auf der Hand. Dies hat der Verwaltungsgerichtshof bekräftigt, indem er den Rechtsanspruch auf eine derartige Maßnahme verneint.[182] Häufig erlangen diese Auszeichnungen Offiziere des Bundesheeres und der Wachekörper - wohl als Ausgleich für die Nichtverleihung von Berufstiteln. Auch Beamte höherer Kategorien, für die der Berufstitel "Hofrat" nicht mehr in Betracht kommt, erhalten gelegentlich bei der Pensionierung als Anerkennung den nächsthöheren Amtstitel, wenn eine andere Auszeichnung etwa in Gestalt eines Ehrenzeichens nicht gewünscht wird oder aus Gründen, die in den Richtlinien liegen, ausscheidet. Es kommen auch echte Fälle von Alternativlösungen vor, wie bei manchen Berufstiteln.

Gruppen von öffentlich Bediensteten, die keine Amtstitel besitzen, sind von Ehrungen dieser Art ausgeschlossen. Dazu gehören auch die Richter, deren Amtstitel 1979 beseitigt worden sind. Bei ihnen existieren nur Bezeichnungen der Planstellen, auf die sie ernannt sind.

V) Dank und Anerkennung

Zu den urbanen Umgangsformen eines privaten Dienstgebers gehört es, einem Angestellten, der nach langjähriger Zugehörigkeit zum Betrieb sich zur Ruhe setzt, mündlich oder noch besser schriftlich Dankesworte mit auf den Weg zu geben. Dies gilt nicht weniger für den öffentlichen Dienst. Normalerweise wird der unmittelbare Vorgesetzte oder der Dienststellenleiter einen solchen Dank aussprechen. Soll dadurch eine Ehrung für besondere Leistungen des Bediensteten zum Ausdruck kommen, wird die Danksagung einer höheren oder gar der höchsten Instanz obliegen. Daraus entwickelte sich schon während der Monarchie eine neue Art von Auszeichnung als Variante zu dem sonst vorhandenen einschlägigen Instrumentarium. War beim Ausscheiden aus der Aktivität bei einem Staatsdiener höheren Ranges die Verleihung eines Ordens, Titels udgl. nicht möglich - etwa weil der Betroffene die höchsten Stufen der ihm angemessenen Ehrungen bereits empfangen hatte - oder aus welchen Gründen immer nicht tunlich, sprach ihm der Kaiser seinen Dank aus. Dies geschah regelmäßig durch einen dem Ausgezeichneten zugemittelten Erlaß der Dienstbehörde, der auch in einem Amtsblatt zur Veröffentlichung gelangte. Hier ein Beispiel für die Formulierung: "Seine k.u.k. Apostolische Majestät haben mit Allerhöchster Entschließung vom 4. Februar 1913 allergnädigst zu gestatten geruht, daß dem mit dem Titel und Charakter eines Oberlandesgerichtsrates bekleideten Landesgerichtsrate Anton Morocutti in Marburg aus Anlaß der erbetenen Versetzung in den dauernden Ruhestand die Allerhöchste Anerkennung für seine vieljährige stets pflichtgetreue Dienstleistung bekanntgegeben werde".[183] Unverkennbar ist die Ähnlichkeit mit den kaiserlichen Entschließungen in Beziehung auf (in der Regel aktive) Militärpersonen, denen das Verdienstzeichen "Signum Laudis" verliehen wurde.

Eine besondere, verbindliche Form der Danksagung war die mittels Handschreiben des Kaisers. Demgegenüber galt als bescheidenere Ehrung, wenn die Anerkennung bloß durch ein Ministerium ausgesprochen wurde, was nicht nur bei Ruhestandsversetzungen, sondern auch bei Enthebungen von einer vorübergehenden Funktion oder einer Zuteilung vorkam. Da diese Anerkennung nicht vom Kaiser ausging, lag streng genommen keine der sonst hier behandelten Auszeichnungen vor.

In der Republik wird diese Art von Belohnungen öffentlich Bediensteter bei Pensionierungen gleichfalls geübt. Die höchste einschlägige Auszeichnung sind der "<u>Dank und Anerkennung des Bundespräsidenten</u>". Sie werden im allgemeinen dann ausgesprochen, wenn der zu verabschiedende hohe Beamte, z.B. Leiter einer bedeutenden Behörde - im Justizbereich Präsident des Oberlandesgerichtes, ausnahmsweise Vizepräsident dieses Gerichtshofes bzw. langjähriger Präsident des Landesgerichtes - bereits die höchste Stufe des für seine Kategorie vorgesehenen Ehrenzeichens für Verdienste um die Republik Österreich erhalten hat und/oder wenn eine andere Ehrung nicht in Betracht kommt bzw. nicht gewünscht wird. An sich kein substantieller Unterschied zur Gepflogenheit während der Monarchie, außer daß in solchen Fällen wohl ein Handschreiben des Kaisers erging.

Die im Range nächste Ehrung sind der "<u>Dank und Anerkennung der Bundesregierung</u>", der Beamten etwa der Dienstklasse VIII oder vergleichbarer Position zuteil werden kann. Aus den Kreisen der Richter kommen für diese Auszeichnung Präsidenten der Gerichtshöfe I. Instanz oder Vizepräsidenten der Oberlandesgerichte in Betracht. "Dank und Anerkennung" des zuständigen Bundesministers werden weniger hoch eingestuften Behördenchefs bzw. Beamten ausgesprochen. Wieder Beispiele aus der Justiz: Leitende Staatsanwälte, Vorsteher größerer Bezirksgerichte. Alle derartigen Ehrungen werden durch einen Erlaß dem Ausgezeichneten zur Kenntnis gebracht und im Amtsblatt des zuständigen Ressorts veröffentlicht. "Dank und Anerkennung des Bundespräsidenten" stellt eine Auszeichnung gleich einem Ehrenzeichen, Berufstitel oder einem höheren Amtstitel dar, unterliegt gewissen Richtlinien und setzt die Interkalarfrist in Gang. Der Ausdruck des Dankes bzw. der Anerkennung war in der Monarchie ebenfalls als hohe Ehrung gedacht, gelangte aber in der einfacheren Form (kein Handschreiben) öfters und nicht nur an Behördenleiter zur Anwendung. Die Einstufung dieser Ehrungen in die Rangfolge der Auszeichnungen ist kaum möglich und muß relativiert werden, je nach dem Anlaß.

Sprechen den Dank und die Anerkennung nur die Bundesregierung oder ein Bundesminister aus, liegt wohl keine Auszeichnung im technischen Sinne vor, sondern ein ähnlich zu wertender Ehrungsakt, wie die Anerkennung eines Ministeriums während der Monarchie.

Damit wäre auch dieses Kapitel abgeschlossen, wenngleich noch eine ganz anders geartete staatliche Auszeichnung nicht unerwähnt bleiben soll, denn auch sie ist eine Form des Dankes und der Anerkennung. Es ist die auf der Grundlage des Art 65 Abs 3 B-VG durch Bundesgesetz BGBl Nr 58/1952 geschaffene <u>Verleihung des Doktorates unter den Auspizien des Bundespräsidenten</u> und des damit verbundenen Ehrenringes. Vorbild dieser Belohnung begabter junger Akademiker war die während der Monarchie geübte <u>Promotion sub auspiciis Imperatoris</u>.

VI) Anrede "Exzellenz"

Der Titel "Exzellenz" zählt nicht zu den Auszeichnungen, steht aber mit dem hier behandelten Sachgebiet in einem gewissen Zusammenhang, so daß darüber einiges gesagt werden soll. Der Ursprung dieses Titels ist im römisch-byzantinischen Kulturbereich zu suchen. Während des Mittelalters wurde er von Kaisern und Königen in Anspruch genommen, dann auch von Fürsten und Reichsgrafen als Landesherrn. Man reihte ihn unter die Hoheitstitel ein. Mitte des 17. Jahrhunderts verlor er diese Eigenschaft und wandelte sich, zuerst in Frankreich, zur Anrede für hohe Staatsbeamte und Militärs. In den romanischen Ländern breitete sich seine Anwendung so aus, daß Anlaß bestand, dem Mißbrauch entgegenzutreten. Beispiele dafür sind die Reglementierungen Maria Theresias in bezug auf die Lombardei. Im Punkt 13 des dd Wien am 31.8.1750 erlassenen und an den Generalgouverneur der Lombardei gerichteten Ediktes ist u.a. das Verbot enthalten, den Titel "Exzellenz" durch nicht berechtigte Personen zu verwenden. Ein weiteres Edikt für die Lombardei vom 20.11.1769, welches im übrigen spanische Regelungen von 1601 und 1609 bestätigte, wiederholt im Kapitel III, Punkt IX, das Verbot, sich des Titels Exzellenz zu bedienen, außer man habe das Recht dazu von der Herrscherin verliehen bekommen. Für Zuwiderhandlungen wurde eine Geldstrafe von 200 Scudi angedroht.[184]

In Österreich-Ungarn galten bis zum Ende der Monarchie klare Normen. Der Titel "Exzellenz" stand grundsätzlich nur den k.u.k. Geheimen Räten zu. Soferne sie diese Würde noch nicht erlangt haben, konnten die Minister während der Dauer ihrer Amtswirksamkeit den Exzellenztitel führen. Generäle der Armee und Admiräle der Kriegsmarine, die keine Geheimen Räte waren, aber die IV. Rangsklasse erreicht hatten, waren von allen Angehörigen der bewaffneten Macht und der Gendarmerie bis zur V. Rangsklasse mit "Exzellenz" anzusprechen.[185] Von gleichgestellten oder höheren Militärs bzw. von Zivilpersonen mußten diese Feldmarschall-Leutnants und Vizeadmiräle nicht mit Exzellenz tituliert werden, wurden es aber selbstverständlich aus Höflichkeit immer, so auch ihre Gattinnen.

Der Titel "Exzellenz" war dann nicht zu verwenden, wenn dem Berechtigten ein hochadeliger Standestitel zukam, nämlich "Hoheit", "Durchlaucht" oder "Erlaucht".[186] Kurz vor Kriegsende 1918 wurde der Titel "Exzellenz" bei den Militärpersonen der I. Rangsklasse überlagert. Diese Spitzen der Militärhierarchie waren einfach mit "Herr Feldmarschall" anzureden, soferne ihnen nicht die Titulatur "Majestät" oder "Kaiserliche und Königliche Hoheit" gebührte.[187]

In der Republik wurde die Anredeform "Exzellenz" mit noch anderen Titeln und Würden 1919 für inländische Staatsbürger aufgehoben.[188] Diese Regelung erfuhr aber Durchbrechungen. Im internationalen amtlichen Verkehr ist es auch gegenwärtig üblich, nichtmonarchische Staatsoberhäupter, Staats- bzw. Bundesminister sowie Botschafter mit dem Titel "Exzellenz" anzuschreiben und anzureden, und zwar auch dann, wenn der Heimatstaat des Betroffenen diesen Titel nicht kennt. So wurden die Staatsmänner und Diplomaten des ehemaligen Ostblockes mit "Exzellenz" angesprochen. Der Titel kommt auch in bezug auf österreichische Funktionäre sogar in Kundmachungen über stattgefundene Notenwechsel im BGBl vor. Es handelt sich insgesamt um eine Form der im Völkerrecht verankerten internationalen Courtoisie.

Ein weiterer Fall der Anwendung des Titels "Exzellenz" betrifft die Bischöfe der römisch-katholischen Kirche. Während der Monarchie gebührte ihnen grundsätzlich der Titel "Bischöfliche (Fürstbischöfliche, Erzbischöfliche, Fürsterzbischöfliche) Gnaden". Nur wenn der Kirchenfürst k.u.k. Geheimer Rat wurde, hatte er Anspruch auf den Titel Exzellenz. Erreichte ihn zudem die Berufung in das Kardinalskollegium, so stand ihm der Titel "Eminenz" zu, der die "Exzellenz" verdrängte. Der Exzellenztitel ging 1919 zunächst verloren. 1930 hat jedoch der Papst für alle Bischöfe den Titel "Hochwürdigste Exzellenz" kreiert. Wenngleich seit dem Zweiten Vatikanischen Konzil der Titel nicht mehr generell verwendet wird, existiert er nach wie vor und wird auch gegenüber Bischöfen, die österreichische Staatsbürger sind, rechtens gebraucht.

Merkwürdig ist die Rechtslage in Italien, dem Land, wo seinerzeit sich der Exzellenz-Titel größter Verbreitung erfreute und wo in den südlichen Landesteilen noch um 1900 jeder Fremde mit Exzellenz tituliert worden ist. Das weiter oben erwähnte Königliche Dekret vom 16.12.1927 über die protokollarische Rangfolge bestimmte im Artikel 4, daß die in den ersten vier Kategorien eingeteilten Persönlichkeiten als die höchsten Würdenträger des Königreiches[189] den Titel "Exzellenz" führen. Diese Kategorien umfaßten Funktionäre, angefangen vom Ministerpräsidenten bis zu den Präfekten als Provinzchefs, den Senatspräsidenten der Höchstgerichte und den Armeekorps-Generälen sowie Gleichgestellten. Mit Artikel 1 der Verordnung des Königlichen Statthalters vom 28.6.1945, Nr 406, wurde der Titel "Exzellenz" noch während der Monarchie abgeschafft. Diese Verordnung ist in der Folge jedoch nie in ein Gesetz umgewandelt worden und hat ihre Gültigkeit verloren. Durch eine parlamentarische Anfrage sah sich das Präsidium des Ministerrates veranlaßt, im Rundschreiben vom 23.5.1954, Nr 39568, eine allerdings nichtssagende Erklärung abzugeben. Diese lautete dahin, daß der Titel Exzellenz durch die vorerwähnte Verordnung aufgehoben wurde, die Verordnung jedoch nicht mehr gelte; andererseits scheine der Titel "Exzellenz" in den offiziellen Staatsakten nirgends auf. Das Rundschreiben trug zur Klärung der Sachfrage in keiner Weise bei. Tatsache ist, daß in Italien gegenwärtig in amtlichen (nicht internationalen) Angelegenheiten der Exzellenz-Titel eher vermieden wird. Im halbamtlichen und im persönlichen Verkehr wird dieser Titel zwar nicht gefordert, jedoch - mit der einen oder anderen Ausnahme - gerne angenommen, ja es wird zu dessen Verwendung ermutigt. Man macht die Erfahrung, daß ältere Funktionäre den Exzellenz-Titel stets verwenden und, so sie zu den Betroffenen zählen, eine solche Ansprache erwarten. Die jüngere Generation denkt anders, so daß die Bereinigung der noch bestehenden Unklarheit eine Frage der Zeit sein dürfte.[190]

Anmerkungen

1) Heraldik der Gegenwart, Ausstellungsbericht und Katalog von Franz Gall, Zeitschrift ADLER 1960, Seite 153.

2) Der Zusammenhang mit den Auszeichnungen der ersten Republik bzw. des Bundesstaates Österreich wurde durch die Rezipierung des deutschen Gesetzes über Orden und Ehrenzeichen vom 1.7.1937, dRGBl I. Seite 725, unterbrochen und nicht wieder hergestellt. Zur Rechtslage 1945 vgl Günter Erich Schmidt, Ehrenzeichen und Medaillen der Republik Österreich und der Bundesländer, Wien 1960, Seite 5.

3) Václav Měřička, Das Buch der Orden und Auszeichnungen, Hanau 1976 (im folgenden zitiert "Měřička, Buch"), Seite 22 f.

4) Berthold Waldstein-Wartenberg, Rechtsgeschichte des Malteserordens, Wien 1969, Seite 13 f; P. Marian Tumler, Der Deutsche Orden, Wien 1954, Seite 26; Niels von Holst, Der Deutsche Ritterorden und seine Bauten, Berlin 1981; Gerhard Müller, Die Familiaren des Deutschen Ordens, Marburg 1980; über die geistlichen Ritterorden auch Měřička, Buch, Seite 26 ff, dann Wolfhart, Die Welt der Ritterorden, Wien 1978.

5) Vgl Měřička, Buch, Seite 31 f; derselbe, Orden und Ehrenzeichen der österreichisch-ungarischen Monarchie, Wien 1974 (im folgenden zitiert "Měřička, Orden"); Terlinden, Der Orden vom Goldenen Vlies, Wien 1970; Ernst August Prinz zur Lippe, Orden und Auszeichnungen, Heidelberg 1958, Seite 137 f.

6) Měřička, Buch, Seite 39.

7) Vgl Měřička, Orden, Seite 162 f, 212 f, 273 ff; Michetschläger, Das Ordensbuch der gewesenen österreichisch-ungarischen Monarchie, Wien 1918/1919; Procházka, Österreichisches Ordenshandbuch², München 1979.

8) Auf Grund des Depotvertrages vom 25.11.1953 wird sein Ordensarchiv im Haus-, Hof- und Staatsarchiv in Wien verwahrt (Terlinden, aaO, Seite 20, 25). Auch der Sternkreuzorden besteht weiter.

9) Die Errichtung des Ordens hätte am 13.5.1757 verlautbart werden sollen. Als jedoch am 18.6.1757 Feldmarschall Daun die Schlacht bei Kolin gegen Preußen gewonnen hatte, wurde dieses Datum als Stiftungstag bestimmt. Grundzüge der Ordenserrichtung enthielt das dd Wien, 22.6.1757 erlassene Kabinettschreiben Maria-Theresias an

Feldmarschall Daun. Die Erstfassung der Statuten stammt vom 12.12.1758. Danach bestand der Orden aus Großkreuzen (Dekoration nur am Schulterband) und Rittern, auch Kleinkreuze genannt, deren Dekoration an einem schmäleren Band im Knopfloch zu tragen war. 1765 fügte Joseph II. als neuer Großmeister die Mittelklasse der Kommandeure (Halsorden) hinzu und schuf für die Großkreuze als zusätzliche Insignie den Bruststern in Kreuzform. Hirtenfeld, Der Militär-Maria-Theresien-Orden und seine Mitglieder, Wien 1857; Lukeš, Militärischer Maria-Theresien-Orden, Wien 1891; Hofmann-Hubka, Der Militär-Maria-Theresien-Orden, Wien 1944; Ehrenbuch der österreichisch-ungarischen Wehrmacht, die Ausgezeichneten im Weltkrieg, Band I, Seite 1 ff, Wien 1917; Polivka, Der Militär-Maria-Theresien-Orden. "Alma Mater Theresiana", Jahrbuch 1957, Seite 67; Oskar Regele in "Unica Austriaca", Wien 1959; Agnes Makai, Daten zur Geschichte des Militär-Maria-Theresien-Ordens (1919-1946) in MILITARIA AUSTRIACA 1992/Folge 8, Seite 29 ff.

10) Diese Stufe wurde am 1.2.1901 eingefügt. Siehe Statuten im Anhang I.

11) Statuten vom 1.1.1816 im Anhang II; Ehrenbuch der österreichisch-ungarischen Wehrmacht, aaO; Der Österreichisch-Kaiserliche Orden der Eisernen Krone und seine Mitglieder, Wien 1912.

12) Ursprünglich hatte der Franz-Joseph-Orden nach den Statuten vom 2.12.1849, RGBl Nr 26/1849 bzw. Nr 24/1851, drei Klassen. Der Komtur mit dem Stern wurde mit kaiserlichem Handschreiben vom 18.10.1869, der Offizier am 1.2.1901 eingeführt. Siehe Anhang III.

13) Vgl die Entwicklung bei der französischen Ehrenlegion; Měřička, Buch, Seite 42 f. Die Klasse der Halsdekoration hieß beim Franz-Joseph-Orden "Komtur", sonst wurde die Bezeichnung "Kommandeur" verwendet. Beide Ausdrücke sind in der deutschen Sprache gleichbedeutend. Sie leiten sich ab vom mittellateinischen commendator oder Kommentur, womit ein Würdenträger geistlicher Ritterorden gemeint war, dem ein Ordensgebiet (Komturei oder Kommende) zur Verwaltung und Nutznießung anvertraut war.

14) Stiftung mit Allerhöchster Entschließung vom 16.2.1850, Verordnung RGBl Nr 25/1851 (siehe Anhang III). Am 1.4.1916 wurden für die Dauer des Krieges zwei weitere Stufen des Verdienstkreuzes geschaffen: Das Eiserne Verdienstkreuz mit und ohne Krone (Ehrenbuch der österreichisch-ungarischen Wehrmacht, aaO, Seite 72 f; Procházka², aaO, 2. Band, Seite 99 f).

15) Erwin M. Auer, Die Ordensgarderobe. Ein Beitrag zur Geschichte der kleinen Wiener Hofdienste. Festschrift zur Feier des 200-jährigen Bestandes des Haus-, Hof- und Staatsarchivs, Band 2, 1951, Seite 3 bis 23.

16) Měřička, Orden, Seite 137 bis 146; derselbe, Buch, aaO, Seite 34; Procházka², aaO, Band 2, Seite 59, 98; Hof- und Staatshandbuch für 1918, Seite 324 f, 332 f.

17) Měřička, Orden, aaO, Seite 152 ff, 168 ff, 209.

18) Hofmann-Hubka, aaO, Seite 376 f; Měřička, Orden, aaO, Seite 57 und 64; Schematismus für das österreichische Bundesheer und die Bundesheeresverwaltung 1931 bis 1937.

19) Ottův slovník náučný nové doby, Band II, Teil 2, Seite 1150.

20) Gesetz über Orden und Titel vom 21.10.1936, Sammlung Nr 268.

21) Am 14.7.1922 wurde das Ungarische Verdienstkreuz, bestehend aus dem Großkreuz und fünf weiteren Klassen gestiftet. 1935 folgte dessen Umwandlung in den Ungarischen Verdienstorden (Corpus der ungarischen Verdienstorden- Ehren- und Denkzeichen, bearbeitet von Prof. Günther Probszt-Ohsdorff, in Barcsay-Amant, Adeliges Jahrbuch 1955, Luzern, Seite 116 ff).

22) BGBl Nr 117/1923.

23) Auer, Mitteilungen des österreichischen Staatsarchivs, Band 5, Seite 302 ff.

24) Verlautbart in den BGBl Nr 95/1924, Nr 125 und 403/1925, Nr 120/1926 und Nr 205/1927.

25) BGBl Nr 75/1930.

26) Ehrenbuch des Österreichischen Verdienstordens, Band I, Wien 1936; BGBl II Nr 267, 272/1934.

27) BGBl Nr 327/1935, ferner Verordnung BGBl Nr 340/1935.

28) BGBl Nr 118/1946.

29) Gesetz BGBl Nr 89/1952.

30) Vom 12.12.1950, Slg Nr 2066. Der Rechtssatz des Erkenntnisses ist im BGBl Nr 46/1950 veröffentlicht.

31) Für die gegenwärtige Rechtslage sind noch von Bedeutung das Bundesgesetz vom 24.6.1954, BGBl Nr 194 (Verleihungsmöglichkeit an Ausländer), und die Verordnungen der Bundesregierung BGBl Nr 54/1953 (Statut des Ehrenzeichens), BGBl Nr 199/1954 (Schaffung des Großen Silbernen Ehrenzeichens mit dem Stern) und BGBl Nr 197/1956 (Schaffung des Großen Silbernen Ehrenzeichens am Bande). Weitere Einzelheiten ferner farbige Abbildungen in Originalgröße bei Schmidt, aaO.

32) Die in der zweiten Republik gestifteten Bundesheerdienstzeichen bzw. Wehrdienstzeichen und die Wehrdienstmedaille (BGBl Nr 202 und 203/1963) idF der auf Grund des Bundesgesetzes vom 28.6.1989 über militärische Auszeichnungen, BGBl Nr 361, erlassenen Verordnung BGBl Nr 552/1989, gehören nicht hierher.

33) Mit Kabinettsschreiben vom 12.1.1860 wurde für den Leopold-Orden und für den Orden der Eisernen Krone die sogenannte Kriegsdekoration normiert, falls der Orden vor dem Feinde erworben wurde. Die Kriegsdekoration bestand in einem um das Ordenskleinod bzw. den Stern gelegten Lorbeerkranz. Mit Kaiserlichen Entschließungen vom 14. September, 31. Dezember 1914 und vom 10. Jänner 1915 wurde verfügt, daß mit Ausnahme des Großkreuzes die Stufen des Franz-Joseph-Ordens, soweit sie für Verdienste im Kriege erworben wurden, am Bande des Militärverdienstkreuzes zu tragen waren. Am 2.6.1915 schließlich wurde für alle Stufen des Franz-Joseph-Ordens gleichfalls die Kriegsdekoration eingeführt. Im Falle der Verleihung dieser drei Orden für persönliche Tapferkeit vor dem Feinde fügte man ab 1916 bzw. 1917 der Kriegsdekoration noch Schwerter hinzu. Es ist die Behauptung aufgestellt worden, Kaiser Karl I. hätte dem damaligen Generaloberst Erzherzog Joseph das Großkreuz des St. Stephan-Ordens mit der Kriegsdekoration und mit Schwertern verliehen. Dies wird nunmehr bezweifelt. Jedenfalls liegt keine entsprechende Änderung der Ordensstatuten vor; laut der im Verordnungsblatt für das k.u.k. Heer, Personalangelegenheiten, Nr 54/1918, veröffentlichten Kaiserlichen Entschließung vom 18.3.1918 wurde dem Erzherzog das Großkreuz des St. Stephan-Ordens - ohne jeden Zusatz - verliehen (vgl auch Barcsay-Amant, Adeliges Jahrbuch 1976/78, Seite 150 f; Měřička, Orden, aaO, Seite 64).

34) 1914 lebten 84 Ritter des Ordens vom Goldenen Vlies, davon 16 Mitglieder des Hauses Habsburg - einschließlich des Kaisers -, 7 fremde Staatsoberhäupter, 16 nichtregierende Mitglieder auswärtiger Herrscherhäuser, 41 inländische und 4 ausländische Hochadelige.

35) Manchmal gelangten einzelne Dekorationen "in Brillanten", d.h. besetzt mit Edelsteinen, zur Verleihung. So hat Kaiser Franz Joseph während seiner Regierungszeit 28 Großkreuze und 1 Kommandeurkreuz des St. Stephan-Ordens in Brillanten vergeben. Auch das Großkreuz des Leopold-Ordens und z.B. das Militärverdienstkreuz kamen in Brillanten vor. Diese Dekorationen stellten aber keine eigenen Ordensstufen dar, sondern den Ausdruck besonderer persönlicher Wertschätzung des Monarchen. In den Ordensstatuten waren sie nur indirekt verankert. Es hieß dort jeweils, daß den Ordensmitgliedern nicht gestattet sei, sich das Ordenszeichen mit Edelsteinen verzieren zu lassen, "es sei denn, (das Ordensmitglied) wäre von dem Großmeister mit einem solchen Zeichen beehrt worden" (Ehrenbuch der österreichisch-ungarischen Wehrmacht, aaO, Band I, Seite 39, 46; Měřička, Orden, aaO, Seite 63).

36) Vgl Schematismus für das k.u.k. Heer und die k.u.k. Kriegsmarine 1913, Seite 1526. Procházka², aaO, Band 4, Seite 282 f, gibt eine teilweise abweichende Reihenfolge an. Mag diese auf die Praxis bezüglich der außerhalb des Ordensschemas stehenden Dekorationen Rücksicht nehmen, so kann z.B. der Vorreihung des Komturkreuzes des Franz-Joseph-Ordens vor das Kleinkreuz des St. Stephan-Ordens und das Ritterkreuz des Leopold-Ordens nicht beigetreten werden. Eine solche Reihung könnte nur die Tragweise betreffen, nicht den Rang.

37) Der beim Österreichischen Verdienstorden erwähnte Grad "Großkreuz I. Klasse mit dem Adler" wäre als 1 a) einzustufen. Er hatte in dem für die Orden der österreichisch-ungarischen Monarchie erstellten Schema kein Gegenstück. Wohl aber hätte dieser Grad der Tatsache Rechnung getragen, daß in der Republik der Großstern absolut und relativ weit sparsamer verliehen wird als das Großkreuz des St. Stephan-Ordens. Wie sich das Großkreuz I. Klasse mit dem Adler tatsächlich praktisch ausgewirkt hat, kann wegen der kurzen Dauer seines Bestandes nicht beurteilt werden. Daß heute ein Bedürfnis nach einem vergleichbaren Grad bestünde, kann nicht behauptet werden.

38) Dieser Grad war ab 1916 durch die Eisernen Verdienstkreuze repräsentiert (vgl Anmerkung 14).

39) Vgl Giacomo C. Bascapé, Gli ordini cavallereschi in Italia, Milano 1972, Seite 38 ff.

40) Art 1 und 2 des Staatsgrundgesetzes über die Ausübung der Regierungs- und Vollzugsgewalt vom 21. Dezember 1867, RGBl Nr 145.

41) Vgl u.a. Art 65 und 69 Abs 1 B-VG.

42) §§ 1 und 2 des Besoldungsüberleitungsgesetzes, StGBl Nr 570/1919, dann § 7 Abs 2 und § 32 Abs 1 des Übergangsgesetzes vom 1.10. 1920, BGBl Nr 2/1920. Die Bundesverfassung ist am 10.11.1920 in Kraft getreten. Zur Entwicklung des Diäten- und Rangsklassensystems vgl Mario Laich, Zwei Jahrhunderte Justiz in Tirol und Vorarlberg, Innsbruck 1990, Seite 116 ff.

43) § 28 Gehaltsgesetz 1956 idF der derzeit letzten Novelle, BGBl Nr 314/1992, ferner §§ 136, 137, 144, 149 BDG, BGBl Nr 333/1979 idF BGBl Nr 281/1980.

44) Vgl zum Beispiel das Tiroler Landesbeamtengesetz LGBl Nr 57/1974, in der jeweils geltenden Fassung, welches im § 2 eine Reihe einschlägiger Bundesgesetze, wie das Gehaltsgesetz 1956 rezipiert.

45) § 6 des Bezügegesetzes. Das Bezügegesetz, das auch die Einkommen des Bundespräsidenten, der Abgeordneten zum Nationalrat und zum Bundesrat und der Volksanwälte regelt, unterscheidet zwischen den Bezügen und Sonderzahlungen und enthält auch Bestimmungen über Dienstwohnungen, Dienstwagen udgl. Hier werden nur die Bezüge als Grundlage der Überlegungen berücksichtigt.

46) Vgl WIRTSCHAFTSWOCHE (Wochenpresse), Wien, Nr 49 vom 3.12.1992, Seite 20 bis 24.

47) Beilage II zum Grundgesetz über die Reichsvertretung, RGBl Nr 20/1861.

48) RGBl Nr 172/1898; RGBl Nr 34/1907; ferner Österreichische Bürgerkunde, Band I, Seite 385 ff.

49) Michele Santantonio, Il cerimoniale nelle pubbliche Relazioni, (3. verbesserte und erweiterte Auflage), Roma, Seite 32 bis 76.

50) Botschafter, Gesandter, Legationsrat usw. sind heute keine Amtstitel von Beamten bestimmter Dienstklassen. Gemäß der auf Grund des § 137 Abs 3 BDG erlassenen Verordnung BGBl Nr 226/1990 gebühren so lautende Verwendungsbezeichnungen den Beamten des höheren Dienstes im Personalstand des Bundesministeriums für auswärtige Angelegenheiten für die Dauer bestimmter, ihnen zugewiesener Funktionen. Über die dienstrechtliche Stellung der Betroffenen sagen die Verwendungsbezeichnungen wenig aus.

51) Im Bundesdienst führen Beamte der allgemeinen Verwaltung, soferne sie bestimmte leitende Funktionen bekleiden, abweichende Amtstitel, so z.B. der Leiter der Präsidentschaftskanzlei den Amtstitel "Kabinettsdirektor". Ein solcher besonderer Amtstitel ist auch jener des Polizeipräsidenten in Wien, vgl § 146 Abs 2 Beamtendienstrechtsgesetz 1979. Gemäß § 137 BDG sind auch für andere Beamte statt der Amtstitel Verwendungsbezeichnungen für die Dauer bestimmter Funktionen vorgesehen, z.B. für den Stellvertreter des Leiters der Präsidentschaftskanzlei die Verwendungsbezeichnung "Kabinettsvizedirektor". In manchen Bundesländern führen die Landesbeamten der Dienstklasse IX den Amtstitel "Hofrat", vgl das Tiroler Landesbeamtengesetz (Anmerkung 44), welches in der Dienstklasse VIII nur jenen Beamten den Amtstitel "Hofrat" zuordnet, die länger als ein Jahr die Funktion eines Dienststellenleiters, Abteilungsleiters oder Sachgebietsleiters ausüben. Sonst gebührt in der Dienstklasse VIII nur der Amtstitel "Oberrat". Im Landesdienst von Niederösterreich ist für Beamte der Dienstklasse IX der Amtstitel "Vortragender Hofrat" vorgesehen.

52) Gemäß § 149 Abs 3 BDG 1979, BGBl Nr 333, idF der 53. Gehaltsgesetznovelle BGBl Nr 314/1992, führen die Offiziere des Bundesheeres der Dienstklasse VIII in bestimmten Funktionen anstatt des ihnen sonst gebührenden Amtstitels "Brigadier" die Verwendungsbezeichnung "Divisionär" oder "Korpskommandant". Offiziere des Bundesheeres in der Dienstklasse IX haben den Amtstitel "General". "Generalmajor" ist gemäß § 149 Abs 6 BDG die Verwendungsbezeichnung für Offiziere der Verwendungsgruppe H 1 der Dienstklassen VII oder VIII bei Entsendung österreichischer Einheiten zur Hilfeleistung in das Ausland auf Ersuchen internationaler Organisationen (BGBl Nr 173/1965).

53) Wachebeamten der Bundesgendarmerie und der Bundessicherheitswache der Verwendungsgruppe W 1 steht in den Dienstklassen VIII und VII der Amtstitel "Oberst" zu. Gemäß § 144 Abs 4 BDG kann in der Dienstklasse VIII der Amtstitel "General" für die Dauer der Verwendung als Leiter des Gendarmeriezentralkommandos oder des Generalinspektorates der Wiener Sicherheitswache - wenn die betreffende Planstelle jedoch nicht mit einem Wachebeamten besetzt ist, als Stellvertreter - verliehen werden. Die Verleihung dieses Amtstitels fällt in die Zuständigkeit des Bundespräsidenten. Ist jedoch der Leiter des Gendarmeriezentralkommandos kein Wachebeamter, sondern ein Beamter der allgemeinen Verwaltung, so ist für ihn die Verwendungsbezeichnung "Gendarmeriegeneral" vorgesehen. Diese Verwendungsbezeichnung ist unabhängig von der Dienstklasse und kann mit der Verleihung der Funktion geführt werden.
Zu den Anmerkungen 50) bis 53) vgl Dr. Wilhelm Zach, Beamten-Dienstrecht, Wien 1979.

54) Vgl Anlage 1 zum BDG 1979.

55) Vgl auch RGBl Nr 204/1908.

56) §§ 136, 140 BDG 1979.

57) BGBl Nr 306/1981.

58) § 11 Wehrgesetz 1990, BGBl Nr 305.

59) § 137 Abs 4 BDG 1979.

60) Kielmansegg, Kaiserhaus, Staatsmänner und Politiker, Wien 1966, Seite 241 ff.

61) Laut österreichischem Amtskalender 1992/93, Seite 24*, ist für Angelegenheiten der Auszeichnungen und Titel die Sektion I, Abteilung 1, Referat a des Bundeskanzleramtes zuständig.

62) Handbuch des Allerhöchsten Hofes und des Hofstaates Seiner k. und k. Apostolischen Majestät für 1913. Der Stichtag des Redaktionsschlusses - November oder Dezember 1912 - ist nicht eruierbar, daher sind die Zahlen der erfaßten lebenden Personen nicht ganz genau, zumal die allfälligen Todesfälle bis 31.12.1912 zu berücksichtigen wären. Andererseits ist festzuhalten, daß von Redaktionsschluß bis Jahresende 1912 noch weitere 68 Ordensverleihungen erfolgten.

63) Über die Erledigung des Aktenvorganges liegt folgendes Konzept einer Note vor:
"An das löbliche k.k. Ministerraths-Präsidium.
Se. kais. und königl. Apostolische Majestät haben mit allerhöchster Entschließung vom 30. v.M. den nachbenannten Personen den Orden der eisernen Krone taxfrei a.g. zu verleihen geruht, und zwar: den Orden I. Klasse dem geheimen Rathe etc. etc. (aus dem Verzeichnisse etc.).
Nachdem den Genannten die entsprechenden Ordensdekorationen unmittelbar zugestellt wurden, gebe ich mir die Ehre, dem löbl. ./. in der Nebenlage die Notifikationsschreiben samt Reversen und 364 Statutenbücher mit dem ergebensten Ersuchen zu übermitteln, deren Zustellung an die Genannten gefälligst veranlassen zu wollen.
Wien, den 1. December 1898
Weiß
Hillenbrand
Pittner".

Die Unterschriften stammen von Wilhelm Ritter Weiss von Weissengauen, pens. Hof- und Ministerialrat, Ordensschatzmeister des Ordens der Eisernen Krone,
Alexander von Hillenbrand, Regierungsrat, Ordens-Greffier,
Theodor Ritter von Pittner, Hofrat, Ordenskanzlist.
(Quelle: Haus-, Hof- und Staatsarchiv, Wien).

64) § 1 Abs 4 des Gesetzes BGBl Nr 89/1952.

65) Unter Interkalarfrist versteht man den Zeitraum, der zwischen zwei dienstrechtlich relevanten oder auf das Auszeichnungswesen bezogenen Hoheitsakten liegt bzw. auf Grund einschlägiger Vorschriften liegen muß. Es kann sich um Fristen handeln zwischen der Ernennung auf einen (höheren) Posten und der Verleihung einer Auszeichnung oder zwischen der Verleihung einer Auszeichnung und einer weiteren (höheren) Ehrung.

66) Mit Entschließung des Bundespräsidenten vom 1.10.1992 wurde an den Präsidenten des deutschen Bundesrates und Ministerpräsidenten von Mecklenburg-Vorpommern Dr. Berndt Seite das Große goldene Ehrenzeichen am Bande für Verdienste um die Republik Österreich verliehen (Wiener Zeitung vom 12.12.1992).

67) Zum Beispiel die Gattin des damaligen Staatspräsidenten der Philippinen Marcos.

68) Wiener Zeitung vom 30.11.1991 und vom 2.12.1992.

69) Tatsächlich ernannte Minister zum Unterschied von vorübergehend bestellten Leitern eines Ministeriums - in der Regel rangälteste Sektionschefs.

70) Dr. Alexander Told (1960).

71) Adalbert Josef Graf Schönborn, bestellt nach Auflösung des Landtages am 26.7.1913.

72) Dr. Eduard Ritter von Kindinger in Triest (1903), er war früher kurz Justizminister; Dr. Alexander Ritter von Mniszek-Tchorznicki, Lemberg (1911); Witold Hausner, Krakau (1916); Viktor Freiherr von Wessely, Prag (1917).

73) Frühere Ministerpräsidenten: Dr. Richard Freiherr von Bienerth (Niederösterreich), Konrad Prinz Hohenlohe (Küstenland), Fürst Franz Thun (Böhmen).

Frühere Minister: Manfred Graf Clary-Aldringen (Schlesien), Dr. Witold von Korytowski (Galizien).

74) Friedrich Graf Toggenburg (Tirol mit Vorarlberg), Oktavian Freiherr Regner von Bleyleben (Mähren), Marius Graf Attems (Dalmatien).

75) Theodor Freiherr Schwarz von Karsten (Krain), Rudolf Graf von Meran (Bukowina).

76) Maximilian Graf Coudenhove (Schlesien).

77) Felix von Schmitt-Gasteiger (Salzburg), Alfred Freiherr von Fries-Skene (Kärnten).

78) Universitätsdozent Dr. Heinz Fischer, später Bundesminister, derzeit Erster Präsident des Nationalrates.

79) Bayerischer Staatsminister für Wirtschaft und Verkehr Dr. August Lang, Entschließung des Bundespräsidenten vom 4.11.1992 (Wiener Zeitung vom 12.12.1992).

80) Die Vorsitzenden des Aufsichtsrates der Unternehmen BMW und Siemens, Berlin, Vorsitzender des Vorstandes der Daimler-Benz AG, Präsident einer ausländischen Großbank.

81) Wiener Zeitung vom 12.2.1993.

82) Maurice d´Ailly de Verneuil, Syndikus im Bankwesen (Paris), Georges Derussi, vormaliger rumänischer Generalkonsul in Budapest, die Gesandten Gaetano Conte Manzoni (Italien), dann Diego von Bergen und Dr. Gustav Krupp von Bohlen und Halbach (Deutsches Reich). Zu erwähnen ist auch der Münchner Oberbürgermeister Dr. Wilhelm Borscht.

83) Entschließung des Bundespräsidenten vom 12.1.1993, Wiener Zeitung vom 19.1.1993.

84) Zum Beispiel der Vizepräsident der Finanzlandesdirektion Prag Josef Ritter von Tersch, 1914.

85) Heinrich Lammasch (1909), der letzte k.k. Ministerpräsident (27. Oktober bis 11. November 1918) und Mitglied der Friedensdelegation in St. Germain.

86) Zum Beispiel Dr. Konstantin Lewycki, Reichsrats- und Landtagsabgeordneter.

87) Dr. Rudolf Schweiger.

88) Universitätsprofessor Dr. Herbert Schambeck.

89) Marwan-Schlosser, Univ.Prof. Felix Ermacora, Dr. Otto Keimel (1990), Dr. Sixtus Lanner (1990).

90) Sein Vorgänger in der Monarchie Ubald Kostersitz hatte nur den Ordensgrad 6 (1896).

91) Zugeteilter bei einer Botschaft; vgl die inzwischen überholte Verordnung BGBl Nr 123/1971.

92) Beispiele für die großzügigere Verleihungspraxis während des Ersten Weltkrieges auch auf dem Zivilsektor.

93) Dr. Wolfgang Hirn (Innsbruck), Dr. Hagen Fischlschweiger (Graz), beide 1977, Dr. Eugen Pausa (Wien) 1982, Dr. Arthur Flick (Graz) 1986, Dr. Richard Obendorf (Innsbruck) 1991, Dr. Stephan Komar (Linz) 1992.

94) Dr. Sixtus Lanner, Dr. Gerulf Stix.

95) Von der Tiroler Landesregierung seinerzeit als Landesrat Dipl.Ing. Dr. Alois Partl, die ehemaligen langjährigen Landesräte Fridolin Zanon und Christian Huber (1990).

96) Einschlägige Beispiele für Verleihungen in der Monarchie: Karl Winkler, OLGR beim LG Klagenfurt (seit 7.3.1912 Titel und Charakter eines Hofrates) erhielt am 26.3.1913 aus Anlaß der Pensionierung den Ordensgrad 8. Friedrich Edler von Némethy (seit Oktober 1911 Ministerialrat im Justizministerium, seit November 1912 Hofrat und Kreisgerichtspräsident in Wiener Neustadt) erhielt am 26.6.1913 in der Aktivität diesen Ordensgrad. Aus Anlaß der Pensionierung wurden mit dem Ordensgrad 8 ausgezeichnet am 8.10.1913 der Vizepräsident eines Kreisgerichtes (seit 7.1.1910 Titel und Charakter eines Hofrates) und am 25.10.1913 ein Rat des OLG Wien (seit 26.5.1909 Titel und Charakter eines Hofrates). Die Interkalarfristen lagen also bei Gnadenakten im Falle der Pensionierung zwischen ein und vier Jahren, im Falle der Verleihung in der Aktivität zwischen der Beförderung in die V. Rangsklasse und der Auszeichnung bei eineinhalb Jahren. Gegenwärtig kann der Vizepräsident eines Gerichtshofes I. Instanz aus Anlaß des Übertrittes in den Ruhestand nach sieben Jahren in der Funktion den Ehrenzeichengrad 8 erhalten, sonst nur den Grad 9.

97) Dr. Leonhard von Dal Lago-Sternfeld wurde am 31.12.1909 Vizepräsident des Kreisgerichtes Rovereto (VI. Rangsklasse) und erhielt am 13.11.1913 den Ordensgrad 9. Georg Schnabl, Oberstaatsanwaltstellvertreter in Wien, gelangte im November 1910 in die VI. Rangsklasse und wurde am 17.12.1913 mit dem Ordensgrad 9 ausgezeichnet. Viktor Verderber, seit Dezember 1909 I. Staatsanwalt in Marburg, erhielt den Orden am 20.12.1913. Dr. Karl Plohn, seit Mai 1910 Oberlandesgerichtsrat beim Landesgericht Czernowitz, wurde am 5.1.1913 in gleicher Weise dekoriert. Aus Anlaß der Pensionierung bekam den Ordensgrad 9 der OLGR und Bezirksgerichtsvorsteher in Karlsbad Josef Hönl. Ihm wurde am 5.7.1905 der Titel und Charakter der VI. Rangsklasse verliehen; die Ernennung auf den Posten dieser Rangsklasse erfolgte im September 1909 (Quelle: Entsprechende Jahrgänge des JMVBl).

98) Es handelte sich um jene Beamten, die bei der Zeitvorrückung (§ 52 Dienstpragmatik 1914) in die Gruppen D und E fielen.

99) Zur Wahrnehmung des in der Strafprozeßordnung 1873 in allen strafgerichtlichen Instanzen durchgezogenen Anklageprinzips wurden bei den Bezirksgerichten als Provisorium sogenannte staatsanwaltschaftliche Funktionäre eingeführt, ehrenamtliche Mitarbeiter - oft pensionierte Gendarmen, die den Staatsanwalt, dessen Weisungen sie streng zu beachten hatten, als öffentliche Ankläger repräsentierten. Die eigentlich nur Alibizwecken dienende Einrichtung hielt sich aber über ein Jahrhundert und wurde erst durch das Strafprozeßanpassungsgesetz, BGBl Nr 423/1974, abgeschafft. An ihrer Stelle trat der "Bezirksanwalt", ein Justizbeamter des Fachdienstes (Verwendungsgruppe C). Er kann bis in die Dienstklasse V aufsteigen und folglich mit einem Verdienstzeichen des Grades 11 bedacht werden. Die bereits bestellt gewesenen staatsanwaltschaftlichen Funktionäre konnten bis Ende 1979 eingesetzt werden.

100) Hofrat Hon.Prof. Mag.Dr.jur. Hans Walther Kaluza im Katalog der Ausstellung "Orden und Ehrenzeichen in Österreich" im Bundesamt für Eich- und Vermessungswesen, Wien, 1992.

101) In der Neufassung der Bekanntmachung vom 5.9.1983, Gemeinsames Amtsblatt, Seite 389.

102) Ernst Mayrhofer´s Handbuch für den politischen Verwaltungsdienst, 5. Band, Seite 169, Anm 2. Eine Ausnahme bildete der Militär-Maria-Theresien-Orden. Dort war ein Ansuchen des Kandidaten Voraussetzung für die Verleihung.

103) Gesetz vom 3.3.1951, Gazzetta Ufficiale vom 30.3.1951, Nr 73.

104) So ist auch der gegenwärtige Stand. Freundliche Mitteilungen des Generalstaatsanwaltes beim Appellationsgerichtshof Trient Exzellenz Dr. Adalberto Capriotti vom 6.9.1991.

105) Wie erst 1991 der Präsident des Appellationsgerichtshofes Trient Dr. Gennaro Nardi, der nur eineinhalb Jahre dieses Amt bekleidet hat.

106) Zur gesamten Problematik vgl Laich, aaO, Seite 275 bis 281.

107) Mayrhofer´s Handbuch, aaO, 5. Band, Seite 169, Anm 2.

108) Eine Bundesauszeichnung kann frühestens nach Zurücklegung einer zehnjährigen Dienstzeit erwartet werden. Zwischen der Beförderung eines öffentlich Bediensteten und der Antragstellung für eine Auszeichnung müssen mindestens zwei Jahre liegen, zwischen zwei Auszeichnungen fünf Jahre (im Falle der Verleihung aus Anlaß der Pensionierung vier Jahre) und anderes mehr.

109) Die Collanen waren wie folgt beschaffen: Beim St. Stephan-Orden wechselten 24 ungarische Königskronen mit 13 aus den Buchstaben SS (Sanctus Stephanus) und 12 aus den Buchstaben MT (Maria Theresia) gebildeten Kettengliedern ab. Sie liefen an dem aus einem Kranz gebildeten Trageglied zusammen. Die Kette des Leopold-Ordens bestand abwechselnd aus 16 Monogrammen der Buchstaben FL (Franciscus-Leopoldus), 16 österreichischen Kaiserkronen und 16 Eichenkränzen, wovon einer das Trageglied bildete und ein weiterer kleiner Eichenkranz als Schließe diente. Ähnlich war die Kette des Ordens der Eisernen Krone gestaltet: 12 Glieder aus den verschlungenen Buchstaben FP (Franciscus Primus), 12 Eiserne Kronen und 13 Eichenkränze, davon einer als Trageglied und einer als Schließe. Diese Collane hatte eine Länge von 86 cm.

110) Der "Gran Cordone" des Verdienstordens der Republik Italien besteht aus 22 Kettengliedern, nämlich 11 fünfspitzigen Sternen, 10 Akanthusblüten und der als Trageglied konzipierten Buchstabenkombination RI (Repubblica Italiana).

111) Aurel Poppauer, Taschenbuch des ö.-u. Auswärtigen Dienstes, Wien und Leipzig 1918, Seite 117.

112) Hof- und Staatshandbuch, Handbuch des Allerhöchsten Hofes und des Hofstaates Seiner k. und k. Apostolischen Majestät.

113) Měřička, Orden, aaO, Seite 273 ff.

114) Das im amtlichen Teil der Wiener Zeitung vom 20. August 1887, Nr 189, Seite 1, veröffentlichte kaiserliche Handschreiben lautet:
"Lieber Graf Trauttmansdorff!

In Genehmigung Ihres diesfälligen, nach gepflogenem Einvernehmen mit dem Minister Meines Hauses und des Äußeren und mit Meinen beiderseitigen Ministerpräsidenten Mir erstatteten Antrages, finde Ich Mich bestimmt, an Stelle der von Mir bisher verliehenen goldenen Medaille für Kunst und Wissenschaft, ein Ehrenzeichen zu gründen, welches in Zukunft zur Anerkennung hervorragender Verdienste auf dem Gebiete der Wissenschaft und der Kunst dienen soll.

Dieses Ehrenzeichen besteht in einer Medaille mit Meinem Brustbilde auf der Avers- und mit der Inschrift "litteris et artibus" auf der Reversseite; dasselbe ist an einem rothen Bande am Hals zu tragen.

Mit den dieses Ehrenzeichen betreffenden Agenden ist Mein Oberstkämmerer betraut und haben Sie demnach das weiter Geeignete zu veranlassen.

Von dem Inhalte dieses Handschreibens setze Ich gleichzeitig den Minister Meines Hauses und des Äußeren und Meine Ministerpräsidenten in Kenntnis.

Ischl, 18. August 1887
Franz Joseph m.p."

Es folgt die Bekanntgabe der am gleichen Tage stattgefundenen Verleihung des Ehrenzeichens für Kunst und Wissenschaft an 15 Persönlichkeiten: den Maler Heinrich von Angeli, Professor an der Akademie der Bildenden Künste in Wien; Alfred Ritter von Arneth, Präsident der Akademie der Wissenschaften in Wien und Direktor des Haus- Hof- und Staatsarchivs; Professor Julius Benczur, Direktor der ungarischen Meisterschule für Malerei in Budapest; Karl Freiherr Czörnig von Czernhausen, vormaliger Präsident der Statistischen Zentralkommission; Dr. Wilhelm Fraknoi, Domherr in Großvardein, Titularabt und Sekretär der ungarischen Akademie der Wissenschaften; Universitätsprofessor Hofrat Dr. Josef Hyrtl, Wien; Ministerialrat Karl Keleti, Direktor des ungarischen Landesstatistischen Büros; Alfred Freiherr von Kremer, Minister außer Dienst; Maler Jan Matejko, Direktor der Krakauer Kunstakademie; emeritierter Universitätsprofessor Hofrat Dr. Franz Ritter von Miklosich; Maler Michael Munkacsy; Universitätsprofessor Dr. Franz Salamon, Vorstand des Seminars für Geschichte an der Universität Budapest; Universitätsprofessor Hofrat Dr. Theodor Ritter von Sickel, Vorstand des Instituts für österreichische Geschichtsforschung an der Universität Wien; emeritierter Universitätsprofessor Dr. Lorenz Ritter von Stein, Wien; und Dr. Josef Unger, Präsident des Reichsgerichtes und Minister außer Dienst.

(Briefadressat des Handschreibens vom 18. August 1887 war Ferdinand Graf zu Trauttmansdorff-Weinsberg, Oberstkämmerer im Hofstaat des Monarchen, Inhaber eines der 4 Obersten Hofämter, zuständig für Schatzkammer, kunsthistorische Sammlungen und wissenschaftliche Unternehmungen.)

115) Bundesgesetz vom 9.10.1934, betreffend die Schaffung eines Österreichischen Ehrenzeichens und eines Österreichischen Verdienstkreuzes für Kunst und Wissenschaft, BGBl II Nr 333, ferner Verordnung des Bundesministeriums für Unterricht betreffend die Statuten für das Österreichische Ehrenzeichen für Kunst und Wissenschaft und das Österreichische Verdienstkreuz für Kunst und Wissenschaft, BGBl Nr 83/1935. Merkwürdigerweise findet sich in der Verordnung die Devise in der Schreibweise "LITTERIS ET ARTIBUS". So stand sie auch auf den Originalexemplaren des Ehrenzeichens. Im Handschreiben von 1887 (Anmerkung 114) scheint gleichfalls die Schreibweise "litteris ..." auf, während das Ehrenzeichen der Monarchie in Original ebenso wie die früheren Medaillen das Wort mit einem "t" zeigte.

116) BGBl Nr 96/1955.

117) Die Normen über das Ehrenzeichen und die Verdienstkreuze von 1934 dienten in nahezu allen Punkten als Vorbild für das gegenwärtige Ehrenzeichen für Wissenschaft und Kunst und für die entsprechenden Ehrenkreuze. Die wesentlichen Unterschiede - abgesehen von der gänzlich anderen Konzipierung des Erscheinungsbildes der Dekorationen - waren das Voransetzen des Wortes "Wissenschaft" vor "Kunst", die Erhöhung der 1934 mit 24 Trägern - 12 je Kurie - beschränkten Anzahl auf 36 bzw. 18, ferner die Streichung des beim Verdienstkreuz von 1934 vorhanden gewesenen Zusatzes "oder durch die Förderung der österreichischen Kunst und Wissenschaft" in den Verleihungskriterien. Damit ist klargestellt, daß heute die Ehrenkreuze nur für Wissenschaftler und ausübende Künstler bestimmt sind, nicht auch für Mäzene. Letztere erhalten gegebenenfalls Ehrenzeichen für Verdienste um die Republik Österreich.

118) Měřička, Orden, aaO, Seite 169 ff, Tafeln XI, XVIII, LIII und LVI.

119) PolGesSlg Nr 155/1826.

120) Verordnung des Gesamtministeriums vom 20.10.1889, womit eine neue Vorschrift über die Uniformierung der k.k. Staatsbeamten erlassen wird, RGBl Nr 176; Verordnung des Ackerbauministeriums im Einvernehmen mit dem Ministerium des Inneren vom 14.6.1890, betreffend die Uniformierung der k.k. Forst- und Bergbeamten, RGBl Nr 115; Verordnung des Ministeriums des Inneren vom 25.7.1891, betreffend eine Ergänzung der Uniformierungsvorschrift vom 20.10.1889 hinsichtlich der Beamten der politischen Verwaltung, RGBl Nr 113.

121) Adjustierungsvorschrift für das k.u.k. Heer, Teil I bis VII 1910/11, Normalverordnungsblatt für das k.u.k. Heer, Stück 38/1910, 23 und 34/1911.

122) Vgl Abbildungen im Anhang I. und II.

123) Marine-Normalverordnungsblatt XI. Stück/1910: Organische Vorschrift für das Personal der k.u.k. Kriegsmarine, III. Hauptstück Adjustierung und Ausrüstung, I. Teil, Adjustierung und Ausrüstung des Stabes, Punkte 4, 5.

124) Beiblatt Nr 67 zum Verordnungsblatt für die k.k. Landwehr vom 24.11.1917; vgl Monatsblatt der k.k. Heraldischen Gesellschaft "ADLER", Band 8, Nr 13, Nr 445 vom Jänner 1918.

125) Im Anhang IV.

126) Auszug aus dem Erlaß des Bundeskanzleramtes, Zl 6103 - Pr 1a/53.

127) Heraldisch links, dh vom Träger der Orden aus betrachtet.

128) § 4 Abs 4 des Wiener Ehrenzeichengesetzes, LGBl Nr 35/1967.

129) Man verwendet dafür auch die Bezeichnung Miniaturschnalle oder kleine Ordensschnalle. In der "Anzugsordnung für die Soldaten der Bundeswehr - ZDv 37/10 - Stand 1985" ist die kleine Ordensschnalle, die in der Bundesrepublik Deutschland auch zur Uniform getragen werden kann, wie folgt beschrieben: "Die Kleine Ordensschnalle besteht aus einem 1,3 cm breiten Zinkblech mit dünner Scharniernadel und Kugelöse, der Stoffunterlage, dem Ordensband und dem Orden. Die Ordensbänder haben unaufgenäht eine Länge von 6 cm und sind, je nach Anzahl der an der Ordensschnalle befestigten Orden, 1,0 bis 1,5 cm breit. Sie sind am Blech so zu befestigen, daß die Gesamtlänge 3 cm beträgt. Der Orden hängt frei am Bande. .... Die Kleine Ordensschnalle wird auf dem linken Revers des Gesellschaftsanzuges waagrecht so befestigt, daß zwischen der oberen Kante der Ordensschnalle und dem Kragenansatz in der Reversmitte ein Zwischenraum von 3 bis 4 cm bleibt." (Vgl Heinz Kirchner, Deutsche Orden und Ehrenzeichen, 4. neu bearbeitete und ergänzte Auflage 1985, Seite 118 ff).

130) § 2 Abs 1 der Verordnung BGBl Nr 193/1976.

131) Note der Österreichischen Ehrenzeichenkanzlei an die Zentralstellen vom 11.6.1959, Zl 1543 - EZ/59.

132) Erlaß des Bundesministeriums für Landesverteidigung vom 13.11.1985, GZ 63 335/45-5.2/85, in Verlautbarungsblatt I des Bundesministeriums für Landesverteidigung 1985, Nr 193.

133) Der Ausdruck "Ordensschnalle" war früher in Österreich ebensowenig gebräuchlich wie die Befestigung der Brustdekorationen am Dreiecksband an einer "Schnalle". Vielmehr werden - gelegentlich auch heute - die Dekorationen mittels ihrer Bänder in Dekorationsschleifen aus dünnen Schnürchen eingehängt, die an den Bekleidungsstücken aufgenäht sind. Die Ordensschnalle, die aus einem Zinkblech mit Nadel und Öse besteht und die Dreiecksbänder aller Dekorationen trägt, ist zweifellos praktischer, weil sie am betreffenden Kleidungsstück sofort durch die mit gleicher Befestigungsvorrichtung versehenen Ordensspange ersetzt werden kann.

134) Früher war in Österreich die Bezeichnung "Dekorationsspange" üblich.

135) Erlaß des Bundesministeriums für Landesverteidigung, Zl 32.027/752-5.10/82 vom 29.10.1982, Abschnitt A. Anzugsarten und Trageanlässe, I. Allgemeines und II. Uniformtragebestimmungen.

136) Zur Erklärung der Adjustierungssorten: Die Feldbluse des Feldanzuges 75 ist ein olivgrünes Kleidungsstück mit 2 Brusttaschen, Achselklappen zum Anbringen der Distinktionen, offenem Kragen und zuknöpfbaren Ärmeln. Sie wird in die Feldhose eingesteckt. Zum Ausgangsanzug des Kaderpersonals, von Grundwehrdienern des Gardebataillons und anderen Heeresangehörigen gehört der feldgraue Uniformrock 66 mit Distinktionen an den Kragenspiegeln, 2 aufgesetzten Brusttaschen mit Quetschfalte und 2 schräg eingeschnittenen Schoßtaschen und Metallknöpfen. Alle Taschen sind mit den traditionellen geschweiften Patten versehen. Der Uniformrock wird zum Großen und zum Kleinen Ausgangsanzug getragen. Der Kleine Ausgangsanzug ist für das Kaderpersonal bei Stäben vom Brigadekommando aufwärts auch im Innendienst erlaubt. Zum Gesellschaftsanzug der Offiziere und Unteroffiziere ist ein weißer Rock gleichen Schnittes vorgeschrieben. Der Unterschied zwischen den "Großen" und "Kleinen" Anzugsarten besteht was den Rock anlangt nur in der Trageart der Dekorationen. Vgl Anm 135), ferner: Die Uniformierung des Bundesheeres von 1955 bis 1980, in Schriften des Heeresgeschichtlichen Museums (Militärwissenschaftliches Institut) in Wien, Band 9, Seiten 159 bis 176 (Farbtafeln).

137) H. Taprell Dorling, Ribbons and Medals. - 20th ed., Osprey, Sprink & Son Ltd., 1983, Seite 8; Guido Rosignoli, Ribbons of Orders, Decorations and Medals, Blandford Press 1976, Seite 108.

138) § 7 des Verfassungsübergangsgesetzes vom 1.10.1920 im Zusammenhalt mit dem Beschluß des Ministerrates vom 30.11.1920.

139) Dr. Ernst Mischler - Dr. Josef Ulbrich, Österreichisches Staatswörterbuch, 2. Auflage, Band I., 1905, Seite 706.

140) Dr. Ivan Ritter von Žolger, Der Hofstaat des Hauses Österreich, Wien 1917, Seite 146; für die weitere Darstellung Seite 147 bis 150; siehe ferner Anmerkung 102, dort Seite 169 f.

141) Verordnung des Justizministeriums vom 23.11.1889, JMVBl 1889, Nr 56.

142) Laich, aaO, Seite 136 f.

143) Feldmarschall-Leutnant Blasius Schemua aus Anlaß seiner Ablösung als Chef des Generalstabes der gesamten bewaffneten Macht 1912 (Nachfolger und Vorgänger des Generals Franz Conrad von Hötzendorf), Dr. Theodor Freiherr von Kathrein, Landeshauptmann von Tirol, 1902.

144) Ladislaus Ritter von Krainski, Präsident der galizischen Bodenkreditanstalt 1908; die ao Gesandten und bevollmächtigten Minister Eugen Ritter von Kuczynski 1908 aus Anlaß der Versetzung in die Disponibilität sowie Otto Kuhn von Kuhnenfeld 1907; Johann von Mihalovich, Sektionschef aD 1906; Julius von Rohonyi, Landes-Chef-Stellvertreter von Bosnien und Hercegovina 1912; Leo Lánczy, Präsident der Budapester Handels- und Gewerbekammer 1911.

145) August Ritter von Gorayski, Mitglied des Herrenhauses auf Lebensdauer (seit 1892) 1898.

146) Karl Wilhelm Graf Haugwitz 1904; Dr. Heinrich Reissig, Senatspräsident des Verwaltungsgerichtshofes 1908; die Sektionschefs Dr. Ludwig von Thallóczy 1909, Dr. August Freiherr Engel von Mainfelden 1908, Dr. Markus Graf Wickenburg (III. Rangsklasse) 1903, Dr. Josef Zavadil 1908 und Otto Reuter 1909; die k.k. Minister Dr. Zdenko Freiherr von Forster 1908 und Univ.Prof. Dr. Max Hussarek von Heinlein 1909; Dr. Viktor Wilhelm Russ, Mitglied des Herrenhauses auf Lebensdauer 1901; Dr. Hermann Zschokke, Weihbischof und Dompropst in Wien 1897; Alfred Freiherr von Fries-Skene, Landespräsident von Kärnten 1911; Ferdinand Alfons Graf Trauttmansdorff-Weinsberg 1910.

147) Laich, aaO, Seite 136 f.

148) RGBl Nr 20/1861.

149) § 5 des Grundgesetzes über die Reichsvertretung.

150) Gesetz vom 26.1.1907, RGBl Nr 15. Anläßlich der Beratung der Wahlrechtsreform beschloß das Abgeordnetenhaus folgende Resolution: "Die k.k. Regierung wird aufgefordert, nach Fertigstellung der Wahlreform in Anbetracht des Umstandes, daß neben einem aus allgemeinen Wahlen hervorgegangenen Abgeordnetenhause ein Herrenhaus in seiner heutigen Zusammensetzung eine Monstrosität wäre, eine Gesetzesvorlage einzubringen, welche die Umwandlung des heutigen Herrenhauses in ein durch Wahlen aus den berufsgenossenschaftlichen Organisationen sich zusammensetzendes Ständehaus zum Gegenstand hat". (Mayerhofer, siehe Anm 102, Ergänzung 1, 1909, Seite 7).

151) Gesetz vom 26.1.1907, RGBl Nr 16, welches trotz der in Anm 150) wiedergegebenen Resolution beschlossen wurde.

152) Darunter die Fürstbischöfe von Brixen und Trient.

153) Es waren 28 Universitätsprofessoren, 4 Künstler, 48 hohe Staatsbeamte, Minister aD udgl., 6 hohe Militärs und 10 kirchliche Würdenträger, welche nicht die Qualifikation eines Erzbischofs bzw. Fürstbischofs hatten. Der Rest von 60 Sitzen verteilte sich auf Industrielle, Bankleute, Vertreter von Handelskammern und des Grundbesitzes.

154) Von den anfangs 1918 ernannt gewesenen 49 Mitgliedern des Magnatenhauses auf Lebensdauer waren 20 Geheime Räte.

155) Es waren:
Karl Freiherr Heidler von Egeregg, Gesandter aD, GehRat 1903, Ordensgrad 3 1908;
Friedrich Freiherr von Call, Präsident des Oberlandesgerichtes Innsbruck, GehRat 1904, Ordensgrad 4 1912;
Rudolf Sieghart, Gouverneur der Bodenkreditanstalt, GehRat 1907, Ordensgrad 4 1908;
Johann Žaček, Minister aD, GehRat 1909, Ordensgrad 6 1906;
Ignaz Ritter Gruber von Menninger, SektChef aD, Vizegouverneur der österreichisch-ungarischen Bank, GehRat 1910, Ordensgrad 6 1905;
Rudolf Doerfel, Hofrat, Hochschulprofessor, Ordensgrad 8 1904;
Marian Ritter von Dydynski, Großgrundbesitzer, Ordensgrad 8 1908;
Alfred Escher, KommRat, Großhändler, Ordensgrad 8 1908;
Johann Otto, KaisRat, Verlagsbuchhändler, Ordensgrad 8 1906;
Alois Prinz von und zu Liechtenstein, Landmarschall in Niederösterreich, Ordensgrad 3 1907;

Emanuel Freiherr von Ringhoffer, Großgrundbesitzer, Ordensgrad 8 1907;
Robert Graf Terlago, Großgrundbesitzer, Ordensgrad 6 1908;
Alfred Ritter von Zgórski, RegRat, Direktor der galizischen Landesbank, Ordensgrad 8 1908;
Ottokar Graf Czernin, LegSekretär;
Anton Ritter von Vukovic, Hofrat iR.

156) Mischler-Ulbrich, siehe Anm 139), Seite 707.

157) Mayerhofer, siehe Anm 102), 5. Band, Seite 114.

158) Aus soziologischer Sicht: Roland Girtler, Die Feinen Leute, Linz 1989; Heinz Siegert (Herausgeber), Adel in Österreich, Wien, 1971.

159) Art 109 Abs 3 der (Weimarer) Reichsverfassung vom 11.8.1919, dRGBl Nr 152 (in Kraft seit 14.8.1919).

160) Art XIV der Schluß- und Übergangsbestimmungen der Verfassung der italienischen Republik, in Kraft getreten am 1. Jänner 1948. Vgl zu diesem Problemkreis: Carlo Mistruzzi di Frisinga, Trattato di diritto nobiliare italiano, Milano 1961, Band 3, Seite 322 ff.

161) Das Formular enthielt - komprimiert - folgende Einleitung: "Wir Franz der Erste ... haben nach dem Beispiele der österreichischen Regenten ... es stets als eine Unserer wesentlichsten Verbindlichkeiten ... betrachtet, denjenigen welche sich durch Treue und Ergebenheit gegen den Staat, den Thron, gegen Unsere Person und Familie ausgezeichnet, und sich in Vereinbarung mit guten Sitten, in Kriegsdiensten, in Ämtern der bürgerlichen Verwaltung, in Wissenschaften rühmlich hervorgetan, oder in anderen Wegen zur Beförderung des allgemeinen Wohles beigetragen haben, öffentliche Merkmale Unserer Huld zu geben, und sie vorzüglich durch ehrenvolle Standes-Erhöhungen zu belohnen, als wodurch Andere zu dem lobenswürdigen Eifer, sich um das gemeine Wesen verdient zu machen, angespornt, insbesondere aber die Nachkömmlinge, auf welche sich der ehrenvolle Lohn der Verdienste ihrer Ahnen vererbet, stets der Pflicht erinnert werden, sich durch Nachahmung derselben der adelichen Abkunft würdig zu zeigen. Unsere Selbsteigene Aufmerksamkeit ist daher unabläßig darauf gerichtet, unterscheidende Verdienste nirgend zu übersehen ......".

162) Allerhöchste Entschließung auf den hofkriegsräthlichen Vortrag vom 3. Dezember 1810 dd Wien, den 30. Dezember 1810. Allgemeines Verwaltungsarchiv, Wien, Adelsakten der Hofkanzlei, Generalia, 101/1811-33.

163) Allgemeines Verwaltungsarchiv, wie vor, 382/1896. Zum Adelswesen vgl insbesondere Berthold Waldstein-Wartenberg, Österreichisches Adelsrecht 1804 - 1918, in Mitteilungen des Österreichischen Staatsarchivs, 17/18. Band 1964/1965, Seite 109 ff. Ferner (mit einigen Vorbehalten zu den rechtshistorischen Ausführungen) Peter Frank-Döfering, Adelslexikon des österreichischen Kaisertums 1804 - 1918, Wien, Herder 1989.

164) Thomas Freiherr von Fritsch, die Gothaischen Taschenbücher Hofkalender und Almanach, Limburg/Lahn 1968, Seite 122. Eine beiläufige Orientierung über die Adelsverhältnisse Ungarns bringt Dr. Felix Ladislaus von Segner, Der ungarische Adel, Grafenau 1969.

165) §§ 136 - 154 des Stempel- und Taxgesetzes (Allerhöchstes Patent vom 27.1.1840, PolGesSlg Nr 13/1840) umgerechnet auf Kronenwährung.

166) Laut Angabe des Österreichischen Statistischen Zentralamtes, Abt 5, Zl 54.567/0-5/91, entsprach 1 Krone von 1908 im Juni 1991 der Kaufkraft von S 49,20 (zitiert nach Rudolf Agstner, Der k.u.k. Diplomat Rüdiger Freiherr von Biegeleben und das italienische Botschaftspalais in Sofia, in Der Schlern, 66. Jahrgang, September 1992, Heft 9, Seite 551 ff). Hingegen wurden in Annoncen des Jahres 1913 angeboten ein weißes Herrenhemd um 7,20 Kronen, oder 1 Liter österreichischen Qualitätsweines höherer Preiskategorie um 1,-- Krone. Dies entspräche 1992/1993 etwa S 360,-- für das Herrenhemd und aufgerundet S 50,-- für den Wein. Dieser Preisvergleich erscheint eher unrealistisch. Nichtsdestoweniger werden für die Umrechnung der Taxen für 1,-- Krone von 1912 S 50,-- des Jahres 1991 angesetzt.

167) 1918 wurden die Diplomausfertigungsgebühren kräftig angehoben. Sie betrugen in Österreich beim einfachen Adelsstand 600,-- Kronen und beim Grafenstand 1.520,-- Kronen. Für ungarische Adelsdiplome dieser Grade waren sogar 1.099,-- Kronen bzw. 1.825,60 Kronen zu bezahlen (Verordnungsblatt für das k.u.k. Heer, Normalverordnungen, Nr 8 und 107/1918).

168) Ein Truppenoffizier erreichte oft keinen höheren Dienstgrad.

169) Dazu etwas überzeichnet: Kielmansegg, aaO, Seite 296.

170) Dr. Hans Jäger-Sunstenau, Statistik der Nobilitierungen in Österreich 1701 - 1918, in Österreichisches Familienarchiv, Neustadt an der Aisch 1963, Band 1, Seite 8 ff.

171) Über die für die Aufnahme in den Malteserorden erforderliche Adelsqualität siehe Berthold Waldstein-Wartenberg in Anm 4).

172) Art 8 des Gesetzes vom 12.11.1918 über die Staats- und Regierungsform Deutschösterreichs, StGBl Nr 5/1918, in Kraft getreten mit dem Tage der Kundmachung am 15.11.1918; vgl Dr. Julius Sylvester, Vom toten Parlament und seinen letzten Trägern, Wien 1928, Seite 73.

173) § 1 des Gesetzes vom 3.4.1919 über die Aufhebung des Adels, der weltlichen Ritter- und Damenorden und gewisser Titel und Würden, StGBl Nr 211/1919, ferner § 3 der Vollzugsanweisung des Staatsamtes für Inneres und Unterricht und des Staatsamtes für Justiz, im Einvernehmen mit den beteiligten Staatsämtern vom 18.4.1919, über die Aufhebung des Adels und gewisser Titel und Würden, StGBl Nr 237/1919. Man könnte auch den Standpunkt vertreten, daß der Adel bereits zumindest materiell mit dem in Anm 172) zitierten Art 8 des Gesetzes über die Staats- und Regierungsform Deutschösterreichs aufgehoben worden ist, denn dort heißt es einleitend "Alle politischen Vorrechte sind aufgehoben".

174) Es sind sogenannte gesetzesvertretende Verordnungen. Gesetzesvertretend deshalb, weil in diesem Sachgebiet Gesetze nicht erlassen werden dürfen (vgl Walter, Österreichisches Bundesverfassungsrecht, Seite 459).

175) BGBl Nr 493/1990.

176) § 63 Abs 2 BDG.

177) Leiter der Oberstaatsanwaltschaft Wien iR ("Wiener Zeitung" vom 4.9.1992, Seite 2). Dr. Heinrich Übleis, früher Sektionschef und Bundesminister, hat nach seinem Ausscheiden aus der Bundesregierung und Berufung in die Funktion des Generaldirektors der ÖBB den Berufstitel "Hofrat" erhalten.

178) § 2 des Gesetzes über Titel, Orden und Ehrenzeichen vom 26.7.1957, dBGBl I Seite 844.

179) Kirchner, Deutsche Orden und Ehrenzeichen, aaO, Seite 45.

180) Kirchner, wie Anmerkung 178), Seite 43 f.

181) BGBl Nr 197/1930.

182) Erkenntnis vom 21.9.1987, Zl 87/12/0092.

183) JMVBl 1913, Seite 42.

184) Carlo Mistruzzi di Frisinga, aaO, Band 1, Seite 329 f und 341.

185) Dienst-Reglement für das k.u.k. Heer, I. Teil, Punkt 93.

186) "Erlaucht" war der Standestitel für die Häupter der ehemals reichsständischen gräflichen Familien.

187) Verordnungsblatt für das k.u.k. Heer, Normalverordnungen, vom 21.9.1918, Stück 37, Nr 127. Betroffen war ein ganz kleiner Personenkreis, nämlich die der Familie Habsburg nicht angehörenden k.u.k. Feldmarschälle Franz Graf Conrad von Hötzendorf, Hermann Baron Kövess von Kövessháza, Alexander Freiherr von Krobatin, Franz Baron Rohr von Denta, Eduard Freiherr von Böhm-Ermolli und Svetozar Boroević von Bojna.

188) § 3 der Vollzugsanweisung des Staatsamtes für Justiz, im Einvernehmen mit den beteiligten Staatsämtern vom 18.4.1919, StGBl Nr 237, in Verbindung mit § 1 des "Adelsgesetzes", StGBl Nr 211/1919.

189) Grandi Ufficiali del Regno.

190) Santantonio, Il Cerimoniale, aaO, Seite 407 f.

Literaturauswahl

Auer Erwin M., Kulturgeschichtliche Ordensforschung, in Mitteilungen des österreichischen Staatsarchivs, Band 5, Wien 1952.

    derselbe, Die Ordensgarderobe. Ein Beitrag zur Geschichte der kleinen Wiener Hofdienste. Festschrift zur Feier des 200-jährigen Bestandes des Haus-, Hof- und Staatsarchivs, Wien 1951.

Bárány-Oberschall Magda von, Die Eiserne Krone der Lombardei, Wien 1966.

Barcsay-Amant Dr. Zoltán von, Adeliges Jahrbuch, Luzern 1976/78

Bascapé Giacomo C., L'Ordine Sovrano di Malta e gli ordini equestri della chiesa nella storia e nel diritto, Band I., 1940, und Band II., 1959, Milano, Casa editrice Ceschina.

    derselbe, Gli ordini cavallereschi in Italia, Storia e diritto, Milano, Casa editrice Ceschina 1972.

Der Österreichisch-Kaiserliche Orden der Eisernen Krone und seine Mitglieder, Wien 1912.

Dorling H. Taprell, Ribbons and Medals, 20th ed., Osprey, Sprink & Son Ltd, 1983, Seite 8.

Ehrenbuch der österreichisch-ungarischen Wehrmacht, Die Ausgezeichneten im Weltkrieg, I. Band, herausgegebenen vom k. und k. Kriegsarchiv, Wien 1917.

Ehrenbuch des Österreichischen Verdienstordens, Band I., Wien 1936.

Frank-Döfering Peter, Adelslexikon des österreichischen Kaisertums 1804-1918, Wien, Herder 1989.

Fritsch Thomas Freiherr von, Die Gothaischen Taschenbücher, Hofkalender und Almanach, Limburg/Lahn 1968.

Gall Franz, Heraldik der Gegenwart, Ausstellungsbericht und Katalog, Zeitschrift ADLER 1960, Wien.

Girtler Roland, Die Feinen Leute, Linz 1989.

Gritzner Maximilian, Handbuch der Ritter- und Verdienstorden, Leipzig 1893, Abdruck Graz 1962.

Handbuch des Allerhöchsten Hofes und des Hofstaates Seiner k. und k. Apostolischen Majestät, 1909, 1913.

Hieronymussen Paul Ohm, Handbuch europäischer Orden in Farben, Berlin 1966.

Hirtenfeld Dr. J., Der Militär-Maria-Theresien-Orden und seine Mitglieder, Wien 1857.

Hofmann Oskar von und Hubka Gustav von, Der Militär-Maria-Theresien-Orden, Die Auszeichnungen im Weltkrieg 1914-1918, 2. Auflage, Wien 1944.

Hof- und Staats-Handbuch der österreichisch-ungarischen Monarchie für das Jahr 1901, 1913, 1916, 1918.

Holst Niels von, Der Deutsche Ritterorden und seine Bauten, Berlin 1981.

Jäger-Sunstenau Dr. Hans, Statistik der Nobilitierungen in Österreich 1701-1918, in Österreichisches Familienarchiv, Neustadt an der Aisch 1963.

Kaindl Franz, Orden und Ehrenzeichen, Katalog zur Sonderausstellung, Heeresgeschichtliches Museum, Wien 1976.

Kielmansegg Erich Graf, Kaiserhaus, Staatsmänner und Politiker, Wien 1966.

Kirchner Heinz und Truszczynski Georg v., Ordensinsignien und Auszeichnungen des Souveränen Malteser-Ritterordens, Köln 1974.

Kirchner Heinz, Deutsche Orden und Ehrenzeichen: Kommentar zum Gesetz über Titel, Orden und Ehrenzeichen und eine Darstellung deutscher Orden und Ehrenzeichen von der Kaiserzeit bis zur Gegenwart, 4. neu bearbeitete und ergänzte Auflage, Carl Heymanns Verlag KG Köln-Berlin-Bonn-München 1985.

Klietmann Dr. K.G., Pour le Mérite und Tapferkeitsmedaille, Berlin 1966.

Kugler Georg und Haupt Herbert, Ausstellung im Schloß Halbturn 20. Mai bis 26. Oktober 1983 "Uniform und Mode am Kaiserhof", Ausstellungskatalog.

Laich Mario, Zwei Jahrhunderte Justiz in Tirol und Vorarlberg, Innsbruck 1990.

Lippe Ernst August Prinz zur, Orden und Auszeichnungen, Heidelberg 1958.

Lukeš Johann, Militärischer Maria-Theresien-Orden, Wien 1891.

Mayerhofer's Ernst, Handbuch für den politischen Verwaltungsdienst in den im Reichsrathe vertretenen Königreichen und Ländern, 5. vermehrte und verbesserte Auflage, Wien 1895.

Měřička Václav, Orden und Auszeichnungen, Prag 1966.

derselbe, Orden und Ehrenzeichen der österreichisch-ungarischen Monarchie, Wien 1974.

derselbe, Das Buch der Orden und Auszeichnungen, Hanau 1976.

Michetschläger Heinrich F., Das Ordensbuch der gewesenen österreichisch-ungarischen Monarchie, Wien 1918/1919.

Mischler Dr. Ernst - Ulbrich Dr. Josef, Österreichisches Staatswörterbuch, 2. Auflage, Wien 1905.

Mistruzzi di Frisinga Carlo, Trattato di diritto nobiliare italiano, Milano 1961.

Müller Gerhard, Die Familiaren des Deutschen Ordens, Marburg 1980.

Nimmergut Jörg, Orden Europas, München-Battenberg 1981.

Orden und Ehrenzeichen in Österreich, Katalog der Ausstellung im Bundesamt für Eich- und Vermessungswesen (BEV) Wien, 1. Juni bis 4. Juli 1992.

Österreichischer Amtskalender 1992/93.

Österreichische Bürgerkunde, Band I. und II., Wien (1910).

Ottův Slovník, náučny nové doby, Praha 1930-1943.

Polivka Eduard, Der Militär-Maria-Theresien-Orden, im Jahrbuch "Alma Mater Theresiana" 1957.

Poppauer Aurel, Taschenbuch des österreichisch-ungarischen Auswärtigen Dienstes, Wien 1918.

Probszt-Ohsdorff Prof. Günther, Corpus der ungarischen Verdienstorden- Ehren- und Denkzeichen, in Barcsay-Amant Dr. Zoltán von, Adeliges Jahrbuch, Luzern 1955 f.

Procházka Roman Freiherr von, Österreichisches Ordenshandbuch, "Große Ausgabe" (2. Auflage), München 1979.

Rangordnung am Hofe Seiner k. und k. Apostolischen Majestät, 6. und letzte als Manuskript gedruckte Auflage, Wien 1913.

Regele Oskar, Der Militär-Maria-Theresienorden, in "Unica Austriaca", Wien 1959.

Rosignoli Guido, Ribbons of Orders, Decorations and Medals, Blandford Press, Poole, Dorset, 1976.

Santantonio Michele, Il cerimoniale nelle pubbliche relazioni, 3. Auflage, Roma 1988.

Schematismus für das k. und k. Heer und die k. und k. Kriegsmarine 1913.

Schematismus für das österreichische Bundesheer und die Bundesheerverwaltung 1931 bis 1937.

Schmidt Erich Günther, Ehrenzeichen und Medaillen der Republik Österreich und der Bundesländer, Wien 1960.

Schnürer Dr. Franz und Turba Guido Ritter von, Der kaiserlich österreichische Franz Joseph Orden und seine Mitglieder, Wien 1912.

Segner Dr. Felix Ladislaus v., Der ungarische Adel, Grafenau 1969.

Siegert Heinz (Herausgeber), Adel in Österreich, Wien 1971.

Sylvester Dr. Julius, Vom toten Parlament und seinen letzten Tagen, Wien 1928.

Terlinden Charles de, Der Orden vom Goldenen Vlies, Wien 1970.

Tumler P. Marian, Der Deutsche Orden, Wien 1954.

Waldstein-Wartenberg Berthold, Rechtsgeschichte des Malteserordens, Wien 1969.

derselbe, Österreichisches Adelsrecht 1804-1918, in Mitteilungen des Österreichischen Staatsarchivs 17/18. Band, 1964/1965.

Walter Robert, Österreichisches Bundesverfassungsrecht, System, Wien 1972.

Werlich Robert, Orders and decorations of all nations, second edition, Washington 1974.

Wolfhart Heinz, Die Welt der Ritterorden, Wien 1978.

Zach Prof. Dr. Wilhelm, Beamten-Dienstrecht, Grenz-Verlag, Wien 1979.

Žolger Dr. Ivan Ritter von, Der Hofstaat des Hauses Österreich, Wiener Staatswissenschaftliche Studien, 14. Band, 1917.

ANHANG I

Faksimile des Statutenbuches des Leopold-Ordens

STATUTEN

FÜR DEN ERHABENEN

ÖSTERREICHISCH-KAISERLICHEN

LEOPOLDS-ORDEN.

WIEN, 1808.

Wir Franz der Erste,
von Gottes Gnaden Kaiser von Oesterreich,

König zu Jerusalem, Hungarn, Böheim, Dalmazien, Croazien, Slavonien, Galizien und Lodomerien; Erzherzog zu Oesterreich; Herzog zu Lothringen, zu Salzburg, zu Würzburg und in Franken, zu Steyer, Kärnthen und Krain; Grossherzog zu Krakau; Grossfürst zu Siebenbürgen; Markgraf in Mähren; Herzog zu Sandomir, Massovien, Lublin, Ober- und Nieder-Schlesien, zu Auschwitz und Zator, zu Teschen und zu Friaul; Fürst zu Berchtoldsgaden und Mergentheim; gefürsteter Graf zu Habsburg, Kyburg, Görz und Gradiska; Markgraf zu Ober- und Nieder-Lausniz und in Istrien; Herr der Lande Vollhynien, Podlachien und Brzesz, zu Triest, zu Freudenthal und Eulenberg und auf der windischen Mark etc. etc. etc.

Um eine neue Unserem Herzen so angenehme Gelegenheit zu erhalten, Unseren getreuen Unterthanen einen wiederholten Beweis Unserer Huld und Liebe, mit der Wir ihnen gänzlich zugethan sind, zu geben, und diejenigen, welche sich durch besondere Verdienste um Unsere Person und ihr Vaterland auszeichnen, hiervon durch öffentliche Merkmahle zu versichern, haben Wir

4

Uns die Satzungen und Verordnungen, welche zur Grundlage eines neuen Ordens dienen sollen, vorlegen lassen; und da sie in der nachstehenden Art von Uns genehm gehalten worden sind, so wollen und befehlen Wir, dass diese Satzungen und Verordnungen von allen Rittern des neu errichteten Ordens jetzt, und in künftigen Zeiten genau beobachtet werden, und ihnen zur beständigen Richtschnur dienen sollen.

§. 1.

Zur Verherrlichung des ruhmwürdigen Andenkens Unsers höchstseligen Herrn Vaters Weiland Kaiser Leopolds des Zweyten Majestät, legen Wir dem neuen Orden den Nahmen des österreichisch-kaiserlichen Leopolds-Ordens bey, und werden hiernach sämmtliche Glieder, Ritter des Leopolds-Orden genannt werden.

§. 2.

Die Würde des Grossmeisterthums bleibet beständig und unzertrennlich mit dem österreichischen Kaiserthume verbunden; daher Wir selbst, so lange es Gott gefällt, Unsere Lebensjahre zu fristen, nach Uns aber, Unsere rechtmässige Thronfolger in dem österreichischen Kaiserthume, diese Würde beybehalten werden.

§. 3.

Der Orden bestehet nach Mass der Verdienste aus drey Graden. Der Erste begreift die Grosskreuze, der Zweyte die Commandeur, der Dritte die Kleinkreuze.

§. 4.

Die Grosskreuze gehen ihrer Würde wegen allen übrigen, und die Commandeur den Kleinkreuzen vor. Bey allen drey Abtheilungen unter sich richtet sich der Rang nach der Zeit ihrer Aufnahme, wornach also die Glieder des nämlichen Grades unter sich den Rang nach der Aufnahme in den Orden zu nehmen haben.

Wenn an einem und dem nämlichen Tage mehrere Ritter in den Orden aufgenommen werden, geht derjenige dem andern vor, welcher das Ordenszeichen zuerst erhalten hat.

§. 5.

Der Hauptendzweck des Ordens ist, das öffentliche Anerkennen, und die Belohnung der um den Staat und um Unser durchlauchtiges Erzhaus erworbenen Verdienste. Es können daher den Orden nur diejenigen erhalten, welche sich durch entscheidende Beweise von Anhänglichkeit an ihr Vaterland, und an den Landesfürsten, durch angestrengte erfolgreiche Bemühungen das Wohl des Staates zu befördern, durch ausgezeichnete, zum Besten des Allgemeinen wirkende, und die Nation verherrlichende Gelehrsamkeit, oder durch andere grosse und gemeinnützige Unternehmungen ausgezeichnet haben; wobey jedoch ausdrücklich ein vollkommen tadelfreyer Wandel und unbescholtener Ruf zu einem unerlässlichen Bedingnisse gemacht wird.

§. 6.

Zur Aufnahme in den Orden ist jedermann ohne Unterschied des Standes, er mag in unmittelbaren Civil- oder Militär-Staatsdiensten stehen oder nicht, geeignet, in so fern er die erforderlichen Eigenschaften besitzet.

§. 7.

Die Verleihung des Ordens bleibt dem Grossmeister allein, und aus eigener Bewegung vorbehalten, daher ein bittliches Ansuchen um denselben nicht Statt findet.

6

§. 8.

Folgendes ist das Ordenszeichen, so den Rittern zum Beweise der erlangten Würde ertheilet wird.

Ein goldenes emaillirtes Kreuz gegen auswärts achteckig, Die Aussenlinie jedes Kreuztheiles mit einer flachen Zirkellinie gegen einwärts gebogen.

Das Kreuz an sich ist roth, um welches rings herum ein weisser Streif läuft. Es hat ein zirkelrundes Mittelfeld, in welchem auf der Aversseite sich die drey Buchstaben: F. I. A. — FRANCISCUS IMPERATOR AUSTRIAE in einander verschlingen. Dieses Mittelfeld ist ebenfalls roth, und mit einem gleichen weissen Streif umgeben, worin die Worte: „INTEGRITATI ET MERITO" stehen.

Die Rückseite des Kreuzes bis auf das Mittelfeld, ist, wie oben beschrieben, gestaltet. Das ebenfalls zirkelrunde Mittelfeld ist weiss mit einem goldenen Eichenkranze umgeben, und führet zur Aufschrift den Wahlspruch Weiland Kaiser Leopolds II. „OPES REGUM, CORDA SUBDITORUM."

Zwischen jedem der vier Theile des Kreuzes erscheinen drey Eichenblätter mit Eichenfrüchten, welche sich gegen die beyden Aussenseiten neigen. Ueber dem Kreuze schwebet als Schleifring die österreichische Kaiserkrone.

Die Grosskreuze tragen das Ordenszeichen an einem rothen mit weissen Randstreifen versehenen Bande von der rechten Schulter nach der linken Seite gegen das Schwert zu, herab hängend. Die Grosskreuze tragen nebst dem einen achteckigen silbergestickten Stern auf der Brust, in dessen Mitte das oben beschriebene Ordenskreuz, worin sich die verschlungenen

Buchstaben: F. I. A. und die Worte: „INTEGRITATI ET MERITO" befinden, enthalten ist.

Bey Ordensfeyerlichkeiten tragen die Grosskreuze das schon beschriebene Ordenskreuz an einer goldenen Kette um den Hals, auf der Brust.

In der goldenen Ordenskette kommen zuerst die Buchstaben F und L — FRANCISCUS LEOPOLDUS verschlungen vor; über diesen befindet sich die österreichische Kaiserkrone, dann folgt ein Eichenkranz, hierauf abermahl obige verschlungene Buchstaben, und so ferner, bis zum Schlusse.

Das mit den Grosskreuzen nur der Grösse nach verschiedene Ordenskreuz, tragen die Commandeur an einem zwey Zoll breiten rothen, mit weissen Randstreifen versehenem Bande an der Aussenseite um den Hals auf der Brust.

Die Ritter tragen das etwas kleinere Ordenskreuz an einem neun Linien breiten rothen, mit weissen Streifen geränderten Bande auf der linken Brust im Knopfloche, oder in einer Schlinge.

Das Ordenskreuz des Herolds und der übrigen Ordensbeamten, um welches der Wahlspruch: „OPES REGUM, CORDA SUBDITORUM" läuft, ist in einer grossen goldenen Medaille eingeschlossen. Sie tragen selbes an einem neun Linien breiten rothen, und weiss geränderten Ordensbande, welches oben durch die österreichische Kaiserkrone zusammen gehalten wird, um den Hals.

§. 9.

Keinem Ritter ist erlaubt, sich das Ordenszeichen mit Edelgesteinen verzieren zu lassen, es würde denn derselbe von dem Grossmeister mit einem solchen Zeichen besonders beehrt.

8

Diese Verzierung des Ordensschmuckes bleibet dem Grossmeister und dem Kronprinzen, als Thron- und Nachfolger allein vorbehalten.

§. 10.

Dagegen ist jedem Ritter gestattet, sein Geschlechtswappen mit dem Ordenszeichen zu verzieren, und sich des auf solche Art geschmückten Wappens bey allen Gelegenheiten zu gebrauchen.

§. 11.

Da es so wohl die innere Einrichtung des Ordens erheischt, als die bey den meisten Ritter-Orden bestehende Beobachtung mit sich bringt, dass die Mitglieder, durch eine eigene ihrer Würde zusagende Kleidung, in welcher sie bey den Ordensfesten und Feyerlichkeiten zu erscheinen haben, ausgezeichnet werden, so wollen Wir dem österreichisch-kaiserlichen Leopolds-Orden nach seinen Graden folgende Kleidung bestimmen.

Das Ordenskleid ist von den Farben des österreichischen Wappens; nämlich der rothen und weissen Farbe, die Verbrämung und sonstigen Verzierungen desselben sind von Gold.

Das Unterkleid ist für alle drey Grade der Grosskreuze, Commandeur und Ritter in der Form gleich, von rothem aufgeschnittenen Sammt, bestehend aus einem Rocke, der vom Halse an bis an den Schluss des Oberleibes mit Haften geschlossen ist, und dessen ganze Länge eine Hand breit ober dem Kniegelenke sich endet. Er hat einen einfachen stehenden Kragen, dann ein neun Linien breites Schildchen über die Schulter, jedoch keine aufgesetzten Taschen.

9

Dieser Rock soll mit weissem Taffet gefüttert, und alle Kanten desselben mit Gold gesticket seyn. Die Stickerey hat in einem fortlaufenden Zweige aus den Blättern der vaterländischen Eiche zu bestehen. Die Breite der Stickerey ist über vier Zoll Wienermass.

Die Beinkleider, welche ebenfalls aus rothen aufgeschnittenen Sammt zu bestehen haben, schliessen unter dem Knie, und werden mit goldenen Schnüren, deren Enden mit Stiften beschlagen sind, in Schleifen gebunden.

Die Strümpfe sind von Seide, und von der nämlichen rothen Farbe, wie Rock und Beinkleid.

Die Schuhe sind von rothen Sammt, und statt der Schnallen mit Rosen von Goldspitzen geschlossen.

Eine weissseidene, mit goldenen langen reichen Bouillonfransen besetzte Binde umgürtet den Leib, und wird über der Kuppel des Schwertes dergestalt gebunden, dass die beyden Ende davon an den Seiten des Schwerts hinab hängen.

Das Schwert ist gerade und zweyschneidig. Griff und Querstange bilden ein Kreuz. Alle Verzierungen sind von vergoldeten Bronze.

Der Knopf des Schwertes ist flach, die Seiten sind vertieft, und auf dem Averse des Knopfes sind die Buchstaben des Ordens F. I. A. Auf dem Reverse das Jahr der Errichtung des Ordens eingegraben. Der Raum des Griffes, welcher vom Knopfe hinab, und vom Kreuze hinauf mit Eichenblättern gehalten wird, ist mit rothen Sammt überzogen, und in der Mitte mit einem weissen silbernen Querstreif umgeben, welcher abermahls das österreichische Wappen bildet.

10

Die Schwertscheide ist gleichfalls mit rothen Sammt überzogen, und mit Bronze beschlagen.

Die Bedeckung des Kopfs ist ein rothsammtenes Barret, dreyfach mit goldenen, am Schlusse schleifenartig befestigten Schnüren umwunden, wo dann ein weisser Schwungfederschmuck angebracht ist.

Am Kragen des Rockes ist ein Halsbesetz von Battist oder Perkall vier Zoll breit überschlagen, und rings herum mit goldenen drey Zoll breiten Spitzen besetzt.

Die Handschuhe sind von weissem Leder, und haben grosse mit goldenen Fransen besetzte Stulpen.

Alles dieses ist für die drey Ordensgrade gleich.

Der Mantel, von weisser Farbe, als dem Symbol, welches die Sittenreinheit der Ritter andeutet, ist von unaufgeschnittenen Sammt. Er ist für die Grosskreuze im Umfange das ganze Rad, nebst einer langen nachziehenden Schleppe, mit weissem Atlasse gefüttert, und einem Gebräme von weissem hermelinartigen Seidenfelber in einer Handbreite umgeben.

Der Mantel hat rings umher an den Felber goldgestickte Eichenzweige, nach der gegebenen Zeichnung, in welchen von Wendung zu Wendung die österreichische Kaiserkrone auf einem Zweige ruhend, zu sehen ist.

Uebrigens ist dieser Mantel mit einem achtzehn Zoll breiten Kragen von weissem hermelinartigen Seidenfelber versehen, hängt, indem er den Ritter vorne und rückwärts umgibt, bloss über die linke Schulter herab, behält seine Oeffnung auf der rechten Seite, wo er mit zwey Schnüren und Quasten von Gold an die linke Schulter drappirt ist.

Der Ordensstern der Grosskreuze ist zwey Zoll unter dem Felberkragen auf der linken Seite befestiget, und über den Felber hängt die goldene Ordenskette mit dem Kreuze.

Der Mantel für die Commandeur ist wie der für die Grosskreuze, mit dem einzigen Unterschiede, dass die Stickerey um ein Drittheil schmäler, als bey den Grosskreuzen gehalten wird, der Felberkragen zwölf Zoll breit, und die Schleppe halb so lang ist, als bey den Grosskreuzen.

Von vorne reichet der, wie bey den Grosskreuzen befestigte Mantel bey den Commandeur bis auf den halben Leib, und das Ordenskreuz hängt an einem Bande um den Hals über den Felberkragen herab.

Der Mantel der Ritter ist mit den beyden andern Graden von gleichem Stoffe und gleicher Farbe; dann mit Seidenfelber besetzt. Die Stickerey ist die nämliche, nur um zwey Drittheile schmäler, als jene der Grosskreuze. Uebrigens hängt bey den Rittern der Mantel über der linken Schulter ganz nach rückwärts, und ist auf der rechten Schulter mit zwey goldenen Schnüren und Quasten befestiget. Seine Länge reicht ohne Schleppe nicht ganz bis auf den Boden. Der Felberkragen ist acht bis neun Zoll breit. Das Ordenskreuz wird auf dem Rocke mit dem Bande mittelst einer Schleife befestigt.

Der Ordensherold trägt die goldene Ordens-Medaille am Ordensbande der Ritter um den Hals, in der Hand einen drey Fuss langen Stab, der mit rothem Sammt, worauf Eichenfrüchte und Eichenblätter in Gold gestickt sind, überzogen ist, an dessen oberen Ende die österreichische Kaiserkrone ruhet.

12

Die übrigen Ordensbeamten bezeichnet die umhängende Ordens-Medaille auf gleiche Art wie den Herold, jedoch ohne Stab.

§. 12.

Zur Besorgung der bey dem Orden vorfallenden Angelegenheiten, werden folgende Aemter bestellt:

Der Ordensprälat, welchen der Grossmeister aus den höheren geistlichen Ständen wählet, und benennet. Dieser hat an den Ordensfesten den gewöhnlichen Kirchendienst zu versehen.

Der Ordenskanzler, welcher bey der feyerlichen Aufnahme der Ritter, oder bey einem sonst zu berufenden Ordenskapitel eine Anrede zu halten, den abzuschwörenden Eid den Rittern vorzulesen, dem Grossmeister die Angelegenheiten des Ordens nach Erforderniss der Umstände schriftlich oder mündlich vorzutragen, und in den diessfälligen Geschäften allenthalben an die Hand zu gehen, die Decrete ausfertigen zu lassen, und zu dem Ende auch das Ordens-Sigill in die Verwahrung zu nehmen hat.

Der Ordensgreffier, welcher das Ordensprotocoll führen, und demselben alles, was den Orden betrifft, getreulich eintragen, die Verleihungsdecrete ausfertigen, die Schriften des Ordens in dem Archive genau verwahren, und den aufzunehmenden Rittern den Inhalt ihrer Pflichten vorlesen soll.

Der Ordensschatzmeister, welchem obliegt, nicht nur für die Ordenszeichen, sondern auch für die übrige Ordenskleidung und deren Verwahrung zu sorgen, dann über die Verwendung der diessfälligen Kosten Rechnung zu führen, und solche dem Grossmeister jährlich vorzulegen.

13

Der Ordensherold, welcher an Ordensfesten das österreichisch-kaiserliche Wappen vortragen wird. Diesem ist bey solchen Gelegenheiten die Kleidung der Kleinkreuze zu tragen gestattet.

Der Ordenskanzellist, welcher den bevorstehenden Aemtern in der Schreiberey und sonst allenthalben nach Mass der vorfallenden Angelegenheiten an Hand zu gehen hat.

Die Bestellung dieser Aemter ist dem Grossmeister unmittelbar vorbehalten.

§. 13.

Bey der feyerlichen Aufnahme der Ordensritter ist folgende Vorschrift zu beobachten:

Nachdem derjenige, welchem der Grossmeister aus eigener Bewegung in Rücksicht seiner Verdienste den Orden zugedacht hat, durch ein Schreiben des Ordenskanzlers von dieser Gnade vorläufig die Nachricht erhalten hat, wird derselbe an dem bestimmten Tage, und zur bestimmten Stunde am Hofe zu dem Capitel, bey welchem sich alle Ordensritter und Beamte einzufinden haben, mit der Ordenskleidung angethan, erscheinen, und in der Antikammer das Zeichen zum Eintritte erwarten.

Wenn der Grossmeister unter dem Baldachin Sitz genommen, hat der Ordenskanzler vor dem Throne knieend um die weiteren Befehle zu bitten.

Nach deren Erhaltung deutet der Ordensherold dem aufzunehmenden Ritter an, dass ihm einzutreten gestattet sey, und dieser nimmt sodann den ihm bestimmten Platz ein.

Hierauf trägt der Ordenskanzler in einer kurzen Rede den Willen des Grossmeisters und den Zweck der Versammlung vor,

14

und ermahnet den aufzunehmenden Ritter, dass er nunmehr den Ordenseid abzuschwören habe. Der Ordensgreffier liest alsdann den Inbegriff der Ritterpflichten vor, welchen nachzukommen der Aufzunehmende eidlich geloben soll.

Nachdem dieses geschehen, wird der Aufzunehmende angewiesen, sich zu einen dazu bereiteten Knieschämmel zu begeben, und allda den Ordenseid, welchen ihm der Ordenskanzler vorsagen wird, in deutscher oder lateinischer Sprache abzulegen, wobey Unser ausdrücklicher Wille ist, dass bey denen, welche der deutschen Sprache kundig sind, so wohl bey dem Eide, als was sonst bey der Aufnahme in den Orden vorgetragen wird, die deutsche Sprache gebraucht werde.

Die Eidesformel ist:

„Ich N. N. schwöre zu Gott, dass ich die schuldige Treue und Ehrfurcht für Allerhöchst Seine Majestät den regierenden Kaiser als Grossmeister des erhabenen Leopolds-Orden, so wie für dessen durchlauchtigste Nachfolger und das gesammte durchlauchtigste Erzhaus, zu jeder Zeit und bey jeder Gelegenheit, auf das genaueste bis an das Ende meines Lebens unverbrüchlich zu beobachten, und alles, was zur Sicherheit, zum Ruhm und Wachsthum des österreichischen Kaiserthums gereichen kann, nach meinen Kräften beyzutragen, und zu vertheidigen, wie entgegen alles, was immer der Macht und den Gerechtsamen desselben nachtheilig, wie auch der Würde des erhabenen Ordens abträglich seyn könnte, zu verhindern, und so viel an mir lieget, abzuwenden, als meine theuerste Pflicht ansehen werde. Endlich gelobe ich die Satzungen und Anordnungen des Ordens strenge zu beobachten, den höchsten Befehlen Seiner

Majestät als Grossmeister dieses Ordens stets nachzukommen, und solche in All und jeden immer genau zu befolgen, auch das Zeichen dieses erhabenen Ordens beständig zu tragen: So wahr mir Gott helfe.',

Die Eidesformel in lateinischer Sprache lautet:

„*Ego N. N. juro per Deum, quod fidem, reverentiam atque obsequium erga Majestatem Sacratissimam, qua insignis Ordinis Leopoldi Magnum Magistrum, ejusque serenissimos successores atque universam Augustam Domum omni tempore, loco et opportunitate usque ultimum vitae spiritum constanter observare, quae ad securitatem, gloriam, incrementum Augustae Monarchiae conferre possunt, pro viribus promovere, atque defendere, contra vero quae Sacratissimae Majestatis juribus ac potestati atque Ordinis hujus dignitati adversantur, omni quo potero conatu impedire, atque avertere. Statuta denique Ordinis studiose accurateque observare, Sacratissimae Majestatis, qua Magni Ordinis Magistri decreta venerari, eisque in omnibus promta parataque voluntaque obedire, Ordinisque signum constanter gerere velim. Sic me Deus juvet.*"

Nach abgelegtem Eide wird der Grossmeister den Aufzunehmenden nochmals zur Erfüllung seines Eides ermahnen, und demselben zugleich das Ordenszeichen mit nachstehender deutschen, und bey den der deutschen Sprache Unkundigen, lateinischen Anrede überreichen:

„*Wir sind überzeugt, dass du demjenigen, was du nunmehr eidlich angelobet hast, jederzeit, wie einem wackeren und rechtschaffenen Ritter zustehet, nachkommen werdest.*"

16

„Empfange daher das Zeichen des Leopold-Orden als eine Belohnung deiner Verdienste, welches du beständig zu tragen hast, um dir durch dieses ehrende Merkmahl immer gegenwärtig zu halten, was du Gott, Uns, Unserem Hause, und der Würde des Ordens schuldig bist."

In lateinischer Sprache:

„Quod juris jurandi religione promptus vovisti, omni te loco ac tempore integre servaturum non ambigimus."

„Accipe igitur signum Ordinis Leopoldi in praemium meritorum tuorum, illudque semper gerito, ut quid Deo, Nobis, Domuique Nostrae, atque Ordinis hujus dignitati debeas, honoris, quo decoratus es, insigni admonitus, nunquam possis non recordari."

Die Dispensation von Abschwörung des Ordenseides bey einem aufzunehmenden Ritter bleibt dem Grossmeister vorbehalten.

§. 14.

Wenn nun die Aufnahme auf die beschriebene Art vollzogen ist, wird der Grosskreuz zum Merkmahl der ausgezeichneten Gnade von dem Grossmeister umarmt, und auf eben diese Weise auch von den Ordensgliedern ihrer Freundschaft versichert.

§. 15.

Das Aufnahms-Diplom für die Grosskreuze wird in Gestalt eines Buches, für die Commandeur und Kleinkreuze in Form eines Patentes ausgefertigt, und von dem Grossmeister, dem

Ordenskanzler und Ordensgreffier unterschrieben. Die Commandeurs erhalten dasselbe mit einem herabhängenden, die Kleinkreuze mit einem beygedruckten Siegel.

§. 16.

Um die Ritter über ihre Pflichten in die Kenntniss zu setzen, und beständig darin zu erhalten, wird jedem durch den Ordenskanzler ein Abdruck der Ordens-Statuten zugestellt werden.

§. 17.

Jeder Ordensritter kann sich auf eigene Kosten mehrere Ordenszeichen beyschaffen, doch muss er solches vorläufig dem Ordenskanzler anzeigen.

§. 18.

Das Ordenszeichen haben die Ritter, wie sie angelobt, beständig zu tragen, und soll keiner von ihnen ohne selben öffentlich erscheinen; auch darf neben demselben kein auswärtiges Ordenszeichen getragen werden, es wäre denn, dass er von dem Grossmeister hierzu die ausdrückliche Bewilligung erhalten hat.

§. 19.

Nach erfolgtem Ableben eines Grosskreuzes muss die Ordenskette an den Grossmeister übergeben, das Ordenszeichen der anderen Glieder aber an den Ordensgreffier überschickt werden.

§. 20.

Am ersten Sonntage nach dem heiligen Drey-Königentage wird jährlich in der Hofkirche das Ordensfest begangen werden, wobey sämmtliche hier anwesende Ordensmitglieder, ausser einer

18

gültigen Ursache der Verhinderung mit ihren Ordenszeichen, und in der Ordenskleidung zu erscheinen haben.

§. 21.

Die Kleinkreuze haben an den Ordensfesten den Eintritt in die geheime Rathsstube, wohin die Grosskreuze und Commandeur allezeit zu kommen berechtigt sind.

§. 22.

Auch erhalten alle diejenigen, welche mit dem Orden beehrt sind, ohne Unterschied des Standes den Zutritt bey den Hoffesten und sogenannten Appartements.

§. 23.

Wenn der mit dem Grosskreuz begnadigte Ritter die wirkliche geheime Rathswürde noch nicht besässe, so wird ihm dieselbe unentgeldlich verliehen, die Commandeur werden, wenn sie darum ansuchen, in den Freyherrnstand, und die Ritter des Kleinkreuzes in den erbländischen Ritterstand taxfrey erhoben.

§. 24.

An alle Unsere erbländischen Stellen ergeht der Befehl, dass sie, wenn von ihnen etwas an die Ordensritter erlassen wird, solchen, nebst dem sonst gebührenden, auch den Ordenstitel beylegen.

§. 25.

Auch wollen Wir, dass wenn in des Grossmeisters Nahmen, Decrete an die Grosskreuze ergehen, sie zu mehrerer Bezeugung Unserer Gnade und Zuneigung mit der Benennung: „Unserer Vettern," beehret werden.

§. 26.

Endlich ist Unser Wille, dass zwar der Stephans-Orden als Gesammtkörper betrachtet den Rang vor dem Leopolds-Orden einnehme, sohin wenn am nämlichen Tage Orden von beyden Gattungen verliehen würden, der Stephans-Ordens-Ritter dem Ritter des Leopold-Ordens von gleicher Kathegorie vorgehe, im übrigen aber sollen beyde Orden gleich gehalten werden, und zwischen den zu ungleichen Zeiten ernannten Grosskreuzen, Commandeur, und Kleinkreuzen nur das Alter der Aufnahme den Ausschlag geben.

Dieses sind die Gesetze und Anordnungen, worauf sich der von Uns errichtete erhabene Ritter-Orden gründet.

Gleichwie nun Wir selbst solche stets zu beobachten nicht ermangeln wollen, also sollen auch alle Unsere Thronfolger dieselben immerfort zu beobachten verbunden seyn.

Wenn wider Vermuthen sich darüber Zweifel oder Anstände ergeben sollten, so behalten Wir Uns und Unsern Thronfolgern das Recht vor, solche zu erklären, und zu beheben, gleichwie Wir dann auch Uns und Unseren Nachfolgern in dem Grossmeisterthume vorbehalten, diese Anordnungen und Statuten zu vermehren, nach Gutbefinden zu verändern, und denselben alles dasjenige beyzufügen, was Wir zur Aufnahme und zum Nutzen des Ordens beförderlich zu seyn erachten werden.

Damit endlich für die Erhaltung alles dieses und die Ueberlieferung desselben auf die spätesten Zeiten nach Möglichkeit vorgesorget sey, haben Wir verordnet, drey gleichförmige mit Unserer eigenhändigen Unterschrift bekräftigte Exemplare auszufertigen und davon das eine in dem Ordensarchive, das zweyte in Unserm Hausarchive, und das dritte in dem Archive der böhmisch-österreichischen Hofkanzelley zum immerwährenden Gedächtnisse aufzubewahren.

Gegeben in Unserer Haupt- und Residenzstadt Wien am 14. Julius 1808.

FRANZ.

Aloys Graf von Ugarte,
königlich-böhmischer oberster und erzherzoglich-österreichischer erster Kanzler.

Joseph Freyherr von der Mark.

Joseph Carl Graf von Dietrichstein.

Nach Sr. kaiserl. königl. Majestät
höchst eigenem Befehle:
Leopold Freyherr von Haan.

Erster Nachtrag.

Seine kaiserlich-königliche Apostolische Majestät,

Grossmeister des erhabenen österreichisch-kaiserlichen Leopolds-Ordens, haben durch Allerhöchste Entschliessung vom 2ten Jänner 1812 zu befehlen geruhet, dass das in den Kreuzen dieses Ordens vorkommende goldene Eichenlaub aus denselben abgenommen werden soll. Dieses wird in Folge Allerhöchster Anordnung vom 17ten Jänner 1818 den gegenwärtigen Statuten zur Berichtigung des 8ten Paragraphes beigesetzt und zugleich erinnert, dass in Gemässheit eines weiteren Allerhöchsten Befehles auch die in dem 11ten Paragraphe Seite 10 beschriebenen am Kragen des Ordensrockes befestigt gewesenen Halsbesetze abgenommen, und dafür weisse aufrechtstehende und in der Mitte geheftete, den ganzen Hals bedeckende Doppelkrause von Battist oder Perkail eingeführt worden seien.

Zweiter Nachtrag.

Im Grunde des Allerhöchsten Cabinetsschreibens vom 12. Jänner und der Allerhöchsten Aufträge vom 23. Jänner und 23. Februar 1860 werden folgende Anordnungen den Statuten für den österreichisch-kaiserlichen Leopolds-Orden beigefügt.

Um die unmittelbar vor dem Feinde erworbene Decoration des österreichisch-kaiserlichen Leopolds-Ordens von jener zu unterscheiden, welche für anderweitige militärische oder Civil-Staats-Verdienste verliehen worden ist; damit ferner in jenen Fällen, wo der wegen Bravour vor dem Feinde bereits besessene Orden in Folge erneuerter, doch nicht auf dem Schlachtfelde selbst dargelegter Verdienstlichkeit durch Zuerkennung eines höheren Grades bisher entfiel, die sichtbare Anerkennung auch des früheren kriegerischen Verdienstes erhalten werde; hat 1) der für unmittelbar vor dem Feinde erworbene Verdienste verliehene Orden die Bezeichnung: Kriegsdecoration (des Gross-, Commandeur- oder Ritterkreuzes) zu führen und 2) als charakteristisches Merkmal der Kriegsdecoration ein goldener blassgrün legirter Lorberkranz zu dienen; ferner ist 3) in dem Titel Derjenigen, welchen ein höherer (Friedens-) Ordensgrad verliehen wird, nachdem sie bereits früher die Kriegsdecoration desselben Ordens, jedoch minderen Grades besassen, der Ausdruck: Grosskreuz oder Commandeurkreuz mit der Kriegsdecoration des Commandeur- oder Ritterkreuzes anzuwenden.

Die Decorationen werden in Hinkunft, wie folgt, beschaffen sein:

a) Bei den (Friedens-) Decorationen aller drei Grade werden die Kronen nicht mehr flach gepresst, sondern die Bügel derselben convex geformt und die inneren Mützen roth emaillirt; ferner werden die Legenden in goldenen Buchstaben ausgeführt und die Bänder nicht mehr mittelst Drähten rückwärts der Kronen, sondern ober denselben mittelst goldener Reife befestigt. (Tafel I.)

b) Die Kriegsdecoration des Ritterkreuzes erhält zur Friedensdecoration einen aufwärts stehenden halben Lorberkranz unter der Krone. (Tafel II, Figur 1.)

c) Die Kriegsdecoration des Commandeurkreuzes erhält den unter *b)* bezeichneten Lorberkranz, jedoch in verhältnissmässig vergrössertem Massstabe. (Tafel II, Figur 2.)

d) Die Kriegsdecoration des Grosskreuzes bekommt sowohl den unter *b)* und *c)* bezeichneten, als auch einen durch die Spitzen des achteckigen silbernen Sternes gezogenen geschoppten Lorberkranz. (Tafel II, Figur 3 und 4.)

e) Bei der (Friedens-) Decoration des Commandeurkreuzes mit der Kriegsdecoration des Ritterkreuzes ist ein geschoppter Lorberkranz um das Mittelschild des Commandeurkreuzes der Friedensdecoration angebracht. (Tafel II, Figur 5.)

f) Bei der (Friedens-) Decoration des Grosskreuzes mit der Kriegsdecoration des Commandeur- oder Ritterkreuzes bleiben die Ordenszeichen (der Friedensdecoration) unverändert; nur der Ordensstern wird mit einem um die Legende gezogenen geschoppten Lorberkranze versehen. (Tafel II, Figur 6 und 7.)

Durch den Unterschied zwischen Kriegs- und Friedensdecorationen wird jedoch an der Organisation des Ordens nichts geändert.

Die nach den obigen Bestimmungen modificirten Decorationen sind in Hinkunft durch die Ordenskanzlei herstellen zu lassen; die dermaligen Besitzer von solchen aber, welchen die Beigabe des Lorbers gebührt, können solches aus eigenen Mitteln bewirken, haben jedoch vorher die Grundhältigkeit ihres Anspruches darauf von dem betreffenden Landes-General-Commando auf den Decreten constatiren zu lassen.

Kanzlei des österreichisch-kaiserlichen Leopolds-Ordens.

Wien, am 1. März 1860.

In Ermanglung eines Kanzlers:

Dr. Jos. Wessely m. p.

k. k. Justiz-Ministerialrath und Ordens-Schatzmeister.

Dritter Nachtrag.

Da in Folge der in den vorstehenden beiden Nachträgen angeordneten Veränderungen an den Ordensinsignien auch eine entsprechende Umgestaltung der am Schlusse des §. 11 der Statuten für die Ordensbeamten bestimmten Medaille sich als nothwendig darstellt, wurde mit Allerhöchster Entschliessung vom 28. November 1862 folgende Abänderung genehmigt:

Statt des auf einer Medaille angebrachten, in den Einschnitten mit Eichenlaub verzierten grossen Ordenskreuzes bildet von nun an das von einem goldenen Reife in ovaler Form eingefasste Ritterkreuz die Decoration für die Ordensbeamten.

Dieser Einfassungsreif, dessen Conturen erhaben und glanzgeschliffen sind, trägt in erhabener glanzpolirter Schrift auf mattem Grunde oben den Stiftungstag des Ordens und unten die Jahreszahl, — und hängt mit dem darin befindlichen Kreuze an einer Kaiserkrone, die jener an dem Commandeurkreuze gleicht, und eben so mit einem Ringe versehen ist, durch welchen das Band, an dem die Decoration um den Hals getragen wird, in der Breite des Ritterbandes gezogen ist. (Tafel III.)

Wien, am 1. December 1862.

Heinrich Freiherr von Hess,
k. k. Feldmarschall und Ordenskanzler.

Vierter Nachtrag.

Zu Folge Allerhöchster Entschliessung vom 10. December 1871 haben Seine kaiserliche und königliche Apostolische Majestät Allergnädigst zu genehmigen geruht, dass der zu den Insignien des Leopolds-Ordens-Grosskreuzes gehörende silberne Ordensstern in Hinkunft nicht mehr mit einfach glatten Strahlen, sondern mit solchen in brillantirter Ausführung (Tafel III) hergestellt und erfolgt werde.

Wien, am 15. December 1871.

Franz Graf Folliot de Crenneville,
k. k. Feldzeugmeister und Ordenskanzler.

Fünfter Nachtrag.

Seine kaiserliche und königlich Apostolische Majestät haben mit Allerhöchstem Handschreiben vom 18. Juli 1884 anzuordnen geruht, dass der Paragraph 23 der Statuten des österreichisch-kaiserlichen Leopold-Ordens in Hinkunft zu entfallen und keine Anwendung zu finden habe.

Wien, am 16. September 1884.

Franz Graf Folliot de Crenneville,
k. k. Feldzeugmeister und Ordenskanzler.

Sechster Nachtrag.

Seine k. und k. Apostolische Majestät haben mit Allerhöchstem Handschreiben vom 1. Februar 1901, in Ausübung des Allerhöchstdenselben als Nachfolger im Grossmeisterthume des von Weiland Seiner Majestät Kaiser Franz I. am 11. Juli 1808 gestifteten österreichisch-kaiserlichen Leopold-Ordens, auf Grund des §. 27 der Ordensstatuten zustehenden Rechtes, anzuordnen und festzusetzen geruht, dass von nun an der im Leopold-Orden bestandene oberste Grad in zwei besonderen Abtheilungen zur Verleihung gelange.

Die eine dieser Abtheilungen behält die bisherige Bezeichnung „Grosskreuz" bei. Die andere an diese sich unmittelbar anschliessende, daher zwischen dem Grosskreuze und dem Commandeurkreuze einzufügende Abtheilung, hat den Namen „Erste Classe" zu führen.

Der österreichisch-kaiserliche Leopold-Orden umfasst sonach von nun an, in Abänderung des §. 3 der Ordensstatuten, vier Grade und besteht:

1. aus Grosskreuzen;
2. aus Inhabern der Ersten Classe;
3. aus Commandeuren und
4. aus Ritterkreuzen.

Die Ordenszeichen für die Grosskreuze, für die Commandeure und Ritter bleiben unverändert.

Das Ordenszeichen für die Inhaber der Ersten Classe besteht aus dem im §. 8 der Ordensstatuten festgesetzten goldenen emaillirten Ordenskreuze, welches, in der Dimension des von den Commandeuren um den Hals zu tragenden Ordenskreuzes (Tafel IV, Fig. 1), an einem 90 Millimeter breiten Bande, laufend von der rechten Schulter zur linken Hüfte, getragen wird.

Das Band (Tafel IV, Fig. 7) ist ponceauroth und mit zwei 7 Millimeter breiten weissen Streifen versehen, die vom äusseren rechten und äusseren linken rothen Rande des Bandes in der Breite von 18 Millimeter, von einander selbst aber in der Breite von 40 Millimeter abstehen.

Dazu kommt ein aus acht brillantirten Strahlen gebildeter silberner Stern (Tafel IV, Fig. 2), der im Durchmesser 75 Millimeter misst und auf der linken Brustseite getragen wird. Auf der Mitte des Sternes ruht, wie bei dem Sterne der Grosskreuze, das goldene emaillirte Ordenskreuz, in dessen Mittelfelde die verschlungenen Buchstaben F. I. A. sichtbar sind. Der das Mittelfeld umziehende weisse Streif, welcher zum Unterschiede von dem Grosskreuzsterne von einem brillantirten Reife nicht umgeben ist, zeigt die Worte „Integritati et merito".

Eine goldene Ordenskette (Collane) gehört nicht zu den Insignien dieses Ordensgrades.

Jene Verfügungen, welche die Einführung einer Krieg-Decoration beim österreichisch-kaiserlichen Leopold-Orden zum Gegenstande haben und, entsprechend dem Allerhöchsten Handschreiben vom 12. Jänner 1860, sowie den Allerhöchsten Aufträgen vom 23. Jänner und 23. Februar 1860, im zweiten Nachtrage der Ordensstatuten enthalten sind, finden auch für die neugestiftete Erste Classe des Leopold-Ordens volle Anwendung. (Tafel IV, Fig. 3, 4, 5, 6.)

Bezüglich des Rangverhältnisses, in welchem die Erste Classe des österreichisch-kaiserlichen Leopold-Ordens und deren Inhaber zu den übrigen Graden und den Mitgliedern der k. u. k. Verdienst-Orden stehen, geruhten Seine k. und k. Apostolische Majestät allergnädigst zu bestimmen, dass die Erste Classe des Leopold-Ordens mit der Ersten Classe des österreichisch-kaiserlichen Ordens der Eisernen Krone äquiparirt, so dass die Inhaber dieser beiden Orden unter einander nach dem Datum ihrer Ernennung rangiren und bei feierlichen Anlässen, wie bei der Frohnleichnams-Procession oder sonstigen Ordensfesten promiscue zu erscheinen haben.

Demnach sind die Bestimmungen der §§. 15 und 25 der Statuten des Leopold-Ordens, in Betreff der für Grosskreuze auszufertigenden Aufnahms-Diplome und der „in des Grossmeisters Namen" an dieselben ergehenden Decrete — analog den §§. XV und XXIII der Statuten des Ordens der eisernen Krone — auch für Inhaber der Ersten Classe des Leopold-Ordens massgebend.

Wien, am 28. Februar 1901.

Für den Ordens-Kanzler:

Anton Freiherr von Klaps m. p.

k. k. Ministerialrath und Ordens-Greffier.

Siebenter Nachtrag.

Seine kaiserliche und königlich Apostolische Majestät haben mit Allerhöchstem Handschreiben vom 23. März 1908, im Zusammenhange mit den die Einführung einer neuen Feldadjustierung betreffenden Verfügungen, für gewisse Fälle eine besondere Tragart des Grosskreuzes und der Ersten Klasse des österreichisch-kaiserlichen Leopold-Ordens, durch die Angehörigen der österreichisch-ungarischen Wehrmacht allergnädigst anzuordnen geruht.

Danach ist — ausgenommen jener Anlässe, bei welchen die Inhaber dieser Ordensgrade en parade oder in Gala zu erscheinen haben — im Felde und bei Manövern statt der Sterne in der Regel, und zwar auf der linken Brustseite das Ritterkreuz, an einem dem Bande des Grosskreuzes, beziehungsweise der Ersten Klasse, in der Farbenzusammenstellung entsprechendem, schmalem, im Dreieck konfektioniertem Bande, mit dem in der Mitte des Bandes fest angebrachten, bei dem Grosskreuze auf 20 mm, bei der Ersten Klasse auf 17 mm Durchmesser verjüngten Sterne zu tragen. (Tafel V, Fig. 1 bis 6.)

Diese neue Dekoration, welche die offizielle Bezeichnung „Kleine Dekoration" zu führen hat und nach dem Ritterkreuze des Militärischen Maria Theresien-Ordens zu tragen ist, kann auch bei anderen Anlässen, so im kleinen Dienste, ausser Dienst usw., jedoch nur zur Uniform der österreichisch-ungarischen Wehrmacht getragen werden.

Mit der Kleinen Dekoration sind ausser den Angehörigen der österreichisch-ungarischen Wehrmacht auch jene Mitglieder fremder Herrscherfamilien, welche dieser Wehrmacht als Regimentsinhaber oder als Offiziere angehören, ferner jene fremdländischen Offiziere, welche Inhaber österreichisch-ungarischer Regimenter sind und das Grosskreuz oder die Erste Klasse des Leopold-Ordens bereits besitzen, oder verliehen erhalten werden, zu beteilen und ist diese Kleine Dekoration im Sinne der Ordensstatuten (§ 19) nach dem Ableben des Ordensinhabers rückzustellen.

Die Kriegsdekoration ist auf der Kleinen Dekoration in folgender Weise anzubringen:

Bei dem Grosskreuze und der Ersten Klasse mit der Kriegsdekoration bleiben auch weiter die statutarischen Bestimmungen aufrecht. (Tafel V, Fig. 2 und 5.)

Bei dem Grosskreuze, beziehungsweise der Ersten Klasse, mit der Kriegsdekoration der Ersten Klasse, des Kommandeur- oder Ritterkreuzes, ist das charakteristische Merkmal der Kriegsdekoration — das ist der geschoppte Lorbeerkranz — nicht nur auf dem am Ordensbande befestigten Sternchen, sondern auch auf dem Ordenszeichen selbst um das Mittelschild, und zwar in gleicher Weise anzubringen, wie dies nach den derzeitigen statutarischen Bestimmungen für das Kommandeurkreuz mit der Kriegsdekoration des Ritterkreuzes vorgeschrieben ist. (Tafel V, Fig. 3 und 6.)

Die Beschaffung der Kleinen Dekoration an die in Betracht kommenden mit dem Grosskreuze oder der Ersten Klasse des Leopold-Ordens bereits Beliehenen, beziehungsweise damit in Hinkunft Ausgezeichneten, erfolgt durch die Ordenskanzlei auf Kosten der Ordensdotation.

Wien, am 29. April 1908.

Marius Freiherr Pasetti von Friedenburg m. p.
k. und k. Geheimer Rat und Ordenskanzler.

Großkreutz des kaiserl. oesterreich. Leopolds Ordens.

Comandeur des kaiserl. oesterreich. Leopolds Ordens.

Kleinkreutz des kaiserl. oesterreich. Leopolds Ordens.

Ritter Schwert.

Herolds-Stab.

Medaillon für die Ordensofficiere des kais. oefst. Leopolds Ordens.

Friedens Decoration. Taf. I.

Fig. 4.

Fig. 1.

Fig. 3.

Fig. 2.

Der D.M. des Ritterkreuzes............Fig 1 beträgt 15 Linien.
  „ „ „ Commandeurkreuzes „ 2 „ 20 „
  „ „ „ Grosskreuzes............ „ 3 „ 24 „
  „ „ „ Sternes zum Grosskreuze „ 4 „ 38 „
  „ „ „ der Kronen........2/15 v.D.M. der Kreuze
  „ „ „ convexen Schilder 2/5 v.D.M. „

Die Breite der weissen Einfassung der Flügel mit
  Inbegriff der ciselirten Goldfäden............1/9
jene der weissen Einfassung mit der goldenen
  Legende am Vorderschilde...................1/6
und jene des goldenen Eichenkranzes am Rück_
  schilde 1/5 vom D.M. der Schilder.

Kriegs Decoration. Taf. II.

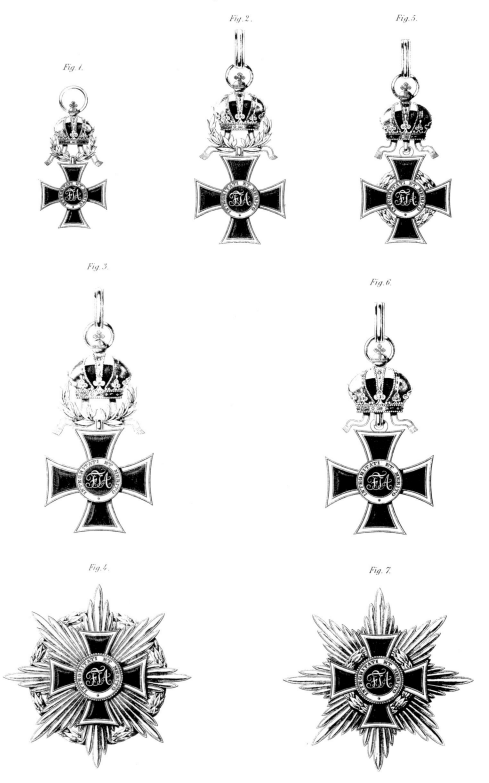

Taf. V.

„Kleine Dekoration."

Großkreuz.

Friedensdekoration.   Kriegsdekoration.   Mit der Kriegsdekoration der Ersten Klasse, des Kommandeur- oder Ritterkreuzes.

Fig. 1.

Fig. 2. Fig. 3.

Erste Klasse.

Friedensdekoration.   Kriegsdekoration.   Mit der Kriegsdekoration des Kommandeur- oder Ritterkreuzes.

Fig. 4. Fig. 5. Fig. 6.

Heliogravure und Druck des k. u. k. Militärgeogr. Institutes.

Taf. III.

Taf. IV.

Erste Classe des oesterreichisch-kaiserlichen Leopold-Ordens.

Friedens-Decoration.   Kriegs-Decoration.   Mit der Kriegs-Decoration des Commandeur- oder Ritterkreuzes.

Fig. 1.   Fig. 3.   Fig. 5.

Fig. 2.   Fig. 4.   Fig. 6.

Fig. 7.

ANHANG II

Faksimile des Statutenbuches des Ordens
der Eisernen Krone

Statuten

für den

Oesterreichisch-Kaiserlichen Orden

der

eisernen Krone.

Wir Franz der Erste,

von Gottes Gnaden Kaiser von Oesterreich; König von Jerusalem, Hungarn, Böheim, der Lombardey und Venedig, von Dalmatien, Croatien, Slavonien, Galizien und Lodomerien; Erzherzog von Oesterreich; Herzog von Lothringen, Salzburg, Steyer, Kärnthen, Krain, Ober= und Nieder=Schlesien; Großfürst in Siebenbürgen; Markgraf in Mähren; gefürsteter Graf von Habsburg und Thyrol ꝛc. ꝛc.

Um die Epoche der so glücklich erfolgten Wiedervereinigung Unserer Italienischen Provinzen unter Unserem Scepter durch ein bleibendes Merkmahl Unserer besonderen Huld und Gnade zu bezeichnen, haben Wir Uns bewogen gefunden, einen Orden unter der Benennung der **eisernen Krone** zu stiften, und ihn in die Zahl Unserer übrigen Kron= und Haus=Orden aufzunehmen. Wir haben Uns zu diesem Ende den nachstehenden Entwurf einer Unserer Absicht entsprechenden Grundverfassung dieses Ordens vorlegen lassen, und diesen genehmiget; befehlen daher, daß nachstehende Anordnungen von sämmtlichen

4

Rittern dieses Ordens jetzt, und in allen künftigen Zeiten, genau beobachtet werden, und ihnen zur beständigen Richtschnur dienen.

§. I.

Sämmtliche Glieder dieses Ordens werden **Ritter des Ordens der eisernen Krone** genannt.

§. II.

Die Würde eines Großmeisters bleibt auf immer und unzertrennlich mit dem Oesterreichischen Kaiserthume verbunden: folglich Uns selbst, und nach Uns, Unseren rechtmäßigen Thronfolgern in dem Oesterreichischen Kaiserstaate vorbehalten.

§. III.

Der Orden besteht nach Maß der Verdienste aus drey Graden: nähmlich, den Rittern der ersten, der zweyten und der dritten Classe.

§. IV.

Die Ritter der ersten Classe gehen jenen der zweyten, und diese jenen der dritten Classe vor. Die Ritter des nähmlichen Grades unter sich haben den Rang nach der Zeit ihrer Aufnahme in den Orden. Wenn an einem und demselben Tage mehrere Ritter in den Orden aufgenommen werden, so nehmen sie ihren Rang nach der Ordnung, in welcher sie das Ordenszeichen erhalten haben.

§. V.

Zur Aufnahme in den Orden ist jedermann, ohne Unterschied des Standes, er mag in unmittelbaren Civil- oder Militär-Staatsdiensten stehen, oder nicht, geeignet, in so fern er die dazu erforderlichen Eigenschaften besitzt.

Als solche werden betrachtet: entschiedene Beweise von Anhänglichkeit an den Landesfürsten und an den Staat, erfolgreiche Bemühungen, das Wohl der Monarchie zu befördern, endlich Auszeichnung durch andere große und gemeinnützige Unternehmungen.

§. VI.

Die Verleihung des Ordens bleibt dem Großmeister vorbehalten, und es soll niemanden erlaubt seyn, darum anzusuchen.

§. VII

Das Ordenszeichen, welches den Rittern zum Beweise der erlangten Würde ertheilt wird, ist folgendes:

Die eiserne Krone, auf welcher der doppelte gekrönte Oesterreichisch-Kaiserliche Adler ruht. Derselbe hat zu beyden Seiten auf der Brust ein dunkelblau emaillirtes Herzschild, in dessen Mitte auf der Hauptseite ein einfaches goldenes F., auf der Reversseite aber die Jahreszahl **1815** erscheint.

Die Ritter der ersten Classe tragen das Ordenszeichen an einem breiten goldgelben mit schmalen dunkelblauen Randstreifen versehenen Bande von der rechten Schulter nach der linken Seite herabhangend. Sie tragen überdieß einen vierstrahligten silbergestickten Stern auf der linken Brust, in dessen Mitte die eiserne Krone im goldenen Felde enthalten, und von einem dunkelblau emaillirten Reife umgeben ist, mit der Umschrift: AVITA ET AUCTA.

Bey Ordensfeyerlichkeiten tragen die Ritter der ersten Classe das schon beschriebene Ordenszeichen an einer goldenen Kette um den Hals.

In dieser goldenen Ordenskette kommen zuerst die Buchstaben F. und P. in einander verschlungen vor, darauf folgt die eiserne Krone, dann ein Eichenkranz,

6

endlich abermahl obige verschlungene Buchstaben, und so ferner abwechselnd bis zum Schlusse.

Das Ordenszeichen der zweyten Classe ist von jenem der ersten nur der Größe nach verschieden; es wird an einem zwey Zoll breiten goldgelben mit dunkelblauen Randstreifen versehenen Bande um den Hals getragen.

Die Ritter der dritten Classe tragen das etwas kleinere Ordenszeichen an einem neun Linien breiten goldgelben mit dunkelblauen Streifen geränderten Bande auf der linken Brust im Knopfloche.

Die Auszeichnung des Herolds und der übrigen Ordensbeamten, mit welcher sie bey Ordensfeyerlichkeiten zu erscheinen haben, besteht in dem in einer großen goldenen Medaille eingeschlossenen Ordenszeichen: Sie wird an dem Ritterbande der dritten Classe um den Hals getragen; der Ordensherold ist überdieß durch den in der Hand führenden Stab ausgezeichnet.

§. VIII.

Die Verzierung des Ordenszeichens mit Edelsteinen bleibt dem Großmeister allein vorbehalten, und ist keinem Ritter die Tragung eines solchergestalt verzierten Ordenszeichens erlaubt, wenn er nicht von dem Großmeister damit besonders begnadigt worden ist.

§. IX.

Dagegen ist jedem Ritter gestattet, sein Geschlechtswappen mit dem Ordenszeichen zu verzieren, und sich des auf solche Art geschmückten Wappens Zeitlebens bey allen Gelegenheiten zu bedienen.

§. X.

Um die Ordensglieder durch eine eigene, ihrer Würde zusagende Kleidung, in welcher sie bey den Ordensfesten und Feyerlichkeiten zu erscheinen haben, auszuzeichnen: wollen Wir für die verschiedenen Grade derselben Folgendes bestimmen:

Die Farben der Ordenskleidung sind gelb, blau und weiß; die Verbrämungen und sonstigen Verzierungen sind von Silber.

Das Unterkleid ist, für alle drey Classen der Ritter gleich, von gelbem Sammt; es besteht aus einem vom Halse bis zum Knie reichenden Wamms, welches auf der rechten Seite von der Höhe des Armes bis zum Schenkel mit einer silbernen Schnur zusammengefügt ist, und auch noch über die Hüfte hinab von derselben Schnur in leichten Schlingen zusammengehalten wird, dann aber offen fortläuft. Am Ende der Schnur befinden sich reiche Bouillons-Quasten.

Dieses Wamms ist mit weißem Taffet gefüttert und an allen Kanten mit Silber gestickt. In der Stickerey wechseln die Abbildungen der eisernen Krone, aus welcher mit einem Lorbeerkranze verschlungene Palmzweige hervorragen, mit zu Kränzen gebogenen Eichenzweigen ab, in welchen sich die einzelnen Buchstaben der durch die ganze Stickerey fortlaufenden Worte: AVITA ET AUCTA, eingetheilt befinden. Die Breite der Stickerey ist für die Ritter der ersten Classe von vier und einen halben, für jene der zweyten und dritten Classe von drey und einen halben Zoll Wiener Maß.

Die Beinkleider sind mit den Strümpfen in einem Stücke von weißer Seide gewirkt.

Die Schuhe sind von weißem Sammt, oben drey Mahl aufgeschlitzt, und mit gelbem Atlas unterlegt; sie sind statt der Schnallen mit einer blauatlassenen Schleife, deren Ende mit Franfen von Silber-Bouillons geziert sind, geschlossen.

Das Schwert ist gerade und zweyschneidig, Griff und Querstange bilden ein Kreuz. Alle Verzierungen sind von Silber. Den Knopf umgibt die eiserne

Krone. Der Griff ist durchaus von Silber und cannellirt; er ist spiralförmig von zwey Palmzweigen umwunden, wovon der eine von unten auf=, und der andere von oben abwärts läuft, so, daß sie in ihren Spitzen zusammenstoßen.

In der Mitte des von dem Griffe gebildeten Kreuzes befinden sich zwey ovale Schilder, auf der Vorderseite mit F. P. (Franciscus Primus), auf dem Reverse mit der Jahreszahl **1815** bezeichnet; aus diesen Ovalen winden sich Eichen= und Lorbeerzweige um die ganze Länge der Querstange in entgegen= gesetzter Richtung. Die Schwertscheide ist mit blauem Sammt überzogen und mit Silber beschlagen. Zur Befestigung des Schwertes dient ein blausammtener Gürtel mit herabhangender Schwerttasche; beyde haben eine Stickerey von Lorbeerzweigen in Silber, und sind mit einer silbernen Schnalle geschlossen.

Die Kopfbedeckung besteht in einem blausammtenen Barette, dessen Krempe mit Silberschnüren umwunden, und welches mit weißen Schwungfedern geziert ist.

Die Handschuhe sind von weißem Leder, und haben große in Silber gestickte Stülpen.

Der Mantel ist für alle drey Ritter=Classen von blauem Sammt, mit weißem Atlas gefüttert, und mit einem rund über die Schultern herabfallenden Kragen, ebenfalls von blauem Sammt, versehen. Die auf dem ganzen Umfange des Mantels, so wie auf dem Kragen angebrachte Stickerey in Silber ist der Zeichnung nach, eben dieselbe, wie jene des Unterkleides. Der Mantel wird auf der rechten Schulter mit einer Hafte zusammen gehalten, und fällt sodann quer über die Brust, indem er den linken Arm deckt.

Bey den Rittern der ersten Classe endet er in einer langen Schleppe; die Stickerey auf demselben hat eine Breite von zwölf Zoll Wiener Maß; zwey Zoll unter dem Kragen ist der Ordensstern auf der linken Seite des Mantels befestigt, und über dem Kragen hängt die goldene Ordenskette mit dem Ordenszeichen.

9

Bey den Rittern der zweyten Classe unterscheidet sich der Mantel von jenem der ersten dadurch, daß er, seiner Länge nach, nicht ganz bis an den Boden reicht, und die Silber-Stickerey auch nur acht und einen halben Zoll Wiener Maß Breite hat. Das Ordenkreuz hängt über den Kragen an dem Bande herab.

Bey den Rittern der dritten Classe endlich reicht der Mantel nur bis auf die Hälfte des Beins; die Stickerey hat nur sechs und einen halben Zoll Breite, und das Ordenszeichen ist an dem Kragen auf der linken Seite der Brust mit dem für diese Classe bestimmten Bande befestigt.

Ueber dem Mantel heraus liegt die Halskrause von doppelter Spitzen-Reihe bey allen drey Classen in der Breite von fünf Zoll.

Der Ordensherold trägt die goldene Ordens-Medaille am Ordensbande der Ritter um den Hals; in der Hand einen drey Fuß langen Stab, der mit gelbem Sammt überzogen ist, worauf Lorbeer- und Palmzweige gestickt sind; am obersten Ende desselben ruht der doppelte Oesterreichisch-Kaiserliche Adler auf der eisernen Krone; die Beschläge sind von Silber.

Die übrigen Ordensbeamten bezeichnet die anhängende Ordens-Medaille auf gleiche Art wie den Herold, jedoch ohne Stab.

§. XI.

Die Zahl der Ritter ist auf hundert, nähmlich: zwanzig der ersten, dreyßig der zweyten, und fünfzig der dritten Classe festgesetzt. Die Prinzen Unsers Kaiserlichen Hauses sind in dieser Zahl nicht einbegriffen.

§. XII.

Zur Besorgung der Ordensangelegenheiten werden folgende Beamte bestellt:

10

Der Ordens=Prälat, welchen der Großmeister aus den höhern geistlichen Ständen wählt. Dieser hat an den Ordensfesten den gewöhnlichen Kirchendienst zu verrichten.

Der Ordenskanzler, welcher bey der feyerlichen Aufnahme der Ritter, oder bey einem sonst zu berufenden Ordens=Capitel eine Anrede zu halten, den abzuschwörenden Eid den Rittern vorzulesen, dem Großmeister die Angelegenheiten des Ordens nach Erforderniß der Umstände schriftlich oder mündlich vorzutragen, und demselben in allen Ordensanliegenheiten an die Hand zu gehen, die Diplome der neuernannten Ritter ausfertigen zu lassen, und auch das Ordens=Sigill in Verwahrung zu nehmen hat.

Der Ordensschatzmeister, welchem obliegt, nicht nur für die Ordenszeichen, sondern auch für die übrige Ordenskleidung und deren Verwahrung zu sorgen, dann über die Verwendung der diesfälligen Kosten Rechnung zu führen, und solche dem Großmeister jährlich vorzulegen.

Der Ordenssecretär, dessen Pflicht es ist, das Ordens=Protokoll zu führen, in dasselbe alles was den Orden betrifft, getreulich einzutragen, die Verleihungs=Diplome auszufertigen, die Schriften des Ordens in dem Archive genau zu verwahren, und den aufzunehmenden Rittern den Inhalt ihrer Pflichten vorzulesen.

Der Ordensherold, welchem bey allen Ordensfeyerlichkeiten die Ordenskleidung der Ritter der dritten Classe zu tragen gestattet ist.

Der Ordenskanzellist, welcher den vorstehenden Beamten bey den betreffenden Expeditionen, und wo es sonst immer nöthig ist, an die Hand zu gehen hat.

Die Verleihung dieser Aemter ist dem Großmeister unmittelbar vorbehalten.

§. XIII.

Bey der feyerlichen Aufnahme der Ordensritter ist folgende Vorschrift zu beobachten:

Nachdem derjenige, welchem der Großmeister in Rücksicht seiner Verdienste den Orden zugedacht hat, durch ein Schreiben des Ordenskanzlers von dieser Gnade vorläufig in die Kenntniß gesetzt worden ist, wird derselbe an dem bestimmten Tage und zur bestimmten Stunde am Hofe zu dem Capitel, bey welchem sich alle Ordensritter und Ordensbeamte in ihrer Ordenskleidung einzufinden haben, erscheinen, und in der Antikammer das Zeichen zum Eintritte erwarten.

Wenn der Großmeister unter dem Thronhimmel seinen Platz eingenommen hat, wird der Ordenskanzler, vor dem Throne kniend, sich dessen Befehle erbitten.

Nach deren Ertheilung deutet der Ordensherold dem aufzunehmenden Ritter an, daß ihm einzutreten gestattet sey, und dieser nimmt sodann den ihm bestimmten Platz ein.

Hierauf trägt der Ordenskanzler in einer kurzen Rede den Willen des Großmeisters und den Zweck der Versammlung vor, und ermahnt den Ordens-Candidaten, daß er nunmehr den Ordenseid abzuschwören habe. Der Ordenssecretär liest alsdann den Inbegriff der Ritterpflichten vor, welchen nachzukommen der Aufzunehmende eidlich geloben muß.

Nachdem dieses geschehen ist, wird der Aufzunehmende angewiesen, sich zu einem dazu bereiteten Knieschemmel zu begeben, und allda den nachstehenden Eid, welchen ihm der Ordenskanzler vorsagen wird, abzulegen:

„Ego N. N. juro per Deum, quod fidem, reverentiam atque obsequium erga Majestatem Sacratissimam, qua insignis Ordinis Coronae ferreae Magnum Magistrum, ejusque Serenissimos Successores atque

12

universam Augustam Domum, omni tempore, loco et opportunitate, usque ad ultimum vitae spiritum constanter observare, quae ad securitatem, gloriam, incrementum Monarchiae conferre possunt, pro viribus promovere atque defendere, contra vero, quae Sacratissimae Majestatis juribus ac potestati atque Ordinis hujus dignitati adversantur, omni quo potero conatu impedire atque avertere, statuta denique Ordinis studiose accurateque observare, Sacratissimae Majestatis, qua Magni Ordinis Magistri decreta venerari, eisque in omnibus prompta parataque voluntate obedire, Ordinisque signum constanter gerere velim. Sic me Deus adjuvet."

Nach abgelegtem Eide wird der Großmeister den Candidaten nochmahls zu dessen Erfüllung ermahnen, demselben, wenn er den gewöhnlichen Ritterschlag noch nicht erhalten hätte, diesen ertheilen, und ihm dann das Ordenszeichen mit nachstehender lateinischer Anrede überreichen:

„Quod juris jurandi religione promptus vovisti, omni te loco ac tempore integre servaturum non ambigimus."

„Accipe igitur signum Ordinis Coronae ferreae in praemium meritorum tuorum, illudque semper gerito, ut quid Deo, Nobis, Domuique Nostrae atque Ordinis hujus dignitati debeas, honoris, quo decoratus es, insigni admonitus nunquam possis non recordari."

Die Dispensation von Abschwörung des Ordenseides bey einem aufzunehmenden Ritter bleibt dem Großmeister vorbehalten.

§. XIV

Wenn die Aufnahme auf die beschriebene Art vor sich gegangen ist, wird der Ritter der ersten Classe zum Merkmahl der ausgezeichneten Gnade von dem Großmeister umarmt, und auf eben diese Weise auch von den anwesenden Ordensgliedern ihrer Freundschaft versichert.

§. XV.

Das Aufnahms=Diplom für die Ritter der ersten Classe wird in Gestalt eines Buches, für die Ritter der zweyten und dritten Classe in Form eines Patentes ausgefertigt, und von dem Großmeister, dem Ordenskanzler und Ordenssecretär unterschrieben. Die Ritter der ersten und zweyten Classe erhalten ihr Diplom mit einem herabhängenden, jene der dritten aber mit einem beygedruckten Siegel.

§. XVI.

Das Ordenszeichen haben die Ritter, wie sie angelobt, beständig zu tragen, und soll keiner von ihnen ohne demselben öffentlich erscheinen; auch darf neben demselben kein auswärtiges Ordenszeichen getragen werden, es wäre denn, daß von dem Großmeister hierzu die ausdrückliche Bewilligung ertheilt worden wäre.

§. XVII.

Nach erfolgtem Ableben eines Ritters der ersten, zweyten oder dritten Classe, muß die Ordenskette und das Ordenszeichen nebst dem Statuten=Buche dem Ordensschatzmeister zurückgestellt werden.

§. XVIII.

Am ersten Sonntage nach dem siebenten April, als dem Tage der Errichtung des Lombardisch=Venezianischen Königreichs, wird jährlich in der Hofkirche das Ordensfest begangen, wobey sämmtliche in Unserer Residenzstadt anwesende Ordensglieder, mit Ausnahme derjenigen, die durch eine gültige Ursache hieran verhindert werden, mit ihren Ordenszeichen und in der Ordenskleidung zu erscheinen haben.

§. XIX.

Die Ritter der dritten Classe haben an den Ordensfesten den Eintritt in die geheime Rathsstube, wohin die Ritter der ersten und zweyten Classe allezeit zu kommen berechtigt sind.

§. XX.

Auch erhalten alle Ordensritter, ohne Unterschied des Standes, den Zutritt bey den Hoffesten und sogenannten Appartements.

§. XXI.

Wenn der mit dem Orden der ersten Classe begnadigte Ritter die wirkliche geheime Rathswürde noch nicht besäße, so wird ihm diese unentgeltlich verliehen; die Ritter der zweyten Classe werden, wenn sie darum ansuchen, in den Freyherrnstand, und die Ritter der dritten Classe in den Ritterstand taxfrei erhoben.

§. XXII.

An alle Behörden ergeht der Befehl, daß sie, wenn von ihnen etwas an die Ordensritter erlassen wird, denselben nebst den ihnen sonst gebührenden Titeln, auch jenen des Ordens beyfügen sollen.

§. XXIII.

Auch wollen wir, daß, wenn in des Großmeisters Nahmen Decrete an die Ritter der ersten Classe ergehen, sie zu mehrerer Bezeugung Unserer Gnade und Zuneigung, mit der Benennung: **Unsere Vettern**, beehrt werden.

§. XXIV.

Endlich ist Unser Wille, daß zwar der Stephans= und Leopolds=Orden, als Gesammtkörper betrachtet, den Rang vor dem Orden der eisernen Krone einnehmen, sohin, wenn am nähmlichen Tage Orden von den drey Gattungen verliehen würden, der Stephansordens=Ritter dem Ritter des Leopolds=, und dieser dem Ritter des Ordens der eisernen Krone von gleicher Cathegorie vorgehen, im übrigen aber diese drey Orden als einander gleich betrachtet werden sollen; zwischen den zu ungleichen Zeiten ernannten Großkreuzen oder Rittern der ersten Classe, zwischen den Commandeurs oder Rittern der zweyten Classe, und den Kleinkreuzen oder Rittern der dritten Classe wird das Alter der Aufnahme ihren Rang bestimmen.

Dieses sind die Gesetze und Anordnungen, worauf sich der Ritterorden der eisernen Krone gründet.

Gleichwie nun Wir selbst solche zu jeder Zeit beobachten wollen; also sollen auch alle unsere Thronfolger dieselben immerfort zu beobachten verbunden seyn, bis Wir, oder Unsere Thronfolger, sich durch den veränderten Geist der Zeiten und Umstände bestimmt finden werden, Aenderungen darin vorzunehmen. Wenn wider Vermuthen sich darüber Zweifel oder Anstände ergeben sollten, so behalten wir Uns und Unsern Nachfolgern in der Würde eines Großmeisters das Recht vor, solche zu erläutern und zu beheben, so wie jenes, diesen Anordnungen und Statuten alles dasjenige beyzufügen, was Wir zum Nutzen und zur Aufnahme des Ordens beförderlich erachten werden.

Damit endlich für die Erhaltung alles dieses, und die Ueberlieferung desselben auf die spätesten Zeiten vorgesorgt sey, haben Wir verordnet: daß drey gleichförmige, mit Unserer eigenhändigen Unterschrift bekräftigte Exemplare gegenwärtiger Anordnung ausgefertigt, und davon das eine in dem Ordens=

16

Archive, das zweyte in Unserem Kaiserlich-Königlichen Haus-Archive, und das dritte in dem Archive der politischen Hofstelle aufbewahrt werde, welcher die Oberleitung der Lombardisch-Venezianischen Angelegenheiten von Uns anvertraut seyn wird.

Gegeben in Unserer königlichen Stadt Mailand, am ersten Januar des Jahres Ein tausend acht hundert und sechzehn, im vier und zwanzigsten Unserer Regierung.

Franz.

Clemens Fürst von Metternich.

Nach S^{uer} Kaiserlich-Königlich-Apostolischen Majestät
Höchsteigenem Befehle:
Hofrath Graf Mercy.

Nachtrag

zu den

Statuten des österreichisch-kaiserlichen Ordens der eisernen Krone

vom 1. Jänner 1816.

Um die unmittelbar vor dem Feinde erworbenen Decorationen des Ordens der eisernen Krone von jenen zu unterscheiden, welche für anderweitige militärische oder Civil-Staats-Verdienste verliehen worden sind; ferner, damit in jenen Fällen, wo der wegen Bravour vor dem Feinde bereits erworbene und besessene Orden in Folge erneuerter, doch nicht auf dem Schlachtfelde selbst dargelegter Verdienstlichkeit durch Zuerkennung einer höheren Classe desselben Ordens bisher entfiel, die sichtbare Anerkennung auch des früheren rein kriegerischen Verdienstes erhalten werde, haben Seine Majestät mit Allerhöchstem Cabinetschreiben vom 12. Jänner 1860 Folgendes anzuordnen gefunden:

1. Der, für unmittelbar vor dem Feinde erworbene Verdienste verliehene Orden der eisernen Krone ist durch die Bezeichnung: „**Kriegsdecoration des österreichisch-kaiserlichen Ordens der eisernen Krone**" zu unterscheiden; die übrigen sind, wie bisher, ohne einen Zusatz zu benennen.

2. Als charakteristisches Merkmal der Kriegsdecoration geruhten Seine Majestät einen goldenen Lorbeerkranz zu bestimmen, der bei den Decorationen des Ordens der eisernen Krone 2. und 3. Classe mit grünem Email belegt, bei den übrigen blaßgrün legirt zu sein hat.

3. Im Titel Derjenigen, welchen eine höhere (Friedens-) Ordensclasse verliehen wird, nachdem sie bereits früher die Kriegsdecoration desselben Ordens, jedoch minderer Classe besaßen, ist sich des Ausdruckes: „**Ritter des österreichisch-kaiserlichen Ordens der eisernen Krone 1. (2.) Classe mit der Kriegsdecoration (2.) 3. Classe**" zu bedienen.

Nach diesen Grundsätzen werden in Hinkunft diese Decorationen, wie folgt, beschaffen sein:

a) Die (Friedens-) Decorationen des eisernen Kron-Ordens aller drei Classen bleiben ohne Veränderung, wie jetzt.

b) **Die Kriegsdecoration der eisernen Krone dritter Classe** bekommt zur gleichnamigen Friedensdecoration aufwärts gerichtete, grün emaillirte Lorbeerzweige unter Schwert und Reichsapfel (Tafel Fig. 1).

c) **Die Kriegsdecoration des Ordens der eisernen Krone 2. Classe** ist, wie bei der unter b) erwähnten Kriegsdecoration desselben Ordens 3. Classe, nur im verhältnißmäßig vergrößerten Maßstabe (Tafel Fig. 2).

d) Die (Friedens-) Decoration des Ordens der eisernen Krone 2. Classe **für solche, welche bereits die Kriegsdecoration desselben Ordens 3. Classe besaßen**, erhält um den Herzschild der Friedensdecoration gleicher Classe einen geschoppten grün emaillirten Lorbeerkranz (Tafel Fig. 3).

e) **Die Kriegsdecoration des eisernen Kron-Ordens 1. Classe** erhält auf die Friedensdecoration gleicher Classe die unter b) genannten Kriegs-Embleme; ferner wird ein geschoppter Lorbeerkranz durch die Spitzen des achteckigen silbernen Ordenssternes gezogen (Tafel Fig. 4).

f) Bei der (Friedens-) Decoration des eisernen Kron-Ordens 1. Classe **für solche, welche die Kriegsdecoration desselben Ordens 2. oder 3. Classe früher besaßen**, bleibt das Ordenszeichen selbst ganz unverändert (wie ad a), nur bei dem Ordenssterne kommt ein geschoppter Lorbeerkranz um den dunkelblau emaillirten Reif statt der Goldverzierung (Tafel Fig. 5).

Der Unterschied zwischen Kriegs- und Friedensdecoration hat jedoch an der Organisation des Ordens der eisernen Krone Nichts zu ändern.

Schließlich geruhten Seine Majestät Allergnädigst zu gestatten, daß die dermaligen Besitzer von solchen Decorationen des eisernen Kron-Ordens, welchen die Beigabe des Lorbeers gebührt, solches aus eigenen Mitteln bewirken können, jedoch vorher die Grundhältigkeit ihres Anspruches darauf von dem betreffenden Landes-General-Commando auf den Decreten constatiren zu lassen haben.

Zweiter Nachtrag.

Ferner haben Seine Majestät, mit Beziehung auf den vorstehenden Allerhöchsten Auftrag vom 12. Jänner 1860, anzuordnen geruht, daß in Hinkunft die Krone an den Decorationen des Ordens der eisernen Krone nicht mehr flach gepreßt, sondern die innere Mütze der Krone roth emaillirt und die Bügel derselben convex erhaben geformt werden sollen.

Dritter Nachtrag.

Seine kaiserliche und königlich Apostolische Majestät haben mit Allerhöchster Entschließung vom 24. Mai 1877 allergnädigst zu genehmigen geruht, daß der zu den Insignien des österreichisch-kaiserlichen Ordens der eisernen Krone 1. Classe gehörende silberne Stern (Crachat) für die Zukunft in brillantirter Form (Tafel III) hergestellt und erfolgt werde.

Wien, 27. Mai 1877.

Carl Freiherr Mecséry de Tsóor m/p.

k. k. wirkl. geheimer Rath und Ordenskanzler.

Vierter Nachtrag.

Seine kaiserliche und königlich Apostolische Majestät haben mit Allerhöchstem Handschreiben vom 18. Juli 1884 anzuordnen geruht, daß der Paragraph XXI der Statuten des österreichisch-kaiserlichen Ordens der eisernen Krone in Hinkunft zu entfallen und keine Anwendung zu finden habe.

Wien, 20. September 1884.

Carl Freiherr Mecséry de Tsóor m/p.

k. k. wirkl. geheimer Rath und Ordenskanzler.

Fünfter Nachtrag.

Seine kaiserliche und königlich Apostolische Majestät geruhten am 23. März 1908 das nachstehende Allerhöchste Handschreiben zu erlassen:

„Im Zusammenhange mit den die Einführung einer neuen Feldadjustierung betreffenden Verfügungen habe Ich für gewisse Fälle eine besondere Tragart der Ersten Klasse Meines Ordens der Eisernen Krone durch die Angehörigen Meiner Wehrmacht anzuordnen befunden.

Danach ist im Felde und bei Manövern statt des Sternes in der Regel, und zwar auf der linken Brustseite die Dekoration der dritten Klasse an einem, dem Bande der Ersten Klasse in der Farbenzusammenstellung entsprechenden, schmalen, im Dreieck konfektionierten Bande mit dem in der Mitte des Bandes fest angebrachten, auf 20 *mm* Durchmesser verjüngten Sterne des Ordens zu tragen.

Diese neue Dekoration, welche die offizielle Bezeichnung „kleine Dekoration" zu führen hat, kann auch bei anderen Anlässen, wie im kleinen Dienst, außer Dienst usw., jedoch nur zur Uniform Meiner Wehrmacht getragen werden.

Mit der kleinen Dekoration sind außer den in Betracht kommenden Angehörigen Meiner Wehrmacht, jene Mitglieder fremder Herrscherfamilien, welche Meiner Wehrmacht als Regimentsinhaber oder als Offiziere angehören, ferner jene fremdländischen Offiziere, welche Inhaber eines Meiner Regimenter sind, und die die Erste Klasse bereits besitzen oder verliehen erhalten werden, zu beteilen und ist diese „kleine Dekoration" im Sinne der Ordensstatuten nach dem Ableben des Inhabers zurückzustellen.

Die Kriegsdekoration ist auf der „kleinen Dekoration" in folgender Weise anzubringen:

Bei der Ersten Klasse mit der Kriegsdekoration bleiben auch weiter die statutarischen Bestimmungen aufrecht.

Bei der Ersten Klasse mit der Kriegsdekoration der zweiten oder dritten Klasse, ist der goldene Lorbeerkranz auf dem am Ordensbande befestigten Sternchen und der geschoppte, grün emaillierte Lorbeerkranz um das Herzschild des Ordenszeichens selbst, und zwar in gleicher Weise anzubringen, wie dies nach den derzeitigen statutarischen Bestimmungen für die zweite Klasse mit der Kriegsdekoration der dritten Klasse vorgeschrieben ist.

Die Beschaffung dieser neuen Dekoration an die hier in Betracht Kommenden mit der Ersten Klasse bereits Beliehenen, beziehungsweise damit in Hinkunft Ausgezeichneten, erfolgt durch die Ordenskanzlei und auf Kosten der Ordensdotation."

Wien, 6. April 1908.

Arthur Graf Bylandt-Rheydt
k. u. k. wirklicher geheimer Rat und Ordenskanzler.

Ph. v. Stubenrauch inv. et fec.

Tafel 3.

KLEINE DEKORATIONEN DER ERSTEN KLASSE.

FRIEDENS-DEKORATION

KRIEGS-DEKORATION

KRIEGS-DEKORATION
DER II. ODER III. KLASSE

ANHANG III

Faksimile der Statuten für den
Kaiserlich-Österreichischen Franz-Joseph-Orden
und für das Civil-Verdienstkreuz

Allgemeines Reichs-Gesetz- und Regierungsblatt für das Kaiserthum Oesterreich.

VII. Stück.

Ausgegeben und versendet am 6. Februar 1851.

24.

Kaiserliches Patent vom 25. December 1850,

womit die im kaiserlichen Patente vom 2. December 1849 *) vorbehaltenen, nunmehr erfolgten Erweiterungen der Statuten des kaiserlichen Franz Joseph-Ordens hinausgegeben werden.

Wir Franz Joseph der Erste,

von Gottes Gnaden Kaiser von Oesterreich;

König von Hungarn und Böhmen, König der Lombardei und Venedigs, von Dalmatien, Croatien, Slavonien, Galizien, Lodomerien und Illirien, König von Jerusalem ꝛc.; Erzherzog von Oesterreich; Großherzog von Toscana und Krakau; Herzog von Lothringen, von Salzburg, Steyer, Kärnthen, Krain und der Bukowina; Großfürst von Siebenbürgen; Markgraf von Mähren; Herzog von Ober- und Nieder-Schlesien, von Modena, Parma, Piacenza und Guastalla, von Auschwitz und Zator, von Teschen, Friaul, Ragusa und Zara; gefürsteter Graf von Habsburg, von Tirol, von Kyburg, Görz und Gradiska; Fürst von Trient und Brixen; Markgraf von Ober- und Nieder-Lausitz und in Istrien; Graf von Hohenembs, Feldkirch, Bregenz, Sonnenberg ꝛc.; Herr von Triest, von Cattaro und auf der windischen Mark; Großwoiwod der Woiwodschaft Serbien ꝛc. ꝛc.

Von dem Wunsche geleitet, ausgezeichnete Verdienste, ohne Unterschied des Standes, durch eine öffentliche Anerkennung zu ehren und in der Absicht, alle Classen der Staatsbürger zu gemeinnützigem, segensreichem Wirken für das große Vaterland aufzumuntern und zu bestärken, haben über Antrag Unseres Ministerrathes, mit Unserem Patente vom 2. December 1849 einen Verdienstorden gestiftet, und für denselben die Grundzüge der Statuten mit dem Vorbehalte der Erweiterung derselben hinausgegeben.

Nachdem die Nothwendigkeit einer solchen Erweiterung sich in einigen Puncten bereits erwiesen hat, haben Wir, von dem erwähnten Vorbehalte Gebrauch machend, dieselbe sofort angeordnet, zugleich aber die dießfälligen neuen Bestimmungen dem Texte Unseres Patentes vom 2. December 1849 einschalten lassen.

---

*) Im VI. Stücke des Reichsgesetzblattes vom Jahre 1849, Nr. 26, S. 35.

Jahrgang 1851.

NACHTRAG.

Allerhöchstes Cabinetschreiben an den Kanzler des Franz Joseph-Ordens:

Lieber Freiherr von Lichtenfels!

Es ist Mein Wille, künftighin COMTHUREN MEINES FRANZ JOSEPH-ORDENS als besondere Auszeichnung zu den Ordens-Insignien ihres Grades einen Stern zu verleihen, in Folge dessen dieselben COMTHURE MIT DEM STERNE zu nennen sein werden.

Ich finde Mich demnach bestimmt, auf Grund des §. 21 der am 25. December 1850 gegebenen Statuten MEINES FRANZ JOSEPH-ORDENS anzuordnen, dass der §. 6 der Statuten nunmehr zu lauten habe:

§. 6. Der Orden besteht aus 3 Graden. Die Inhaber werden Grosskreuze, dann Comthure mit und ohne Stern und Ritter genannt.

Im §. 8 wird die Alinea 7 zu lauten haben: Die Comthure tragen das gleiche Ordenskreuz an einem hochrothen, 2 Zoll breiten Bande an der Aussenseite um den Hals auf der Brust; DIE COMTHURE MIT DEM STERNE nebstdem einen etwas kleineren silbernen Stern gleicher Form wie jener der Grosskreuze auf der rechten Brust.

Von diesen Anordnungen setze Ich Sie zur entsprechenden weiteren Verfügung mit dem Beisatze in Kenntniss, dass Ich hievon unter Einem Meinen Reichskanzler, Meinen Minister-Präsidenten für die im Reichsrathe vertretenen Königreiche und Länder und den ungarischen Minister an Meinem Hoflager verständige.

WIEN, am 18. October 1869.   FRANZ JOSEPH m. p.

II. NACHTRAG.

Allerhöchstes Handschreiben an den Kanzler des Franz Joseph-Ordens:

Lieber Freiherr von Helfert!

Ich habe Mich bestimmt gefunden, dem von MIR gestifteten FRANZ JOSEPH-ORDEN dahin eine Erweiterung zu geben, dass derselbe von nun an VIER Classen umfassen und bestehen wird:

1. aus Grosskreuzen,
2. „ Comthuren mit und ohne Stern,
3. „ Officieren,
4. „ Rittern.

Die Insignien der Grosskreuze, der Comthure mit und ohne Stern und der Ritter bleiben unverändert, wie sie im §. 8 der Ordensstatuten vom 25. December 1850 und in MEINEM Handschreiben vom 18. October 1869 festgesetzt worden sind.

Das Ordenszeichen für die Officiere des FRANZ JOSEPH-ORDENS ist ein goldenes, nur auf der Aversseite emaillirtes, gegen auswärts achteckiges Kreuz, von dem die Aussenlinien jedes Kreuzestheiles mit einer flachen Zirkellinie nach auswärts gebogen sind.

Das Kreuz an sich ist roth, um dasselbe läuft ringsum ein goldener Streif. Es hat ein zirkelrundes weisses Mittelfeld, umgeben von einem gleichen goldenen Streifen. In dem Mittelfelde auf der Aversseite befinden sich die zwei Buchstaben F. J.

Zwischen den vier Kreuzesarmen, von denen der untere gegenüber den anderen länger gehalten ist, ist der goldene, theilweise schwarz emaillirte, zweiköpfige, gekrönte Adler sichtbar, welcher in seinen beiden Schnäbeln eine durch verschlungene Hände geschlossene Kette hält, zwischen deren Gliedern, an den unteren Theilen des Kreuzes die Buchstaben des Wahlspruches: „VIRIBUS UNITIS" erscheinen. Der Adler ist von der österreichischen Kaiserkrone überragt.

Das Officierskreuz ist nicht am Bande, sondern an der linken Brustseite angesteckt zu tragen.

Indem ICH Sie von Vorstehendem behufs Vornahme der in dieser Angelegenheit Ihrerseits ressortmässig zu treffenden Vorkehrungen in Kenntniss setze, übermittle ICH Ihnen zugleich in der Nebenlage das in kunstgerechter Weise ausgeführte Muster der für die Officiere des FRANZ JOSEPH-ORDENS in Anwendung zu kommenden Decoration und weise Sie an, dafür Sorge zu tragen, dass sich bei der Anfertigung der betreffenden Ordenszeichen genau an das vorliegende, von MIR sanctionirte Muster gehalten werde.

Was endlich das Rangsverhältniss betrifft, in welchen die von MIR im FRANZ JOSEPH-ORDEN neu gestiftete Ordensclasse gegenüber den Graden in MEINEN übrigen Orden stehen, so aequipariren die Officiere des FRANZ JOSEPH-ORDENS mit den Rittern dritter Classe MEINES Ordens der EISERNEN KRONE.

WIEN, am 1. Februar 1901.   FRANZ JOSEPH m. p.

III. NACHTRAG.

Allerhöchstes Handschreiben an den Kanzler des Franz Joseph-Ordens:

Lieber Freiherr von Helfert!

Im Zusammenhange mit den die Einführung einer neuen Feld-Adjustierung betreffenden Verfügungen habe ICH für gewisse Fälle eine besondere Tragart des Großkreuzes MEINES FRANZ JOSEPH-ORDENS durch die Angehörigen MEINER Wehrmacht anzuordnen befunden.

Danach ist im Felde und bei Manövern statt des Sternes in der Regel und zwar auf der linken Brustseite das Ritterkreuz an einem dem Bande des Großkreuzes in der Farbenzusammenstellung entsprechenden, schmalen, im Dreieck konfektionierten Bande mit dem in der Mitte des Bandes fest angebrachten, auf 20 mm Durchmesser verjüngten Sterne des Großkreuzes zu tragen.

Diese neue Dekoration, welche die offizielle Bezeichnung „KLEINE DEKORATION" zu führen hat, kann auch bei anderen Anlässen, wie im kleinen Dienste, außer Dienst u. s. w. jedoch nur zur Uniform MEINER Wehrmacht getragen werden.

Mit der kleinen Dekoration sind außer den in Betracht kommenden Angehörigen MEINER Wehrmacht jene Mitglieder fremder Herrscherfamilien, welche MEINER Wehrmacht als Regimentsinhaber, oder als Offiziere angehören, ferner jene fremdländischen Offiziere, welche Inhaber eines MEINER Regimenter sind und die das Großkreuz bereits besitzen oder verliehen erhalten werden, zu beteilen und ist diese kleine Dekoration im Sinne der Ordensstatuten nach dem Ableben des Inhabers zurückzustellen.

Die Beschaffung dieser neuen Dekoration an die hier in Betracht kommenden mit dem Großkreuze bereits Beliehenen beziehungsweise mit demselben in Hinkunft Ausgezeichneten erfolgt durch die Ordenskanzlei und auf Kosten der Ordensdotation. Hiernach haben Sie das weiters Erforderliche zu veranlassen.

WIEN am 23. März 1908.   FRANZ JOSEPH m. p.

ANHANG IV

Statut
für das Ehrenzeichen für Verdienste um die
Republik Österreich

I.

Das Ehrenzeichen für Verdienste um die Republik Österreich wird an Personen verliehen, die für die Republik Österreich hervorragende gemeinnützige Leistungen vollbracht und ausgezeichnete Dienste geleistet haben. Wird das Ehrenzeichen an Personen, die sich unter eigener Lebensgefahr durch Rettung des Lebens anderer Personen Verdienste um die Republik Österreich erworben haben, verliehen, so ist das Ehrenzeichen an einem besonderen Band zu tragen. Gemäß § 1 Abs 3 des Bundesgesetzes vom 2. April 1952, BGBl Nr 89, über die Schaffung von Ehrenzeichen für Verdienste um die Republik Österreich verleiht der Bundespräsident das Ehrenzeichen auf Vorschlag der Bundesregierung.

II.

1) Das Ehrenzeichen gelangt zur Verleihung als:

Großstern des Ehrenzeichens für Verdienste um die Republik Österreich;

Großes goldenes Ehrenzeichen am Bande für Verdienste um die Republik Österreich;

Großes silbernes Ehrenzeichen am Bande für Verdienste um die Republik Österreich;

Großes goldenes Ehrenzeichen mit dem Stern für Verdienste um die Republik Österreich;

Großes silbernes Ehrenzeichen mit dem Stern für Verdienste um die Republik Österreich;

Großes goldenes Ehrenzeichen für Verdienste um die Republik Österreich;

Großes silbernes Ehrenzeichen für Verdienste um die Republik Österreich;

Großes Ehrenzeichen für Verdienste um die Republik Österreich;

Goldenes Ehrenzeichen für Verdienste um die Republik Österreich;

Silbernes Ehrenzeichen für Verdienste um die Republik Österreich;

Goldenes Verdienstzeichen der Republik Österreich;

Silbernes Verdienstzeichen der Republik Österreich;

Goldene Medaille für Verdienste um die Republik Österreich;

Silberne Medaille für Verdienste um die Republik Österreich;

Bronzene Medaille für Verdienste um die Republik Österreich.

2) Der Bundespräsident ist gemäß § 1 Abs 4 des Bundesgesetzes vom 2. April 1952, BGBl Nr 89, über die Schaffung von Ehrenzeichen für Verdienste um die Republik Österreich, mit dem Tag seiner Wahl auf Lebensdauer Besitzer des Großsternes des Ehrenzeichens für Verdienste um die Republik Österreich.

3) Die Beschreibung der Dekorationen ist in der Beilage 1, die Bestimmungen über die Art des Tragens derselben sind in der Beilage 3 enthalten.

4) Die Verleihungsdiplome werden in einfacher Ausstattung ausgefertigt.

5) Jede mit einem oder nacheinander mit mehreren Graden des Ehrenzeichens ausgezeichnete Person ist berechtigt, die ihr zukommenden Dekorationen in der aus der Beilage 3 zu entnehmenden Art anzulegen und zu tragen sowie sich als "Besitzer" dieser Auszeichnungen zu bezeichnen. Andere Vorrechte sind damit nicht verbunden.

III.

1) Die in Silber ausgeführten Dekorationen (Sterne zu einzelnen Graden des Ehrenzeichens) bleiben, sofern im folgenden nicht etwas anderes bestimmt ist, Eigentum des Bundes und sind nach dem Ableben des Ausgezeichneten rückzustellen. Die Besitzer solcher Dekorationen haben sich vor deren Ausfolgung zu verpflichten, dafür Sorge zu tragen, daß die Dekorationen nach ihrem Ableben von ihren Erben rückgestellt werden, falls sie nicht vom Besitzer gegen Erlag der Gestehungskosten anläßlich der Verleihung oder von ihren Erben zu den im Zeitpunkt des Ablebens des Besitzers maßgebenden Gestehungskosten erworben werden.

2) Die übrigen Dekorationen des Ehrenzeichens für Verdienste um die Republik Österreich verbleiben im Eigentum der Beliehenen und deren Erben.

Beilage 1

Beschreibung der Dekorationen des Ehrenzeichens

1. Großstern des Ehrenzeichens für Verdienste um die Republik Österreich:

    a) Hüftdekoration (Kleinod): Höhe 50 Millimeter, Breite 50 Millimeter. Achtspitziges, golden bordiertes, beiderseits rot emailliertes Kreuz mit weiß emailliertem Mittelkreuz, überhöht von dem goldenen Adler des österreichischen Bundeswappens mit aufgelegtem, emailliertem Bindenschild, umgeben von den emaillierten Wappen der Bundesländer. Die Verbindung des Kreuzes mit der Kokarde des Bandes wird durch einen vergoldeten Ring hergestellt.

    b) Band: Rot, 110 Millimeter breit, mit einem weißen 20 Millimeter breiten Mittelstreifen und beiderseits mit einem je 2 Millimeter breiten, weißen Vorstoß versehen.

    c) Bruststern: Auf einem aus acht glatten Strahlenbündeln gebildeten goldenen Stern von 98 Millimeter Durchmesser liegt der goldene Adler des österreichischen Bundeswappens, umgeben von einem Lorbeerkranz mit den aufgelegten, emaillierten Wappen der Bundesländer.

2. Großes goldenes Ehrenzeichen am Bande für Verdienste um die Republik Österreich:

    a) Hüftdekoration (Kleinod): Höhe 50 Millimeter, Breite 50 Millimeter. Achtspitziges, golden bordiertes, beiderseits rot emailliertes Kreuz mit weiß emailliertem Mittelkreuz, überhöht von dem goldenen Adler des österreichischen Bundeswappens mit aufgelegtem, emailliertem Bindenschild, umgeben von den emaillierten Wappen der Bundesländer. Die Verbindung dieses Kreuzes mit der Kokarde des Bandes wird durch einen vergoldeten Ring hergestellt.

    b) Band: Rot, 110 Millimeter breit, mit einem weißen 20 Millimeter breiten Mittelstreifen und beiderseits mit einem je 2 Millimeter breiten, weißen Vorstoß versehen.

    c) Bruststern: Auf einem aus acht glatten Strahlenbündeln gebildeten silbernen Stern von 98 Millimeter Durchmesser liegt der goldene Adler des österreichischen Bundeswappens, umgeben von einem Lorbeerkranz mit den aufgelegten, emaillierten Wappen der Bundesländer.

3. Großes silbernes Ehrenzeichen am Bande für Verdienste um die Republik Österreich:

   a) Hüftdekoration (Kleinod): Höhe 50 Millimeter, Breite 50 Millimeter. Achtspitziges, silbern bordiertes, beiderseits rot emailliertes Kreuz mit weiß emailliertem Mittelkreuz, überhöht von dem silbernen Adler des österreichischen Bundeswappens mit aufgelegtem, emailliertem Bindenschild, umgeben von den emaillierten Wappen der Bundesländer. Die Verbindung dieses Kreuzes mit der Kokarde des Bandes wird durch einen versilberten Ring hergestellt.

   b) Band: Rot, 110 Millimeter breit, mit einem weißen 20 Millimeter breiten Mittelstreifen und beiderseits mit einem je 2 Millimeter breiten, weißen Vorstoß versehen.

   c) Bruststern: Auf einem aus acht glatten Strahlenbündeln gebildeten silbernen Stern von 98 Millimeter Durchmesser liegt der silberne Adler des österreichischen Bundeswappens, umgeben von einem Lorbeerkranz mit den aufgelegten, emaillierten Wappen der Bundesländer.

4. Großes goldenes Ehrenzeichen mit dem Stern für Verdienste um die Republik Österreich:

   a) Halsdekoration (Kleinod): Höhe 50 Millimeter, Breite 50 Millimeter. Achtspitziges, golden bordiertes, rot emailliertes Kreuz mit weiß emailliertem Mittelkreuz, überhöht von dem goldenen Adler des österreichischen Bundeswappens mit aufgelegtem, emailliertem Bindenschild, umgeben von den emaillierten Wappen der Bundesländer. Die Verbindung des Kreuzes mit dem Bande wird durch eine 26 Millimeter lange, 4 Millimeter breite, brillantierte, vergoldete Öse hergestellt.

   b) Band: Rot, 47 Millimeter breit, mit einem 25 Millimeter breiten, weißen Mittelstreifen und beiderseits mit einem je ein Millimeter breiten, weißen Vorstoß versehen.

   c) Bruststern: Auf einem aus acht glatten Strahlenbündeln gebildeten silbernen Stern von 80 Millimeter Durchmesser liegt der goldene Adler des österreichischen Bundeswappens, umgeben von einem Lorbeerkranz mit den aufgelegten, emaillierten Wappen der Bundesländer.

5. Großes silbernes Ehrenzeichen mit dem Stern für Verdienste um die Republik Österreich:

   a) Halsdekoration (Kleinod): Höhe 50 Millimeter, Breite 50 Millimeter. Achtspitziges, silbern bordiertes, rot emailliertes Kreuz mit weiß emailliertem Mittelkreuz, überhöht von dem silbernen Adler des österreichischen Bundeswappens mit aufgelegtem, emailliertem Bindenschild, umgeben von den emaillierten Wappen der Bundesländer. Die Verbindung des Kreuzes mit dem Bande wird durch eine 26 Millimeter lange, 4 Millimeter breite, brillantierte, versilberte Öse hergestellt.

   b) Band: Rot, 47 Millimeter breit, mit einem weißen, 10 Millimeter breiten Mittelstreifen und beiderseits mit einem je ein Millimeter breiten, weißen Vorstoß versehen.

   c) Bruststern: Auf einem aus acht glatten Strahlenbündeln gebildeten silbernen Stern von 80 Millimeter Durchmesser liegt der silberne Adler des österreichischen Bundeswappens, umgeben von einem Lorbeerkranz mit den aufgelegten, emaillierten Wappen der Bundesländer.

6. Großes goldenes Ehrenzeichen für Verdienste um die Republik Österreich:

   a) Halsdekoration (Kleinod): Höhe 50 Millimeter, Breite 50 Millimeter. Achtspitziges, golden bordiertes, rot emailliertes Kreuz mit weiß emailliertem Mittelkreuz, überhöht von dem goldenen Adler des österreichischen Bundeswappens mit aufgelegtem, emailliertem Bindenschild, umgeben von den emaillierten Wappen der Bundesländer. Die Verbindung des Kreuzes mit dem Bande wird durch eine 26 Millimeter lange, 4 Millimeter breite, brillantierte, vergoldete Öse hergestellt.

   b) Band: Rot, 47 Millimeter breit, mit einem 25 Millimeter breiten, weißen Mittelstreifen und beiderseits mit einem je ein Millimeter breiten, weißen Vorstoß versehen.

7. Großes silbernes Ehrenzeichen für Verdienste um die Republik Österreich:

   a) Halsdekoration (Kleinod): Höhe 50 Millimeter, Breite 50 Millimeter. Achtspitziges, silbern bordiertes, rot emailliertes Kreuz mit weiß emailliertem Mittelkreuz, überhöht von dem silbernen Adler des österreichischen Bundeswappens mit aufgelegtem, emailliertem Bindenschild, umgeben von den emaillierten Wappen der Bundesländer. Die Verbindung des Kreuzes mit dem Bande wird durch eine 26 Millimeter lange, 4 Millimeter breite, brillantierte, versilberte Öse hergestellt.

b) Band: Rot, 47 Millimeter breit, mit einem weißen, 10 Millimeter breiten Mittelstreifen und beiderseits mit einem je ein Millimeter breiten, weißen Vorstoß versehen.

8. Großes Ehrenzeichen für Verdienste um die Republik Österreich:

Brustdekoration (Kleinod): Achtspitziges, rot emailliertes Kreuz von 60 Millimeter Durchmesser mit weiß emailliertem Mittelkreuz, leicht gewölbt, silbern bordiert mit aufgelegtem, silbernem Adler des österreichischen Bundeswappens mit emailliertem Bindenschild, umgeben von den emaillierten Wappen der Bundesländer.

9. Goldenes Ehrenzeichen für Verdienste um die Republik Österreich:

a) Kleinod: Höhe 45 Millimeter, Breite 45 Millimeter. Achtspitziges, golden bordiertes, rot emailliertes Kreuz mit weiß emailliertem Mittelkreuz, überhöht von dem goldenen Adler des österreichischen Bundeswappens mit aufgelegtem, emailliertem Bindenschild, umgeben von den emaillierten Wappen der Bundesländer. Die Verbindung des Kreuzes mit dem dreieckig gefalteten Bande wird durch einen vergoldeten Ring hergestellt.

b) Band: Rot, 45 Millimeter breit, mit einem 25 Millimeter breiten, weißen Mittelstreifen und beiderseits einem je ein Millimeter breiten, weißen Vorstoß versehen.

10. Silbernes Ehrenzeichen für Verdienste um die Republik Österreich:

a) Kleinod: Höhe 45 Millimeter, Breite 45 Millimeter. Achtspitziges, silbern bordiertes, rot emailliertes Kreuz mit weiß emailliertem Mittelkreuz, überhöht von dem silbernen Adler des österreichischen Bundeswappens mit aufgelegtem, emailliertem Bindenschild, umgeben von den emaillierten Wappen der Bundesländer. Die Verbindung des Kreuzes mit dem dreieckig gefalteten Bande wird durch einen versilberten Ring hergestellt.

b) Band: Rot, 45 Millimeter breit, mit einem 7 Millimeter breiten, weißen Mittelstreifen und beiderseits einem je ein Millimeter breiten, weißen Vorstoß versehen.

11. Goldenes Verdienstzeichen der Republik Österreich:

   a) Kleinod: Höhe 45 Millimeter, Breite 45 Millimeter. Achtspitziges, vergoldetes Kreuz, glatt gerändert, mit erhabenem, glattem Mittelkreuz auf guillochiertem Grund. Das Kreuz wird überhöht von dem goldenen Adler des österreichischen Bundeswappens, umgeben von den nicht emaillierten Wappen der Bundesländer. Die Verbindung des Kreuzes mit dem dreieckig gefalteten Bande wird durch einen vergoldeten Ring hergestellt.

   b) Band: Rot, 45 Millimeter breit, mit einem 25 Millimeter breiten, weißen Mittelstreifen und beiderseits einem je ein Millimeter breiten, weißen Vorstoß versehen.

12. Silbernes Verdienstzeichen der Republik Österreich:

   a) Kleinod: Höhe 45 Millimeter, Breite 45 Millimeter. Achtspitziges, versilbertes Kreuz, glatt gerändert, mit erhabenem, glattem Mittelkreuz auf guillochiertem Grund. Das Kreuz wird überhöht von dem silbernen Adler des österreichischen Bundeswappens, umgeben von den nicht emaillierten Wappen der Bundesländer. Die Verbindung des Kreuzes mit dem dreieckig gefalteten Bande wird durch einen versilberten Ring hergestellt.

   b) Band: Rot, 45 Millimeter breit, mit einem 7 Millimeter breiten, weißen Mittelstreifen und beiderseits einem je ein Millimeter breiten, weißen Vorstoß versehen.

13. Goldene Medaille für Verdienste um die Republik Österreich:

   a) Medaille: Kreisrund, vergoldet, 40 Millimeter Durchmesser. Auf der Vorderseite in der Mitte der Adler des österreichischen Bundeswappens, umgeben von einem Lorbeerkranz mit den Wappen der österreichischen Bundesländer. Auf der Rückseite der Medaille die Aufschrift: "Für Verdienste um die Republik Österreich". Die Verbindung mit dem dreieckig gefalteten Bande wird durch eine vergoldete, geprägte, viereckige Öse und einen vergoldeten, schmalen, ovalen Ring hergestellt.

   b) Band: Rot, 45 Millimeter breit, mit einem 7 Millimeter breiten, weißen Mittelstreifen und beiderseits einem je ein Millimeter breiten, weißen Vorstoß versehen.

14. Silberne Medaille für Verdienste um die Republik Österreich:

   a) Medaille: Kreisrund, versilbert, 40 Millimeter Durchmesser. Auf der Vorderseite in der Mitte der Adler des österreichischen Bundeswappens, umgeben von einem Lorbeerkranz mit den Wappen der österreichischen Bundesländer. Auf der Rückseite der Medaille die Aufschrift: "Für Verdienste um die Republik Österreich". Die Verbindung mit dem dreieckig gefalteten Bande wird durch eine versilberte, geprägte, viereckige Öse und einen versilberten, schmalen, ovalen Ring hergestellt.

   b) Band: Rot, 45 Millimeter breit, mit einem 7 Millimeter breiten, weißen Mittelstreifen und beiderseits einem je ein Millimeter breiten, weißen Vorstoß versehen.

15. Bronzene Medaille für Verdienste um die Republik Österreich:

   a) Medaille: Kreisrund, in patinierter Bronze, Durchmesser 40 Millimeter. Auf der Vorderseite in der Mitte der Adler des österreichischen Bundeswappens, umgeben von einem Lorbeerkranz mit den Wappen der österreichischen Bundesländer. Auf der Rückseite der Medaille die Aufschrift: "Für Verdienste um die Republik Österreich". Die Verbindung mit dem dreieckig gefalteten Bande wird durch eine bronzierte, geprägte, viereckige Öse mit einem bronzierten, schmalen, ovalen Ring hergestellt.

   b) Band: Rot, 45 Millimeter breit, mit einem 7 Millimeter breiten, weißen Mittelstreifen und beiderseits einem je ein Millimeter breiten, weißen Vorstoß versehen.

<u>Beilage 2</u>

Beschreibung des Bandes des bei Lebensrettungen zu verleihenden Ehrenzeichens

Band: Rot, 45 Millimeter breit, mit einem beiderseits je einen Millimeter breiten weißen Vorstoß versehen.

Beilage 3

Art des Tragens der Dekorationen und Ehrenzeichen

1) Die Besitzer des Großsternes, des Großen goldenen Ehrenzeichens am Bande und des Großen silbernen Ehrenzeichens am Bande für Verdienste um die Republik Österreich tragen die Dekoration an dem von der rechten Schulter vorne und rückwärts zur linken Hüfte verlaufenden Bande, den Bruststern an der linken Brustseite.

2) Die Besitzer des Großen goldenen Ehrenzeichens mit dem Stern und des Großen silbernen Ehrenzeichens mit dem Stern für Verdienste um die Republik Österreich tragen die Dekoration an dem Band um den Hals, den Bruststern an der linken Brustseite.

3) Der Besitzer des Großen goldenen sowie der des Großen silbernen Ehrenzeichens für Verdienste um die Republik Österreich tragen die Dekoration an dem Bande um den Hals.

4) Der Besitzer des Großen Ehrenzeichens für Verdienste um die Republik Österreich trägt die Dekoration an der linken Brustseite.

5) Der Besitzer des Goldenen und des Silbernen Ehrenzeichens für Verdienste um die Republik Österreich sowie der Verdienstzeichen der Republik Österreich und der Medaillen für Verdienste um die Republik Österreich tragen die Dekoration am dreieckig gefalteten Bande an der linken Brustseite.

6) Auf geistlichen Gewändern, Talaren usw. werden die Bänder des Großen goldenen Ehrenzeichens am Bande für Verdienste um die Republik Österreich in Falten gelegt breit um den Hals getragen. Das Kleinod hängt in der Mitte auf der Brust.

7) Frauen tragen das Goldene Ehrenzeichen, das Silberne Ehrenzeichen, die Verdienstzeichen und die Medaillen an einem maschenartig genähten Bande, das die den einzelnen Graden entsprechende Breite und Farbenverteilung aufweist.

8) Den Besitzern des Ehrenzeichens ist das Tragen der ihnen verliehenen Dekorationen in bildgetreuem verkleinertem Maßstab (Miniaturen) sowie das Tragen des Bandes in Form von Rosetten oder schmalen Leisten im Knopfloch der bürgerlichen Kleidung gestattet.